나의 반려견 내가 가르친다

LUCKY DOG LESSONS
Copyright ⓒ 2016 by Animal Expert LLC.
All rights reserved.

Korean translation ⓒ 2020 by Daesung Co., Ltd.
Published by arrangement with HarperOne, an imprint of HarperCollins Publishers
through EYA(Eric Yang Agency).

이 책의 한국어판 저작권은 EYA(Eric Yang Agency)를 통해
HarperOne, an imprint of HarperCollins Publishers사와 독점계약한 ㈜대성에 있습니다.
저작권법에 의하여 한국 내에서 보호를 받는 저작물이므로 무단전재 및 복제를 금합니다.

할리우드 스타견을 훈련시키는 세계적인 동물 훈련사의
7일에 끝내는 반려견 훈련 비법

나의 반려견 내가 가르친다

브랜든 맥밀란 지음 • 이윤정 옮김

KOREA.COM

차례

들어가는 글 수천 마리 악동견을 훈련시킨 경험을 공유하며 »8

PART 1

우리 개 바로 알기

CHAP 1 우리 개는 무엇이 다를까? »20
- 품종: 변화되기 어려운 본성
- 나이: 발달 단계에 따라 달라지는 접근 방법
- 살아온 경험: 과거의 충격이 문제 행동이 되다
- 성격: 같은 품종이라도 성격은 다 다르다

CHAP 2 훈련의 첫 단계는 신뢰 »56
- 반려견과 신뢰 쌓는 여섯 가지 행동
- 반려견과 유대감 형성하는 여섯 가지 활동

CHAP 3 훈련 시작 »76
- 훈련에 필수적인 여섯 가지 요소

PART 2
일곱 가지 기본 명령 가르치기

CHAP 4 '앉아' »110
거의 모든 개에게 효과가 있는 훈련 기술

CHAP 5 '엎드려' »122
몸집에 따라 '엎드려'를 가르치는 세 가지 기술
'엎드려'를 가르칠 때 꼭 기억할 다섯 가지

CHAP 6 '기다려' »143
가장 확실한 훈련 방법, '모퉁이에서 기다리기'
'기다려'를 가르칠 때 꼭 기억할 일곱 가지

CHAP 7 '안 돼' »161
반려견이 배가 고플 때 훈련 시작
'안 돼'를 가르칠 때 꼭 기억할 여섯 가지

CHAP 8 '내려가' »173
당신에게 뛰어오르는 경우 '내려가' 가르치기
다른 사람에게 뛰어오르는 경우 '내려가' 가르치기
가구에 뛰어오르는 경우 '내려가' 가르치기

CHAP 9 '이리 와' »188
방 안에서 시작, 먼 거리까지 '이리 와' 훈련
'이리 와'를 가르칠 때 꼭 기억할 여섯 가지

CHAP 10 '나란히' »205
꼭 필요하지만 가장 가르치기 힘든 훈련
'나란히'를 가르칠 때 꼭 기억할 다섯 가지

PART 3
여덟 가지 문제 행동 해결하기

CHAP 11 우리 개가 대소변을 못 가리고, 영역 표시를 해요 » 226

가장 절실한 문제, 대소변 가리기
배변 훈련시 꼭 기억할 여섯 가지
일주일 안에 90퍼센트 성공하는 영역 표시 훈련
영역 표시 훈련시 꼭 기억할 다섯 가지

CHAP 12 우리 개가 현관문으로 돌진해요 » 250

어렵지 않게 '현관 돌진' 습관 고치기
반려견의 돌진 습관 고칠 때 꼭 기억할 세 가지
지독하게 고집스러운 개를 위한 대안

CHAP 13 우리 개가 물건을 씹어요 » 270

원인 파악이 먼저인 물어뜯는 습관 고치기
물어뜯는 습관 고칠 때 꼭 기억할 다섯 가지
강아지의 깨물기 고치는 단계별 훈련
깨물기 습관 고칠 때 꼭 기억할 네 가지

CHAP 14 우리 개가 너무 많이 짖어요 » 290

본능이면서 심각한 문제 행동도 되는 '짖기'
짖을 때 조용히 시키는 두 가지 기술
짖는 개의 DNA, 현실 직시하기

CHAP 15 우리 개가 마당에 구멍을 파거나, 탈출하려 해요 »307

땅 파는 습관을 완전히 고치는 비장의 훈련 기술
'탈출의 명수'가 탈출을 포기하게 만드는 훈련
문제 행동의 근원 파악하기

CHAP 16 우리 개가 사람 음식을 탐내요 »320

식사 시간에 들이대는 반려견 훈련하기
조리대를 탐색하는 반려견 훈련하기
쓰레기통을 뒤지는 반려견 훈련하기

CHAP 17 우리 개가 분리 불안 증세를 보여요 »335

극심한 공포와 슬픔의 패닉 상태, 분리 불안
분리 불안 반려견을 위한 다섯 가지 훈련 기술
훈련만으로 되지 않을 경우 특별한 대안

CHAP 18 우리 개가 공격성을 드러내요 »355

개의 운명을 좌우하는 문제 행동, 공격성
자신을 보호하려는 방어적 공격성
다양한 형태를 띠는 자발적 공격성

나오는 글 마지막으로 전하는 일곱 가지 교훈 »382

들어가는 글
수천 마리 악동견을 훈련시킨 경험을 공유하며

<u>몇 년 전 술집에서 바텐더와</u> 이야기를 나누던 중 나의 직업을 말했다가 많이 취한 것으로 오해받고 그만 집에 들어가라는 말을 들은 적이 있다. 재밌는 것은, 그때 나는 술을 입에도 대지 않았다는 사실이다. 그런 반응이 그다지 놀랍지도 않았던 것은, 내가 무슨 일을 하는지 말할 때마다 사람들이 믿지 않는 경우가 허다했기 때문이다.

하긴 내가 생각해도, 사자나 호랑이를 훈련시키고, 회색곰과 함께 작업하며, 항사독소(독사나 독거미의 독물을 중화하는 면역 혈청 - 옮긴이)를 얻기 위해 독사를 붙들거나, 연구를 목적으로 5.5미터나 되는 백상아리와 다이빙을 하는 것은, "무슨 일을 하세요?"라는 질문에 대한 평범한 답변은 아닌 듯하다. 하지만 그게 실제로 내가 늘 해 왔던 일이다.

사실 나는 남들과는 다른 어린 시절을 보냈는데, 거기에는 선택의 여지가 없었다. 내 주변에는 언제나 동물들이 있었고, 그들의 감정과 필요를 맞춰 주는 법을 배우며 자라 왔다. 동물들과의 남다른 유대 관계는 직업으로 이어졌으며, 현재 나의 삶을 이끄는 사명감으로까지 발전했다.

나의 부모님은 야생동물 훈련사였고 나는 어릴 적부터 코끼리, 호랑이, 곰, 원숭이 같은 동물을 훈련시켜 서커스, 텔레비전, 영화, 광고, 심지어 마술쇼에 내보냈다. 동물과 함께하는 것이 나의 삶과 일에서 단 한 순간도 중요하지 않은 적이 없었다. 영화 〈행오버〉에 나오는 호랑이를 기억하는가? 나는 그 친구가 태어날 때부터 기르고 훈련도 시켰다. 영화 〈정글북〉, 〈우리는 동물원을 샀다〉, 〈아이 엠 샘〉, 〈잭애스〉, 〈24〉, 〈마이크 앤 몰리〉, 그 외 텔레비전 프로그램 및 100여 편에 이르는 광고와 뮤직비디오에 출연한 동물들도 마찬가지다. 호랑이에게 공격하는 척하도록 가르쳤고, 슈퍼볼 광고에 등장한 개들도 훈련시켰으며, 심지어 나인 인치 네일스의 뮤직비디오에 출연하는 바퀴벌레도 연습시켰다(바퀴벌레조차도 훈련이 가능하다). 지금까지 나의 경력을 보면 30개국이 넘는 나라에서 진행된 300여 편 이상의 할리우드 영화 제작에 참여했다. 어느 곳에 가든 나는 계속해서 동물 훈련에 관하여 공부했고 각 나라와 문화에 따라서 새로운 점들을 배웠다.

지난 몇 년간 내가 훈련을 맡았던 수천 마리의 개는 모든 견종과 크기를 망라할 만큼 다양했다. 영화 산업 쪽에서 굳건하게 기반을 다지자, 유명 인사들이 내게 반려견을 훈련시켜 달라고 개인적으로 요청해 오기 시작했다. 덕분에 수백 마리의 반려견을 훈련시켰는데 그중에는 엘런 드제너러스, 앤디 코언, 로드 스튜어트, 제임스 칸, 크리스 하드윅, 볼프강 퍽, 휴 헤프너, 돈 치들, 스눕 독, 에디 머피, 제이미 프레슬리, 론다 로우지의 반려견도 있었다.

나는 개를 잘 훈련시키기만 하면 어떤 복잡한 일도 해낼 수 있다는 사실을 알았기에, 할리우드 영화를 제작하는 것보다 더 중요한 일에 나의 능력을 사용하고 싶었다. 아프가니스탄에서 사제 폭탄에 두 다리를 잃은 용사를 위한 지체장애인 보조견을 훈련시키면서 나는 잊지 못할 인상 깊은 경험을 했다. 그 보조견과 참전 용사가 서로 의지하며 유대 관계를 쌓는 모습은 내게 영감을 주었고, 나는 더 많은 일을 하고 싶어 '아거스서비스독(Argus Service Dog)'이라는 재단을 설립했다. 나는 아거스 재단에서 개들에게 복잡한 과제를 수행하도록 훈련시키고 있는데 예를 들면, 물건을 가져오거나, 균형을 잡는 것조차 힘든 사람들을 지탱해 주며, 문을 열고, 전등 스위치를 켜고, 심지어 외상 후 스트레스 장애 후유증을 완화하는 등의 일이다. 덕분에 나는 훈련받은 개들을 통해 장애가 있는 참전 용사들에게 도움을 줄 수 있는 영예를 누리게 되었다.

그러면 이제, 왜 하필 개가 내 삶에서 이토록 중요한 존재가 되었는지 보충 설명을 조금 더 해 보겠다. 나는 스물두 살 때 인생을 바꿔 놓은 경험을 했다. 미국 유기견 현황에 관한 통계를 보게 되었는데, 매년 미국 땅에서만 100만 마리가 넘는 유기견이 새 보호자를 만나지 못해 안락사를 당한다고 했다. 100만 마리라니! 어마어마하게 많은 개가 안락사를 당하고 있었다. 우리가 들어 본 적도 없는 먼 나라 이야기가 아니라, 바로 이곳, 우리가 사는 도시와 교외 지역에서 벌어지고 있는 일이었다. 생각만으로도 끔찍한 이 통계를 접하고 나서부터, 새로운 가족의 품으로 돌아갈 가능성이 거의 없는 유기견들이 브리더에게 분양받은 개보다 더 낫지는 않더라도 그들만큼 잘 훈련될 수 있다는 사실을 증명하여 유기견을 구제하는 데 내 삶을 할애하기 시작했다.

그 당시 나는 영화와 텔레비전 프로그램에 출연시킬 동물을 훈련하는 할리우드 기획사에서 일하고 있었다. 회사는 오랜 전통을 바탕으로 잘나가는 곳이었고, 회사 대표는 거의 항상 유명한 혈통의 견종을 분양받아 훈련시켰다. 그는 개의 탄생부터 모든 배경을 알고 있어야 훈련하는 데 도움이 된다고 믿었다. 하지만 나의 관점은 조금 달랐다. 그때 내가 살던 아파트에서는 지역 유기견 보호소의 앞마당이 보였다. 하루 종일 회사에서 순수한 혈통의 개들과 지내다 집에 돌아와서는 창밖으로 유기견 보호소를 내다보고는 했는데, 회사에 있는 개들과 같은 견종들도 몇몇 보였다. 저먼 셰퍼드, 로트와일러, 치와와, 핏불테리어 외에도 다양한 견종이 있었다. 처음에는 개들이 계속 짖어대는 통에 짜증이 나기도 했지만, 유기견 안락사에 관한 통계를 접하고 나서는 보호소의 개들이 덤으로 주어진 시간을 살고 있는 것이라는 소름 끼치는 사실을 깨닫고 나는 초조해졌다. 보호소에서 지내는 많은 개는 안락사 당하는 100만 마리 중 하나가 되어 죽을 운명에 놓여 있었다. 어떤 행동이라도 취해야겠다는 생각이 들었다.

나의 계획은 조금 야망에 찬 것이긴 했지만 아주 간단했다. 새로운 가족의 품으로 돌아갈 가능성이 없는 개들을 구제해 무비스타로 키우는 것이었다. 나는 회사 대표에게 보호소에서 한 마리를 구제해 훈련시켜도 될지 물어보았다. 언쟁으로 이어진 논의 끝에 대표는 한 가지 조건을 내걸고 동의했다. 만약 그 계획이 실패한다면 내 자리가 위태로워진다는 것이었다.

다음 날, 나는 미국 남서부에서 유기견 사망률이 가장 높은 곳 중 하나인 로스앤젤레스의 한 보호소로 갔다. 쇼생크 교도소 같은 분위기의 그곳 보호소는 시에서 예산을 삭감하면서 춥고 낡은 시설로 연명해 오고 있었다. 유기견으로 가득 찬 그곳의 동물들은 새로운 주인을 만나기보다는 안락사로 생을 마감할 확률이 훨씬 높았다.

보호소 복도를 지나다가 나는 '레이븐'이라는 이름의 어린 로트와일러를 마주하게 되었다. 그 친구는 온순해 보였고 집중력도 꽤 좋아서 주변이 어수선한 상황인데도 나에게 관심을 보였다. 나는 그날 바로 그 친구를 입양해서 우리 집으로 데려왔다.

레이븐에게는 고쳐야 할 몇 가지 문제 행동이 있긴 했지만 한두 달 집중적으로 훈련한 끝에 아웃캐스트의 뮤직비디오에 출연해 첫 임무를 완수해 냈다. 촬영하던 날, 레이븐은 공원에 모인 사람들을 깜짝 놀라게 했다. 뮤직비디오 감독은 그날 다른 연기자들보다 레이븐이 연기를 더 잘했다고 칭찬했다. 이후 레이븐은 회사에 소속된 개 중 가장 많은 고객이 찾는 인기 견이 되었다. 나는 내 자리를 지켰을 뿐만 아니라, 유기견 보호소에서 다른 개들도 구제해 소속사의 기반을 더욱 넓힐 수 있었다.

레이븐과 마찬가지로 새로 들어온 유기견들도 순종적인 모범생이 되었으며, 유기견들이 하자 있는 상품이 아니라는 사실을 증명했다. 아직 훈련받지 못했을 뿐 그들의 지능과 충성심은 무한한 가능성을 지닌 원석과 같았다. 그때부터 내가 일하는 방식은 완전히 바뀌었다. 나는 모든 역할에 유기견을 훈련시켜 투입했고, 많은 이가 유기견을 입양하도록 도왔다.

2011년에는 로스앤젤레스 외곽에 애견 기숙 훈련소를 열었다. 그 시설에서는 내가 운영하는 아거스서비스독재단의 개들과 영화와 광고에 출연할 개, 그리고 개인적으로 훈련을 요청한 고객들의 반려견을 훈련시켰다. 그 외에 내가 '사형수 견'이라 부르던 몇 마리 개들도 있었는데, 그 친구들은 새로운 가족을 만나게 해 주려고 유기견 보호소에서 구제해 재활과 훈련을 시키던 개들이었다. 그것은 사랑의 노동이었으며, 덕분에 나는 소셜미디어를 통해 유기견 입양을 알선해 주는 수천 명의 사람을 알게 되었다.

그렇게 개인적으로 진행하던 소규모 유기견 구제 작업에 할리우드 제작사 한 곳에서 관심을 보여 왔다. 그들은 CBS 방송국에서 토요일 오전에 방영할 프로그램으로 동물을 주제로 한 쇼를 기획 중이었는데, 제작자들 스스로 동물 구호에 관심이 많았기에 내가 진행하던 작업에 관심을 보이며 직접 보고 싶어 했다.

나는 그들을 훈련소로 초대했고, 몇 시간 정도로 계획했던 방문이 며칠로 연장되더니 결국 몇 주 동안이나 이어졌다. 제작팀에서는 나와 함께 시내의 보호소를 찾아가 유기견 한 마리를 구제하고 그다음 과정까지 상세히 기록하기로 했다. 우리는 프로젝트를 진행하면서 유기견 구제를 다룬 프로그램을 방송에 내보내면 좋은 일을 더 많이 할 수 있다는 사실을 알게 되었다.

첫 번째로 데려온 개의 이름은 '브루노'였는데, 그 친구는 통제가 너무 어려운 테리어 믹스견이었다. 나는 브루노를 데려와 먼저 깨끗이 씻기고 지능을 평가했는데, 이 친구가 이전에 단 한 번도 훈련이라는 것을 받아 본 적이 없다는 사실을 바로 알아차렸다. 제작팀도 브루노가 기본 복종 훈련을 받는 과정을 지켜보았는데, 일주일이 지나자 브루노는 일곱 가지 기본 명령어를 완전히 익혔고 추가로 한 가지를 더 습득했다. 바로 춤추는 법이었다. 브루노는 굉장히 활기 있고 카리스마가 넘치는 개였기 때문에 나는 그 친구에게 춤추는 법도 가르쳤는데, 나중에 브루노는 뒷다리로 서서 명령에 맞춰 회전할 수 있게 되었다. 제작자들은 믿지 못하겠다는 표정이었다. 유기견 보호소에서 안락사를 당할 뻔한 그 개가, 처음 만났을 때는 '앉아'라는 말의 의미도 모르던 바로 그 개가 '춤 춰'라는 명령어를 알아듣고 매우 신나는 모습으로 재주를 선보이자 제작진들은 배를 잡고 웃었다.

브루노는 훈련 과정을 다 마치고 며칠 후에 로스앤젤레스 서부에 거주하는 한 중년 부부에게 입양되어 지금까지도 그 집에서 행복한 반려견으로 잘 지내고 있다. 내게 있어 브루노 프로젝트는 그저 이전부터 계속해 온 나의 임무 중 일부였다. 하지만 그 모든 과정을 지켜본 제작진들에게는 브루노가 입양되어 떠나는 순간이 아름다우면서도 조금은 슬픈 이별로 기억되었다. 그들 중 한 명이 말했다.

"브루노의 미래는 절망적이었어요. 그런 그 친구를 당신이 살렸고,

고 할 수 없었을 것이다. 앞으로 이 책에서 다룰 내용은 내가 구제한 개들의 이야기다. 너무 자주 보호소로 보내져 혼자 남겨지는 것 자체를 두려워하던 그로버, 건들기만 해도 괴성을 내지를 정도로 학대를 당했던 랜디, 덩치는 작은데 통제가 안 되고 훈련이 불가하다는 이유로 주인에게 버림받은 코비를 비롯한 유기견의 이야기 말이다. 한 마리 한 마리 모두가 특별한 이 개들은 사람에게 버림받았지만, 이 친구들 모두는 결국 럭키 도그 졸업생이 되었다. 나를 한계 상황까지 몰아넣고 내 훈련 능력을 시험에 들게 했던 몇몇 유기견들의 이야기를 비롯해 방송에는 안 나갔으나 개인적으로 배운 점이 많았던 뒷이야기 또한 이 책에 담았다.

　유기견 보호소는 적절한 훈련법에 관한 지식이 없는, 혹은 훈련할 시간을 내지 못한 주인들에게 버림받은 개들로 넘쳐난다. 반려견을 유기견 보호소로 데려갈 시간에 15분씩 몇 번만 훈련에 할애했다면 문제를 해결할 수 있었을 텐데, 많은 사람이 그저 개만 탓했다. 이제 버림받고 연약한 유기견들의 어마어마한 가능성을 인정하고, 그들을 보호소에서 구해내야 하는 것은 나와 당신, 그리고 연민과 낙관적인 마음을 가진 이들이다. 한 번에 한 마리씩 말이다.

―브랜든 맥밀란

PART 1
우리 개 바로 알기

우리 개는
무엇이 다를까?

<u>우리가 첫 장에서 짚어 볼 단어는</u> 바로 '변수'다. 변수란 당신이 기르는 반려견이 지닌 다양한 요소를 의미하며, 반려견을 자신 있게 다루고 효율적으로 훈련시키려면 우선 이러한 변수들을 잘 파악해야 한다. 이 책에서 다루게 될 변수는 반려견의 품종, 나이, 살아온 경험, 그리고 독특한 성격이다. 당신의 반려견은 훈련의 소산이기도 한데, 바로 이 훈련에 당신이 관여하게 된다.

훈련 방식의 기본 원리는 모든 개에게 똑같이 적용할 수 있겠지만, 우리 개의 특성을 잘 안다면 훈련에 어떻게 접근할지 결정하는 데 도움이 될 것이다. 그럼 이제 여러 변수에 대해 하나하나 살펴보도록 하자.

품종: 변화되기 어려운 본성

품종은 반려견의 외모와 기질, 지능, 활기, 건강에 엄청난 영향을 미치는 요소다. 우리 개가 다른 개와 본질적으로 무엇이 다른지를 규정하는 '본성' 같은 것이라고 보면 된다. 하지만 품종마다 가진 '본성'이 반드시 자연적인 결과물은 아니라는 사실을 기억하자. 품종은 더 나은 개로 기르기 위해 인간이 개의 유전자를 설계하고 조작한 결과물이기 때문이다.

 품종에 따른 특성

원하는 물건이나 서비스를 인터넷으로 주문만 하면 몇 시간은 아니라도 적어도 며칠 내로 문 앞에서 받아 보는 것이 가능해지기 훨씬 전에는, 사람들이 마음껏 부릴 수 있는 도구 중 하나가 바로 자신이 기르던 개였다. 수천 년 전부터 사육자들은 특정 과제를 수행해야 할 경우, 그것을 개가 할 수 있도록 설계하기 시작했다. 사냥개부터 양치기견, 투견, 반려견까지 기능의 범위도 다양했다. 새로이 사육한 각 견종의 '원형'은 더욱 세분화 및 전문화된 품종으로 번식해 여러 크기와 외모, 기질을 가진 채 같은 기능을 수행하는 무리를 형성하기에 이르렀다.

특정 과제 수행을 위해 사육된 견종들을 유형별로 구분할 수 있다. 공식적으로 일곱 가지 유형이 있는데, 그중 다섯 가지는 처음 사육된 목적에 따라 나누고, 나머지 두 가지는 광범위한 기준에 따라 나눈다.

1. 목축견(Herding Dogs)
지능이 높고 독립적이며 활기가 넘치는 견종으로, 가축을 통제하기 위해 사육되었다. 이 유형에는 셰퍼드, 쉽독, 코기, 콜리, 캐틀독 등이 있으며, 각 견종은 특정 가축을 몰거나 다양한 가축 떼를 몰기도 한다.

2. 수렵견(Hounds)

사냥을 목적으로 사육된 길짐승 사냥개로, 뛰어난 시각과 체력, 빠른 속도를 겸비한 시각 수렵견과 냄새를 잘 맡아 추적에 능한 후각 수렵견이 있다. 시각 수렵견으로는 그레이하운드, 울프하운드, 보르조이 등이, 후각 수렵견으로는 바셋하운드, 블러드하운드, 닥스훈트가 대표적이다.

3. 조렵견(Sporting Dogs)

이 유형에 속한 견종들은 직접 사냥하지 않고 사냥꾼의 조력자 역할을 하도록 사육된 조류 사냥개다. 사냥감을 찾고 숨어 있는 새를 하늘로 날려 보내거나, 총에 맞은 사냥감을 회수해 온다. 이 유형은 충성심이 매우 강하고 고도의 훈련이 가능하다. 리트리버, 세터, 스패니얼이 이 유형에 속한다.

4. 테리어견(Terriers)

'테리어'는 '땅'이라는 의미를 지닌 라틴어에서 파생되었으며, 끈질기고 독립적인 기질이 특징이다. 테리어라는 이름은 이 견종이 어떤 환경에서 과제를 수행하는지 집약적으로 잘 보여 준다. 이 유형은 본래부터 땅이나 동굴을 파헤쳐 쥐, 오소리, 족제비와 같은 유해동물을 쫓도록 사육되었다. 원조 해충 구제업자인 이 유형에는 스태퍼드셔 테리어, 스코티시 테리어, 잭 러셀테리어, 슈나우저, 웨스티, 불테리어가 있다.

5. 사역견(Working Dogs)

이 유형에는 가장 힘센 견종들이 속한다. 복서, 아키타, 로트와일러,

마스티프, 세인트버나드 등이다. 과거부터 이 견종들은 경비를 서거나 짐을 나르는 일을 맡았고, 경찰이나 군인과 함께 다니는 등 각종 작업, 노동에 쓰기 위하여 사육되었다. 오늘날까지도 이 같은 기능을 수행하는 사역견종이 많다.

6. 비조렵견(Nonsporting Dogs)

샤페이, 불도그, 보스턴테리어, 달마티안, 라사압소, 푸들의 공통점은 무엇일까? 사실 공통점이 별로 없다. 굳이 공통점을 찾는다면 조렵견이 아니라는 광범위한 특징으로 구분할 수 있다. 각 견종의 본래 기능이 더 이상 존재하지 않기 때문이다.

7. 토이견(Toy Breeds)

이 유형 또한 광범위한 특징에 따라 구분했지만, 견종 별로 차이가 존재한다. 이 유형에 속한 견종들의 공통점은 전반적으로 크기가 작다는 것이다. 이탈리안 그레이하운드와 요크셔테리어를 비롯해 이 유형에 속하는 많은 견종은 다른 유형의 견종에 뿌리를 두고 있다. 단, 페키니즈와 몰티즈, 허배너스는 처음부터 작은 크기의 반려견으로 사육되었다.

여기서 '더 나은' 견종이 의미하는 바는 견주의 필요에 따라 달라진다. 어떤 견주는 덩치가 크고 위협적인 경비견을 원하지만, 차분하고 충성심이 강한 리트리버를 원하는 이도 있다. 누군가는 토끼나 쥐, 사슴을 쫓는 견종을 기르고자 하고, 또 다른 이는 소나 양 떼, 심지어 물고기 떼를 몰기 위해 개를 기르기도 한다.

당신의 경우는 어떨지 모르지만, 나의 경우에는 반려견에게 앞서 언급한 기능 중 어떤 것도 요구하지 않는다. 유해 동물을 쫓거나 땅을 파헤치고, 다른 가축의 무리를 몰거나 싸움을 붙이려고 개를 키우는 것이 아니기 때문이다. 오늘날 대부분의 견주와 마찬가지로 나는 그저 가족과 함께 평화로이 지낼 수 있는 잘 훈련된 영리한 반려견을 원할 뿐이다.

문제는 당신의 반려견이 앞서 언급한 과제를 더 이상 수행할 필요가 없다고 해도 지난 수 세기 동안 길들여진 본성을 쉽게 없앨 수 없다는 점이다. 그리고 사실상 반려견이 그러한 본성을 잃기 원하는 견주는 거의 없을 것이다. 개의 유전적 특성은 어떤 기능을 수행하거나 기질적 문제 행동을 일으키도록 하는 것만은 아니다. 우리가 사랑하는 반려견의 특성 중에는 유전적 기질과 연관된 점들이 많다. 이를테면 주인과 붙어 있고자 한다거나, 뛰어놀기와 물놀이를 좋아하고, 새로운 놀이를 배우며 아이들을 돌보는 행동 등도 유전자와 관련이 있다. 개의 많은 행동 방식은 이미 DNA에 각인되었기 때문에, 견주이자 훈련사인 우리는 항상 개의 유전적 요인과 오늘날의 생활 방식이 균형을 이루도록 노력한다.

물론 반려견을 분양받거나 입양하기 전에 품종이 행동에 미치는 영향과 본인이 반려견을 원하는 이유를 신중하게 고려해야 한다. 필자는 잘못된 견종 선택이 가져온 비극적 결과를 동물 보호소에서 매일 보고 있다. 너무 벅찬 훈련을 따라가지 못해서, 대소변을 빨리 가리지 못해서, 쉬지 않고 짖어대서, 함께 지내는 또 다른 반려견과 잘 어울리지 못해서 버려진 개를 수도 없이 보았다.

위와 같은 문제에는 유전적 원인이 깔려 있다. 견주는 유전적 문제를 받아들이거나, 문제를 개선하기 위한 훈련에 긴 시간과 노력을 쏟아야 한다. 내가 어떤 길을 택했는지는 당신도 잘 알 것이다. 동물 구조원으로서 내 역할 중 하나는 반려견을 입양하기로 한 가족이 견종의 특성으로 인한 어려움을 기꺼이 받아들일 의지와 마음의 준비가 되었는지를 확인하는 것이다. 우리 프로그램에서는 반려견과 새로운 가족을 연결해 주는 과정을 가장 신중하게 다룬다. 럭키 도그의 개들은 모두가 이전에 버림받은 경험이 있기에 다시는 그런 일을 겪게 하고 싶지 않기 때문이다.

품종을 고려하여 훈련시켜야 하는 이유

나는 새로운 의뢰인과 훈련에 관하여 상담할 때마다 가장 먼저 여기저기 접힌 표시가 수두룩한 오래된 백과사전을 꺼낸다. 그리고 품종의 역사를 다룬 그 사전에서 의뢰인이 기르는 반려견의 품종, 혹은 예상되는 품종 부분을 찾아 복사한다. 의뢰인의 반려견이 그동안 어떠한 환경에서 자라왔는지, 어떤 방식의 훈련이 효과적일지, 문제 행동을 어떻게 바로잡아 갈 것인지에 관해 이야기하기에 앞서 품종에 관한 정보부터 찾아보는 것이다.

대개는 이 과정에서 의뢰인들이 깜짝 놀라고는 하는데, 글씨가 빽빽한 백과사전 내용을 보면 반려견의 사랑스러운 행동과 골치 아픈 행동이 모두 상세히 설명되어 있기 때문이다. 종종 랫 테리어의 경우처럼 행동 방식이 뚜렷하게 구분되는 견종이 있다. 이름에서부터 어떤 역할을 하도록 개량되었는지 드러나기 때문에 랫 테리어가 눈앞에 지나가는 다람쥐나 토끼(또는 쥐)를 보고 잽싸게 쫓아가더라도 그리 놀랄 이유는 없다. 하지만 미니어처 슈나우저, 저먼 핀셔, 웨스트 하이랜드 테리어와 같은 몇몇 견종이 이러한 역할을 하도록 개량되었음에도 사람들이 잘 모르는 경우가 많다.

당신의 반려견은 어떤 역할을 맡기 위해 언제 사육된 품종인지 알고 있는가? 그 당시의 세계는 어떤 모습이었을까? 그때의 주변 환경과 개의 기대 역할은 어떻게 변화했을까? 이러한 질문은 당신의 반려견을 이해하는 데 중요한 열쇠가 된다. 다음의 예시를 살펴보자.

잉글리시 불도그: 정확한 시기에 관한 논의는 여전히 이어지고 있지만, 원조 올드 잉글리시 불도그는 대략 1400년대에서 1600년대 사이 어느 시점에 사육되기 시작했고, 주로 그 당시 사람들이 즐기던 야만적인 스포츠인 불베이팅(Bull-baiting, 개를 부추겨 황소를 성나게 하는 영국의 옛 놀이—옮긴이)에 활용할 목적이었다. 황소의 화를 돋우기 위해서는 자신보다 몸집이 30배나 큰 황소가 잔뜩 화날 때까지 달려들 만큼 겁이 없어야 했고, 황소가 다리를 들고 휘둘러도 죽을 때까지 끝내 물고 늘어질 만큼 집요해야 했다. 몸집은 단단하고 땅딸막하며, 완고하고 공격적이어야만 했다. 이러한 특징의 불도그는 집 뒷마당에 사는 황소를 없애는 목적으로 기르지 않는 한 가족이 꿈꾸는 이상적인 반려견이 되기가 힘들다.

1835년, 불베이팅은 불법이 되었지만, 180년도 더 지난 지금까지도 올드 잉글리시 불도그의 성격적 특성은 그대로 남아 있다. 사육자들은 불도그의 공격성을 보호에 능한 특성으로 변화시키는 작업을 했다. 오늘날의 잉글리시 불도그는 유전적으로 사람과 가까이 지내도록 개량되었기에 한 가족에게 훌륭한 반려견이 될 수 있었다. 하지만 개량했더라도 DNA가 완전히 변하는 데는 긴 시간이 걸리기에, 한때 흉포한 투견이었던 개는 지난날의 특성을 아직도 지니고 있다. 잉글리시 불도그는 여전히 몸집이 땅딸막하고 단단하며 힘이 세다. 대부분 용맹하고 고집도 세다. 장난감을 끝까지 물고 늘어지는 것으로 잘 알려져 있고, 망가질 정도로 씹어 놓기도 한다. 불도그가 무엇인가를 물거나 당기려고 하는 행동은 DNA에 깊게 새겨져 아직도 남아 있는 유전적 충동으로, 불베이팅 챔피언 시절부터 이어져 온 것이다.

비글: 비글은 너무 많이 짖어 대서 유기견 보호소에 버려지는 경우가 많다. 내가 장담하는데, 개 훈련사라면 누구나 한 번쯤은 비글의 견주로부터, "우리 개가 온종일 짖기만 해요, 도대체 뭐가 문제죠?" 하며 호소하는 전화를 받아 보았을 것이다.

유전적인 관점에서 볼 때, 비글이 많이 짖는 데는 문제가 없다. 이 개들은 다른 수렵견과 마찬가지로 주인보다 먼저 달려가되 일정한 간격을 두고 으르렁거리거나 짖는 소리를 내어 주인이 잘 따라오게 하면서 여우, 토끼 등의 사냥감을 추적하도록 사육되었다. 시간이 흘러 비글의 자손 중에서 의사소통을 효율적으로 잘하는 개들만 살아

남았다. 결국 짖고 으르렁대는 것은 비글의 운명이라고 할 수 있다.

몰티즈: 수천 년 동안 이 작은 견종은 응석둥이 애완견 역할을 하기 위해 사육되었다. 몰티즈는 작은 몸집으로 많은 공간을 차지하지 않은 채 주인 옆에 가까이 붙어서 낯선 사람이 가까이 다가오면 마구 짖어대는 경보기나 마찬가지였다. 그들은 고대 로마부터 이집트를 거쳐 영국과 프랑스의 르네상스 시대를 지나기까지 문명화 과정에서 주요 인물들의 무릎에 앉아 좋은 벗이자 경비요원의 역할을 맡았다. 몰티즈는 누군가를 쉽게 공격하지는 않지만, 영역 보호에 굉장히 예민하고, 주인을 보호하기 위해서 짖어대거나 심지어 상대를 물기도 했다.

응석둥이로 사육된 개는 어떤 행동적 유산을 지니고 있을까? 몰티즈는 애완견으로서 제격이긴 하지만, 주변에 사람이 없으면 우울하거나 불안해서 몹시 힘들어한다. 그리고 몰티즈는 수세기에 걸쳐 많이 짖도록 개량되었기 때문에, 몰티즈에게 짖지 못하게 하는 것은 먹고 자고 숨 쉬는 것을 못하게 하는 것만큼이나 힘들다.

이제 질문을 하나 던지겠다. 일단 반려견의 품종에 관해 조금 알았다면, 당신의 반려견을 럭키 도그로 만들기 위해 품종이라는 변수를 훈련에 어떻게 활용해야 할까? 당신이 기억했으면 하는 두 가지를 말해 주겠다.

첫째, 반려견이 마치 다른 개처럼 행동하길 바라는 욕심을 버린다면 모두가 편해질 것이다. 나는 반려견의 행동과 씨름하다가 좌절한 견주의 전화를 수도 없이 받는다. 테리어견이 땅을 파서, 목축견이 물어서, 물새 수렵견이 스프링클러 밖으로 나오질 않아서, 허스키가 자꾸 잡아당겨서, 리트리버가 앞발로 뭔가를 붙잡아서 어떻게 하면 좋을지 많이들 묻는다. 하지만 그 모든 행동은 각 견종에게 굳어 버린 행동 양식일 뿐이다.

나는 당신이 반려견의 행동을 고칠 수 없다고 말하는 것이 아니다. 당신은 할 수 있다. 나는 그동안 수천 마리의 개를 훈련했고, 무엇이든 가르칠 수 있다는 사실을 직접 확인했다. 하지만 개에게 새로운 행동을 가르치고 익숙하지 않은 것을 습득하게 하는 것과, 본능에 반하는 행동을 하게 가르치는 것에는 큰 차이가 있다. 경험에 비추어 보자면 당신의 반려견이 배워서 하게 된 행동은 하지 않게 할 수 있다. 하지만 타고난 행동 방식이라면 고치기가 더 어렵다. 예를 들어 모든 개는 짖으려는 본능을 갖고 태어난다. 나는 명령에 따라 짖는 것을 멈추게 훈련시킬 수 있지만, 아예 짖지 않도록 만드는 것은 완전히 다른 도전 과제이며, 거의 불가능하다고 본다. 유전적 특성을 거스르는 것은 대자연의 섭리를 거스르는 것만큼 힘겨운 저항이다.

품종과 관련해 기억해야 할 두 번째 사항은, 당신이 반려견의 품종에 관해 더 세부적으로 이해할수록 반려견이 무슨 생각을 하는지 쉽게 알아차리게 되고, 더욱 효율적으로 훈련시킬 수 있게 된다는 점이다. 어떤 실용적인 방법과 전략을 활용할지도 알게 될 것이다. 당신의 반려견이 집중하게 할 만한 완벽한 동기도 찾아낼 수 있다.

어떤 문제 행동을 할지 예상하고 바로잡을 방법에 관해 생각해 볼 수도 있다. 심지어 반려견이 본능적으로 하고자 하는 행동을 할 수 있도록 적절한 배출구를 찾아 줄 수도 있을 것이다.

유기견 훈련기 | 문제 행동의 종합 세트였던 룰루

내 반려견의 이름은 룰루다. 룰루는 제멋대로 행동하는 녀석이다. 완벽한 개만이 훌륭한 반려견은 아니라고 생각하기 때문에 내 반려견의 사례를 있는 그대로 밝히려고 한다. 나는 해마다 수천 마리의 개를 훈련시키며 '앉아'와 '기다려'에서 시작해 훨씬 더 복잡한 명령에 따르도록 가르치는데, 나의 반려견은 내가 무슨 말을 해도 제대로 듣는 법이 없다. 룰루는 야비한 구석이 있는 데다 가끔 태도도 불량하지만, 그렇든 말든 나는 룰루를 사랑한다.

나는 지역 유기견 보호소에서 룰루를 만났다. 그 친구가 들어가 있던 개장이 보호소 입구 쪽에 있었기 때문에 나는 보호소에 들어갈 때 가장 먼저 룰루를 보았고 나오면서 가장 마지막으로 룰루를 보았다. 룰루는 보호소에서 수개월 지냈기에 나는 보호소를 드나들며 룰루에게 인사를 건네기 시작했고, 직원들에게 룰루에 관해 물어보았다. 직원들은 룰루가 사람들에게 잘 보이려고 노력하지 않았다고 말했는데, 치와와들은 원래 그런 경우가 많다. 치와와는 유기견 보호소에서 가장 흔한 견종 중 하나이며, 몸집이 작고 입양을 원하는 방문자들의 관심을 얻으려는 노력도 하지 않는 편이다. 새로운 집에서 적응하지 못하고 심하게 짖어대는 경

우도 많다. 이 모든 이유로 사람들은 치와와를 입양하지 않는다고 한다. 하지만 몇 달간 룰루와 지내온 보호소의 직원 한 명이 룰루를 굉장히 좋아했다. 그러던 어느 날 아침, 그 직원이 그날 오후에 룰루의 안락사가 예정되어 있다고 알려 주었다.

나는 이미 룰루와 친분이 있다고 느끼고 있었기에 룰루의 견주가 될 생각은 아니었지만 일단 우리 집으로 데려왔다. 룰루는 겁을 먹고 불안해했고 잘 적응하지 못했다. 나는 룰루가 일곱 가지 기본 명령어를 익히도록 훈련시킨 뒤 반려견을 원하는 새로운 가족에게 보내주었다. 다음 날 그 집에서 전화가 왔다. "당장 와서 이 짐승을 데려가세요"라고 말이다. 룰루가 그 집의 아이를 문 것이다. 나는 다음과 같이 기록했다. '아이가 없는 집으로.'

이후 아이가 없는 다른 가족을 찾아 룰루를 입양 보냈다. 하지만 다음 날 또 전화가 걸려왔다. 그 집에서 키우던 다른 반려견을 계속 쫓아다닌다는 것이다. 나는 또 기록했다. '아이가 없고 반려견도 없는 집으로.'

나와 룰루는 그렇게 긴 시간을 보냈다. 새로운 가족에게 보낼 때마다 룰루는 악동처럼 행동했고, 나는 다시 그 집에 찾아가서 룰루를 데려오길 반복했다. 몇 달이 지나고 나는 이 치와와를 가만히 바라보았다. 새로운 집에 보낼 때마다 거절당하길 반복하면서도 나에게만은 지독하게 애착을 갖는 룰루가 나의 반려견이라는 사실을 깨달았다.

룰루는 이번 장에서 다루게 될 모든 견종이 가진 독특한 면과 문제 행동들을 종합적으로 가진 개다. 이러한 이유로 아마 어떤 견주에게도 사랑받기는 힘들 것 같다. 하지만 이렇게 별나고 태도도 나쁜 룰루도 기본 명령을 완전히 익히고 문제 행동도 바로잡아서 나의 럭키 도그가 되는 데 성공했다. 룰루가 해냈다는 것은 당신의 반려견도 반드시 해낼 수 있다는 의미니, 나를 믿길 바란다.

믹스견의 특별한 점

유기견 중에는 유독 믹스견이 많다. 당신의 반려견이 어떤 품종의 믹스견인지 알아내기가 힘들다고 생각하겠지만 얼마간 지내다 보면 특정 견종의 행동 경향을 발견하게 될 공산이 크다. 혹시 당신의 반려견이 아이를 졸졸 따라다니며 발목을 물고 줄을 세우려고 하는가? 그 행동은 목축견의 전형적인 행동으로, 그 친구는 아마 독립적으로 생각하고 책임감이 클 것이다. 혹은 반려견이 테니스공을 보면 활기를 띠고 장난감 던지길 좋아하는가? 더운 여름날 그릇에 담긴 물을 먹다 말고 물그릇에 뒹굴기도 하는가? 그렇다면 그 개는 리트리버의 피가 많이 섞인 개로, 훈계에 민감하고 주인과의 유대 관계에 집착하는 경우가 많다. 그리고 강박적으로 씹는 버릇이 있어서 건드려서는 안 되는 물건을 마구 씹어대기도 한다.

믹스견에 관한 좋은 소식이 있다면, 개별 견종에서 자주 보이는 공통적인 행동 및 건강상의 문제가 믹스견에게서는 덜 보인다는 사실이다. 한 대규모 연구 결과에 따르면, 반려견들이 흔히 걸리는 열 가지 질병에 있어서 믹스견보다 순수 혈통의 견종이 더 취약하고, 단 한 가지 질병에만 믹스견이 조금 더 취약하다고 한다. 믹스견은 순수 혈통의 견종만큼이나 훈련이 쉽고 온순하며, 순수 혈통의 기질이 혼합되다 보니 오히려 길들이기가 수월할 때도 있다.

나이: 발달 단계에 따라 달라지는 접근 방법

나이는 숫자에 불과하지만, 그 숫자 때문에 반려견이 훈련에 어떻게 반응하느냐에 차이가 생긴다. 강아지를 훈련하거나 사춘기인 반려견을 성공적으로 가르치려면 접근 방식을 약간 조정할 필요가 있다. 나이라는 변수는 분명 항상 변화하는 요소이긴 하지만, 훈련시킬 때 반려견의 발달 단계나 성숙도를 고려하는 것은 매우 중요하다.

강아지

어린아이와 마찬가지로 강아지의 뇌는 뭐든지 효율적으로 습득하는 도구로서, 새로운 정보를 흡수하고 받아들인 정보를 계속해서 처리한다. 보고, 듣고, 맛보고, 느끼고, 냄새 맡은 모든 것을 흡수할 준비가 된 스펀지를 떠올리면 된다. 만일 당신이 강아지를 훈련하려 한다면, 다른 누군가가 그 강아지를 잘못된 방향으로 훈련하기 전에 먼저 습관을 바르게 잡아 줄 수 있을 것이다. 하지만 그렇게 중요한 역할을 맡은 만큼 더 신중하게 훈련시켜야 강아지의 행동 습관을 망쳐 놓지 않을 것이다. 예를 들어, 어떻게 사회성을 길러 주고 언제 배변 훈련을 할지, 강아지에게 어떤 행동을 기대해야 하는지 잘 알 필요가 있다.

당신이 어떤 훈련부터 시작할지 결정하는 데 기준이 되는 것은 바로 강아지의 나이다. 강아지가 생후 6주가 될 때까지는 어미 개와 한배에서 태어난 다른 새끼들과 지내는 것이 나름의 훈련이다. 하지만 그 이후로는 당신이 중요한 역할을 맡아야 한다. 강아지가 생후 2개월에서 3개월이 되면, 새로운 사람이나 장소, 물건에 노출시키기 위해 당신이 할 수 있는 모든 노력을 다함과 동시에 칭찬과 보상을 주어 그것이 좋은 경험으로 남도록 해 주어야 한다. 강아지를 시끄러운 장소와 조용한 장소에 골고루 데려가고, 새롭거나 색다른 냄새를 맡게 하고, 새로운 사람들과 낯선 풍경을 볼 수 있는 곳으로 데리고 다니며 세상을 탐색하게 해 주어야 함을 잊지 말자.

내가 유기견들을 구제하며 마주한 가장 슬픈 사실 중 하나는, 단 한 번도 집 밖으로 나가 본 적이 없는 개들이 많다는 점이었다. 목줄을 한 번도 차 보지 못했거나 자동차나 자전거를 본 적이 없고, 물에 발을 담가 본 적도 없으며, 다른 개와 함께 지내 보거나 시끄러운 소리에 노출된 적이 없는 개들도 있었다. 심지어 다른 사람의 손이 닿아 본 적이 없는 개들도 보았다. 강아지 때 사회성을 기르는 경험을 하지 못했다면 이 모든 것이 두려움의 요소로 작용할 수 있고, 심할 경우 성견이 되어서도 두려움을 극복하지 못할 수 있다.

배변 훈련은 강아지가 10주 정도만 되어도 시작할 수 있다. 이 책의 11장에서는 배변 훈련 방법에 관해 상세하게 다루고 있다.

강아지에게 기본 복종 훈련을 시키려 할 때 강아지의 주의를 끌고 계속 집중하게 만드는 것이 어렵게 느껴질지도 모른다. 3장에서는 반려견의 주의를 집중시키는 방법에 관해 다룬다. 강아지를 데리고 일곱 가지 기본 명령 훈련을 할 때, 작은 스펀지 뇌가 한꺼번에 너무 많은 정보를 받아들이게 되면 명령어에 안정적으로 반응할 때까지 시간과 반복 훈련이 더 필요하다는 사실을 기억해야 한다.

사춘기견

당신은 동물 보호소로 보내지는 유기견 중 약 절반 정도가 생후 5개월에서 3년 사이라는 사실을 알고 있는가? 그 시기가 개의 사춘기인 것도 우연의 일치는 아니다. 일반적으로 몸집이 큰 견종이 가장 먼저 사춘기에 접어들고(생후 9~12개월 정도), 다음으로 중간 크기의 견종이 사춘기를 맞으며(생후 10~14개월 정도), 몸집이 작은 견종이 가장 천천히 이 단계에 들어선다(생후 12~16개월 정도). 사춘기에 접어드는 시기에 차이가 나는 것은 견종별 수명과도 연관이 있는데, 주로 몸집이 큰 견종은 수명이 짧고 몸집이 작은 견종일수록 수명이 길다.

당신이 한 번이라도 사춘기를 겪는 반려견을 기른 적이 있다면, 그 시기에 버림받는 유기견이 유독 많은 이유를 어렴풋이 이해할 수 있을 것이다. 사람도 소아기를 지나 성인으로 자리 잡기 전 빠르게 지나가는 청소년기가 다루기 꽤 힘든 것처럼, 개들도 청소년기가 되면 조금 더 거칠어지고 말도 안 들을 뿐 아니라, 스스로 한계를 시험하려는 경향이 있다.

그렇다고 해서 반려견을 포기해도 된다는 말은 아니다! 사춘기의 반려견 중에서도 특히 몸집이 큰 견종일수록 다루기가 까다롭다. 덩치는 성견의 90퍼센트 만큼이나 자랐어도 생각은 여전히 강아지 수준이기 때문이다. 당신의 열네 살이나 열다섯 살 때를 떠올려 보라. 큰 발과 가늘고 긴 다리로 서서 거침없이 말을 쏘아대던 그때의 당신을 생각해 보면 이해가 쉬울 것이다. 이 아이는 걷다가 자기 다리에 걸려 넘어지기도 하고, 식료품점에서 공짜 쿠키를 받아먹기에는 나이가 너무 많다는 사실도 가끔 잊지만, 스스로는 이미 배울 만큼 배웠다고 믿고 있고, 부모나 선생님 혹은 다른 어른들의 말을 귓등으로 들을 것이다. 당신의 반려견이 바로 그 아이라고 생각하면 된다. 단지 다리가 네 개고 털이 있을 뿐이다. 그리고 사춘기 아이들이 그렇듯, 잘못을 저지르고도 처벌을 모면하려 하고 혹은 주인이 그냥 넘어가지는 않는지 확인하려고 계속해서 한계를 시험하려 들 것이다. 당신이 '앉아'라고 하면 자리를 털고 일어나고, '기다려'라고 하면 도망가 버릴 것이다. 사춘기 반려견은 건방진데 활기까지 넘치다 보니 많은 견주가 이 시기에 복종 대결에서 패배하고 반려견을 포기해 버린다.

하지만 꼭 이래야만 할 필요는 없다. 자기 생각만으로 가득 찬 덩치 큰 강아지에게는 규칙이 무엇인지 명확하게 자주 알려 주고, 어떤 식으로 행동해야 하는지도 일러주면 된다. 즉, 길들이기 위한 추가적인 훈련 과정을 마련하고 시간을 조금 더 오래 할애하는 것이다. 사춘기 견은 운동 시간도 많이 필요하다. 호르몬 분비가 왕성한 청소년처럼, 개들도 에너지를 분출하지 못하면 바르게 생각할 수 없다. 아마 이러한 이유로 사춘기견이 유기견 보호소로 많이 보내질 것이다.

강아지를 키우고 싶어 쉽게 입양했다가 시간이 조금 흘러 많은 문제를 일으키는 사춘기에 접어들면, 훈련을 강화하고 인내심과 일관성을 지키기보다는 반려견을 쉽게 포기해 버리는 경우가 허다하다. 이 책에서 나는 지난 수년간 보호소에서 구제한 많은 유기견을 소개하고 있는데, 그중 몇 마리나 사춘기 시기에 버려졌는지 주의해서 보기 바란다. 그 친구들 모두 훌륭한 반려견이었지만, 단지 사랑과 훈련, 안전, 일관성, 가끔은 자신의 잠재력을 깨워 줄 약간의 훈육이 부족했을 뿐이다.

성견

성견기는 반려견의 삶에서 가장 긴 발달 단계로, 살아가는 기간 중 약 80퍼센트를 차지한다. 이 시기에는 강아지 때 혈기가 왕성했거나 사춘기 때 제멋대로 행동했던 반려견도 대부분 차분해지기 마련이다. 생후 1년 반 정도가 되면 당신의 반려견은 성견만큼 몸집이 커지지만 뇌는 아직도 강아지나 마찬가지다. 하지만 생후 2년에서 3년 정도가 되면 몸집은 더 이상 자라지 않고 뇌는 계속 성숙해져 성견으로서 모든 조건이 갖추어진다. 이 시기가 되면, 특히 초기에는 당신의 반려견이 그동안 자라오면서 습득한 나쁜 습관이나 행동을 바로잡기가 가장 쉽다. 성견이긴 하지만 뇌가 아직도 스펀지와 비슷해서 나쁜 습관이 완전히 굳어지지는 않았다. 해가 지날수록 반려견의 행동은 점차 굳어지기 때문에 바로잡기가 어려워진다.

성견기에 성격이 완전히 형성된 반려견은 노견기가 되어 퇴행이 시작되기 전까지는 대부분 일관되게 행동한다. 따라서 이 시기 또한 훈련시키기에 적절하다고 볼 수 있다.

유기견 훈련기 손만 대면 비명을 지르던 랜디

랜디는 중간 크기의 화이트 푸들 믹스견으로 로스앤젤레스 길거리에서 굶주리며 때가 잔뜩 묻은 채로 돌아다니던 개였다. 분명 주인이 있었을 텐데 그 누구도 랜디를 찾지 않았다. 여섯 살로 성견이던 랜디는 구조될 때조차도 누가 손대는 것을 두려워했다. 처음에는 건강상의 문제를 의심했다. 때때로 유기견 보호소에서 오랫동안 심각한 상처를 치료받지 못하고 방치된 개들을 보았기 때문이다.

수의사가 방문해 랜디를 검사해 보니 이상이 없었지만, 내가 다가가 목줄을 채우려고 하자 랜디는 다시 낑낑거리며 비명을 내질렀다. 랜디가 과거 어느 시점에 목줄로 맞은 경험이 있다는 것을 알아내기란 그리 어

렵지 않았다. 목줄은 랜디가 가장 두려워하는 물건이었고, 내가 목줄을 들고 가까이 가면 랜디는 몸을 움츠리고 도망갔다.

랜디가 누군가의 신체적인 애정 표현을 받아들이기 위해서는 신뢰하는 법을 먼저 배워야 했다. 사람과 편하게 접촉하는 연습이 되지 않은 상태에서는 어떤 훈련 프로그램을 시작해도 아무런 의미가 없었다. 나는 점진적으로 접촉에 익숙해지는 프로그램을 통해 랜디가 학대에 대한 공포 없이 사람들의 손길에 익숙해지도록 훈련시켰다.

이미 몇 년을 살아온 개를 훈련하려면 강아지를 훈련할 때보다 인내심과 시간이 조금 더 필요하지만, 결국 랜디는 나와 편하게 지내기 시작했다. 이후 일곱 가지 기본 명령도 쉽게 익혔고 앞으로 영원히 머물게 될 새로운 집으로 갈 준비가 되었다.

노견

"나이든 개에게는 절대 새로운 기술을 가르칠 수 없다"라는 옛말이 있다. 나는 이 말에 절대 동의하지 않는다. 노견도 훈련받으면 바뀔 수 있다. 물론 한창 나이의 성견을 훈련시킬 때만큼 효과를 빨리 볼 수는 없다. 개의 신체가 노화하듯 뇌 또한 노화한다. 이는 모든 생명체가 겪는 일반적인 과정이며, 당신과 나도 노화를 피할 수 없다. 강아지의 뇌가 엄청난 양의 정보를 바로바로 흡수하는 크고 바싹 마른 스펀지라고 한다면, 노견의 뇌는 아마 자라면서 습득한 정보와 여러 연결고리, 다양한 느낌으로 이미 포화 상태일 것이다. 결론적으로 성견 초기의 개를 가르치는 것보다 노견을 가르치는 것이 더 힘들다. 하지만 불가능한 일은 아니다. 나는 그동안 열한 살, 열두 살, 심지어 열세 살인 개에게도 '앉아'부터 시작해서 일곱 가지 복종 명령을 모두 가르쳤으며, 그들은 훈련에 곧잘 따라왔다.

노견을 가르치는 데 특별한 비법이 있는 것은 아니다. 다만 두 가지를 기억해야 한다. 바로 인내와 반복이다. 당신이 할아버지에게 스마트폰 사용법을 알려 준다고 생각해 보자. 할아버지는 새로운 정보를 자연스레 받아들이는 발달 단계를 이미 오래전에 끝냈기에, 쉬운 방법으로 한 번에 조금씩 알려 줘야 한다. 한 가지를 여러 번 반복해서 가르쳐 주는 것도 잊지 말자. 천천히 진도를 나가되, 예상 밖의 문제에 봉착하면 보완하고 검토하자. 당신의 할아버지처럼 당신의 노견 또한 자신만의 방식을 고집할 수 있으니 항상 인내심을 가져야 한다는 사실을 기억하자.

살아온 경험: 과거의 충격이 문제 행동이 되다

모든 사람은 자신만의 이야기를 가지고 산다. 그 이야기 속에는 그동안 만나 온 사람들, 가 본 장소, 일어났던 일들로 가득하다. 사람과 마찬가지로 개에게도 과거가 존재한다. 반려견과 함께 살아가기 위해서는 그 사실을 인정하고 받아들여야 한다. 개의 정체성을 규정하는 등식에서 개가 살아온 경험은 '후천적인' 부분을 담당한다. 태어나는 순간의 경험부터 자라면서 습득하고 경험한 모든 것은 개가 생각하고 느끼는 방식뿐 아니라 배우는 방식에도 영향을 준다.

당신의 반려견은 안전한 환경에서 잘 먹으며 살아왔는가? 방치당한 적은 없는가? 많은 사람, 장소, 동물, 소리, 냄새를 접했는가? 훈련은 충분히 받았는가? 같이 살기 힘들 만한 습관이 있는가? 이 모든 것이 살아온 경험에서 비롯된다.

여기서 좋은 소식은, 배워서 습득한 것이라면 바로잡을 수 있고 어떤 개든 견주와 반려견의 건강한 관계가 바탕이 되는 일곱 가지 기본 명령을 배울 수 있다는 점이다. 나쁜 소식은 살면서 깊이 뿌리내린 행동을 고치기 위해서는 굉장한 노력을 쏟아야 하고, 오랜 습관일수록 바로잡는 데도 시간이 오래 걸린다는 사실이다.

만일 당신이 노견을 입양했다면, 그 개의 성품과 문제 행동에 영향을 미친 삶의 경험들을 모두 파악하기란 불가능하다. 그리고 너무 오랜 시간을 할애해 과거를 끄집어내어 현재보다 과거에 초점을 두는 것은 바람직하지 않다. 그보다는 유기견을 입양하면서 이제 그 개가 당신의 반려견이며, 그 개와 연관된 문제가 무엇이든 당신이 책임져야 함을 명심하자. 문제는 오래 곪을수록 더욱 악화되기 때문에 바로잡기가 쉽지 않다. 반려견의 문제 행동도 발견하는 즉시 바로잡기 위한 행동에 나서야 한다.

반려견의 과거는 화이트보드에 남은 흔적

이제부터는 당신의 반려견이 살아온 경험을 균형감 있게 보는 데 도움이 되는 방법을 소개하겠다. 반려견의 과거를 화이트보드에 남아 있는 자국이라고 생각하자. 새로운 훈련 프로그램을 시작하기 전에 당신은 우선 화이트보드를 말끔히 정리하고자 할 것이다. 하지만 완전히 말끔하게 지워진 보드에서 시작할 수 없기에, 우선 앞으로 진행될 훈련과 신뢰 문제에 영향을 줄 수 있는 큰 문제들부터 해결해야 할 것이다. 만일 당신의 반려견이 짖기, 씹기, 땅파기로 억눌린 에너지를 해소하는 습관이 있다면, 매일매일 일과에 산책을 추가해 보자. 과거에 버림받았거나 길거리로 내몰린 개였다면, 일관되고 긍정적인 상호 작용을 통해 당신이 안전하고 믿을 만한 사람임을 인식시키자.

반려견이 살아온 경험이라는 화이트보드가 과거 문제로 손상되어 있다면 당신이 할 수 있는 선에서 그것을 지우되, 삶은 때때로 지워지지 않는 흔적을 남기기도 하며 아무리 문질러도 완벽하게 말끔한 보드로 만드는 것은 불가능할 수도 있다는 점을 유념하자. 반려견의 보드에 얼룩덜룩한 잔여물이 남아 있을 수도 있지만 괜찮다.

그것 또한 당신의 반려견을 특별하게 하는 요소이고, 시간이 지나면 그 어두운 조각들이 남은 채로도 안정적이고 건강하게 상호 작용을 하고 풍성한 경험을 쌓도록 도울 수 있을 것이다. 때로는 반려견의 상황을 수용하기 위해 훈련 방식에 조정이 필요할 때도 있다.

나의 귀여운 반려견 룰루의 이야기는 최고의 사례가 될 수 있겠다. 내가 처음 룰루를 데려왔을 때, 과거에 학대를 당한 것이 분명해 보였다. 룰루가 바닥에 누워 있을 때면 나는 발을 뻗어 쓰다듬고자 했는데 룰루는 과거에 많이 걷어차였는지 내가 발로 조금만 건드려도 룰루는 사투를 벌이듯 저항했다. 손으로 쓰다듬을 때는 그토록 격렬하게 저항하지 않았다. 나는 이 문제를 해결하기 위해 몇 달 동안 애썼고, 결국 어느 정도 안정 단계에 이르게 되었다. 룰루는 자신이 할 수 있는 만큼 충분한 진전을 보였기 때문에, 이제 룰루의 상황을 수용하기 위해 변해야 하는 것은 나였다.

나는 발을 뻗어 룰루를 쓰다듬기 전에 룰루를 안심시키기 위해 먼저 다정한 목소리로 괜찮다고 말하기 시작했다. 룰루는 과거의 경험으로 인한 공포심을 떠안고 살아왔지만, 훈련받고 나도 행동에 변화를 준 덕분에 우리 둘은 잘 지내고 있다. 훈련만으로 반려견이 과거의 경험을 극복할 수 없다면, 당신의 행동 방식도 어느 정도 조정하는 것이 훌륭한 해결책이 될 수 있다.

일곱 가지 기본 명령

　당신이 반려견에게 가르칠 수 있는 명령어는 '앉아'와 '기다려'에서부터 시작해 '기어,' '춤춰,' '이리 줘,' '하이파이브'까지 수백 가지에 이른다. 수년간 개들을 훈련시키면서 나는 더 다양하고 어려운 복종 명령을 배우려고 하는 개도 보았고, 기본적인 것도 마지못해 습득하는 개도 보았다. 하지만 영원히 머물게 될 새로운 집으로 입양되기 위해서는 모든 개가 일곱 가지 기본 명령 정도는 반드시 배워야 했다. 당신이 내가 진행한 프로그램을 봤다면 내가 얼마나 일관되게 일곱 가지 기본 명령을 가르치고 강조했는지 잘 알 것이다. 일곱 가지 기본 명령은 다음과 같다.

앉아 / 엎드려 / 내려가 / 안 돼 / 기다려 / 이리 와 / 나란히

　왜 일곱 가지뿐일까? 영화배우 이소룡은 이렇게 말한 적이 있다. "나는 1만 가지 발차기를 한 번씩 연습해 본 사람은 두렵지 않다. 오히려 한 가지 발차기를 1만 번 연습한 사람이 두렵다." 반려견 훈련에도 같은 철학이 적용된다. 반려견에게 무작정 많은 명령어를 가르치기보다는 몇 가지 기본 명령어를 백 퍼센트 습득하도록 훈련하는 것이 훨씬 낫다. 위에서 제시한 일곱 가지 기본 명령어는 우리가 반려견과 지내는 일상에서 가장 많이 사용하는 기본적인 것들이다. 사실 의미가 중복되는 명령어가 많아서, 일곱 가지만 사용해도 충분하다. 예를 들면 '안 돼'와 '하지 마'를 같은 상황에서 사용할 수 있지만 많은 사람이 두 명령어를 모두 가르친다. 별로 구분할 필요가 없을 명령어를 굳이 반려견에게 가르칠 필요가 있을까? 당신의 반려견이 두 명령어를 모두 이해할 만큼 똑똑하지 않다는 취지가 아니다. 단지, 명령어든 재주 부리기든 더 많은 행동을 가르칠수록 반려견이 그것들을 확실히 습득할 확률은 희박해진다. 재주 부리기는 아이들에게만 알려 줘도 충분하다.

내가 반려견 훈련 프로그램을 진행할 때 첫 번째로 알려주는 사항 중 하나는, 반려견이 명령어를 많이 아는 것보다 몇 가지라도 완벽하게 따르게 하는 것이 복종 훈련에서 더 중요하다는 사실이다. 내가 아는 반려견 중 가장 훈련이 잘된 몇몇 개들은 명령어를 많이 습득하진 않았지만 완벽하고 빠르게 반응한다.

물론 당신의 반려견이 뭐든지 잘 배운다면 가르쳐 줄 것이 많을 테니 다행이다. 하지만 모든 반려견이 복종 챔피언도 아니고, 모든 견주가 많은 명령어를 가르치느라 시간과 에너지를 할애할 수는 없는 일이다. 이게 바로 당신의 이야기처럼 들리더라도 너무 걱정하지 말자. 당신의 반려견을 얌전하고, 통제 가능하며, 안전하게 훈련하기 위해서는 일곱 가지 기본 명령어만 있으면 정말 충분하다.

당신의 반려견이 살아온 이야기

훌륭한 반려견을 찾기 위해서 브리더를 통하든 유기견 보호소를 방문하든 상관없다. 내가 어느 쪽을 훨씬 선호하는지는 당신도 잘 알 것이다. 물론 분양받은 반려견이 사회성이 발달했을 확률이 조금 더 높고, 유기견 보호소에서 입양하기가 쉽지 않고 솔직히 그닥 내키지 않을 수도 있다. 유기견을 입양하려는 사람들은 대부분 조금 더 쉽게 훈련할 개를 집에 데려오기보다는 한 생명을 살리는 데 큰 의미를 둘 것이다. 유기견을 데려오려면, 개가 버림받거나 학대를 당해서 받은 상처나 보호소의 개장에 갇혀 살면서 쌓인 스트레스 같은 짐을 추가로 짊어져야 하는 경우가 많다. 유기견 보호소에서 받은 충격은 개에게 외상 후 스트레스 장애(PTSD)로 남게 되는데, 그 형태는 가지각색으로 드러난다. 아픈 경험에 대처하는 자세는 개마다 완전히 다르다. 어떤 개는 어릴 때 따뜻한 가정에서 사랑을 받으며 살다가 차가운 유기견 보호소에서 생을 마감한다 해도, 마치 아무 일도 없었다는 듯이 행동한다. 하지만 어떤 개는 보호소에 들어와 큰 충격을 받은 후 성격이 완전히 변한다.

유기견 훈련기 버려진 충격으로 난폭해진 클로에

약 10년 전, 한 의뢰인이 내게 전화해 오스트레일리언 셰퍼드를 훈련시켜 달라고 했다. 그렇게 만난 클로에는 그 당시 생후 5개월 정도로, 훈련을 시작하기에 완벽한 나이였다. 이후 몇 년 동안 나는 클로에의 훈련을 맡아 얌전하고 잘 훈련된 아름다운 반려견으로 성장하는 모습을 지켜보았다. 그런데 의뢰인의 가족이 갑작스럽게 힘든 시간을 보내게 되었고, 그들은 내게 아무런 언질 없이 클로에를 유기견 보호소로 보내 버렸다. 나는 어느 날 우연히 찾아간 보호소에서 클로에를 마주했다. 나는 클로에를 바로 알아볼 수 있었는데, 그 친구의 외모와 무늬, 그리고 가장 중요한 성품까지 손바닥 들여다보듯 훤히 알고 있었기 때문이다.

보호소에서 마주친 클로에는 뭔가 다른 느낌을 풍겼다. 안정적인 환경에서 지냈던 클로에는 항상 차분하고 자신감이 넘치며 침착했다. 그런데 보호소에서는 자신의 꼬리를 물며 계속 빙빙 돌고 있었고, 심장병이라도 걸린 개처럼 심하게 헐떡거렸다. 마치 자신의 삶이 위태롭다는 사실을 알

기라도 하는 것 같았다. 클로에의 입양이 결정되던 날, 나는 보호소로 달려가 클로에의 입양을 도왔다. 한 훌륭한 가족이 클로에를 입양하려고 대기 중이었다. 하지만 입양 후 가족들이 작성한 보고서를 받아 보니 클로에는 내가 기억하던 것과는 너무나도 다르게 행동하고 있었다. 보고서에는 클로에가 난폭하며, 스트레스에 취약하고, 끊임없이 헐떡거리는 개로 묘사되어 있었다. 반려견이 새로운 집에 적응할 때 받는 일반적인 스트레스는 보통 한두 주가 지나면 사라지지만, 클로에는 몇 주가 지나도 별다른 진전이 없었다. 클로에는 유기견 보호소의 혹독한 환경에 매우 취약한 모습을 보이는 전형적인 개였고, 보호소로 보내지며 심한 충격을 받았다. 그 충격이 클로에를 완전히 장악해 성격까지 바꾸어 버린 것이다.

지금은 클로에가 훨씬 좋아졌고 안정적인 상태지만 클로에를 강아지 때부터 훈련한 사람으로서 클로에가 예전 모습을 되찾았다고는 말할 수 없으며, 앞으로도 되찾지 못할 것이다. 유기견 보호소에서의 경험이 클로에의 마음에 지우지 못할 상처를 남겼기 때문이다.

성격: 같은 품종이라도 성격은 다 다르다

당신의 반려견을 특별하게 만드는 것은 바로 성격이다. 비슷한 환경에서 살아온 같은 나이, 같은 품종의 반려견 두 마리를 데려왔더라도 두 녀석의 성격은 다를 것이다. 사람도 그렇지만 개들도 다 성격이 다르다. 개들의 성격은 지나칠 정도로 다양하다. 어떤 개는 재밌고 어떤 개는 신중하다. 예민한 개도 있지만 태평한 개도 있다. 어떤 개는 주인의 보상이 따르거나 몇 분이라도 주인과 시간을 보낼 수 있다면 앞뒤 안 가리고 뭐든지 한다. 반려견들끼리 좋은 유대 관계를 맺는 개들도 있고 사람에게 더 의지하는 개들도 있다. 우리들과 마찬가지로 개들도 성격 때문에 사랑받기도 하고 괴로워하기도 한다. 그들도 희망, 사랑, 걱정, 질투, 두려움을 다 느낀다.

그동안 만났던 개들의 재밌고, 영리하고, 매력적이고, 놀라운 성격에 관해 다 다루자면 책을 한 권 쓸 수도 있겠지만 여기서 다루고자 하는 주요 내용은 개의 성격이 훈련에 어떻게 영향을 미치는가다. 당신의 반려견을 잘 알고 무엇이 그 친구를 그렇게 행동하게 하는지도 안다면, 효율적인 훈련이 가능할 것이다.

반려견의 성격은 어떻게 평가할 수 있을까? 사실 반려견의 성격을 평가할 수 있는 테스트 같은 것은 없다. 그러한 테스트 결과가 있다면 반려견을 훈련할 때 단계별로 참조하기 좋겠지만 말이다(강아지 성격 예상 테스트라고 알려진 것들도 있지만 사실 효과가 없다). 유기견 보호소에서 온 반려견의 경우, 개가 가장 힘든 시절을 보낸 곳이기 때문에 성격과 연관된 정보를 얻기에는 최악의 장소라 할 수 있다. 유기견을 입양해 집으로 데려왔더라도 반려견이 집에 적응하고 진짜 성격을 보여 주기까지는 어느 정도 시간이 필요하다.

그래서 그동안 경험을 통해 얻은 몇 가지 원칙을 알려 주도록 하겠다. 반려견의 성격을 잘 이해하면 앞으로 훈련을 잘 받을 것인지 가능성을 엿보는 데 도움이 될 것이다.

원칙 1. 훈련시키기 가장 쉬운 반려견은 (본능적으로 먹이를 찾고 쫓거나 잡으려고 하는 포식자 경향이 있어) 먹을 것이나 장난감에 대한 집착이 강하고 집중력이 좋은 개들이다. 주인의 손에 있는 간식이나 테니스공, 삑삑 소리가 나는 쥐 장난감만 보면 숨을 못 쉴 정도로 흥분하는 개들은 그런 데 별로 관심이 없는 개들보다 훈련하기가 쉽다. 음식이나 보상용 간식을 대수롭지 않게 여기는 반려견들을 가르치려면 당신이 조금 더 기발한 방식을 생각해 내는 등의 노력을 쏟아야 한다.

원칙 2. 훈련에 잘 따라오지 못한다고 해서 반려견의 지능이 떨어진다는 의미는 아니다. 언제 어떤 상황에서 했던 말인지는 아무도 모르지만, 알베르트 아인슈타인이 했다고 전해지는 말 중 내가 아주 좋아하는 말이 있다. "모든 사람은 천재다. 하지만 나무에 오르는 능력으로 물고기를 평가한다면, 물고기는 평생 자신을 바보라고 믿은 채 살아갈 것이다."

나는 이 문구를 주로 아이들 교육에 적용하고는 했는데, 개들을 훈련하는 데도 들어맞는 것 같다. 내가 만나 온 많은 견주가 어쩌다가 멍청한 개를 입양했다고 푸념했다. 특정 견종이 다른 견종에 비해 습득 능력이 부족하거나 느리다고 말하는 사람도 많다. 나는 당신이 반려견을 훈련시킬 때 이것만은 기억했으면 한다. 당신의 반려견도 어떤 부분에서는 천재라는 사실을 말이다. 물론 명령어를 배우거나 대소변을 가리거나 고양이를 건드리면 매번 긁힌다는 사실을 이해하는 데는 천재가 아닐 수도 있다. 하지만 분명 잘하는 것이 있다. 반려견의 지능을 명령어 습득 속도나 재주 부리는 능력으로 판단하지 말자.

만일 반려견이 어떤 부분에서 지능이 높은지 정확히 실험해 보고 싶다면, 반려견의 품종이 원래부터 하던 일을 시켜 보자. 비글이 완벽한 예가 될 수 있다. 비글은 개의 지능과 관련해서는 별로 관심을 받지 못한다. 비글에게 배변 훈련을 시키기란 만만치 않다. 그리고 쉴 새 없이 짖어대는 견종으로도 유명하다. 하지만 비글은 사냥감을 추적하는 품종으로 사육되었기 때문에 후각이 놀라울 정도로 발달했다. 잘 훈련된 비글이 숲에서 사냥감을 추적하는 모습을 본다면 놀랍고도 고유한 재능으로 자신의 역할을 훌륭하게 해내는 새로운 모습에 놀랄 것이다.

'앉아'나 '기다려'와 같은 명령에 잘 따르지 않는 반려견을 훈련하려면 더 많은 시간과 에너지를 할애해야 하는데, 한 가지는 기억하길 바란다. 럭키 도그가 되기 위해서는 일곱 가지 기본 명령을 완전히 습득해야 하지만, 반려견이 스스로 그 명령어를 배우고자 하는 의지를 얼마나 갖고 있는가는 개의 능력과 상관이 없다.

일반적인 성격적 특성

이 책에서 모든 개의 성격을 논할 수는 없지만, 나는 훈련 방식을 결정하는 데 큰 영향을 미치는 몇 가지 성격적 특성을 찾아냈다. 지금부터는 개의 일반적인 성격 몇 가지를 알려 주겠다.

외향적이거나 내성적이거나: 당신의 반려견은 낯선 사람이 부를 때 잘 가는가? 이웃집에서 하룻밤 자는 데 문제가 없는가? 낯선 공간에도 거리낌 없이 들어가는가? 이러한 특성을 보이는 외향적인 반려견이라면 내향적인 반려견보다는 훈련하기가 조금 더 수월하다. 외향적인 개들은 내향적인 개들보다 뭐든지 잘 믿는다. '기다려', '이리 와', '엎드려'와 같은 명령을 반드시 따라야 한다는 사실까지도 말이다.

본성이 내성적이거나 조심성 있는 반려견은 훈련에 더 많은 시간이 소요된다. 나의 반려견 룰루가 바로 이에 해당한다. 룰루는 신중하고 섬세하긴 하지만 신선한 안심스테이크로 유혹해도 낯선 사람 집에는 안 들어갈 만큼 주인만 따른다. 내성적인 반려견을 훈련하는 데는 보통 더 오랜 시간이 걸리지만 나름대로 보상이 따른다. 내성적인 개들은 일단 마음을 열고 명령을 따르기 시작하면 명령을 잊거나 무시하는 경우가 없다. 강력한 무언가가 개들의 마음을 움직여 놓았기 때문이다.

활기가 넘치거나 기운이 없거나: 어떤 개들은 활기가 넘쳐서 항상 뭔가를 하려고 한다. 텔레비전 프로그램 〈젯슨 가족〉에 나왔던 아스트로를 기억하는가? 이런 개들은 몸과 마음이 항상 활동적인 상태여서 훈련을 시작하기 위해 이목을 끌기가 힘들다. 하지만 일단 훈련을 시작하면 활기가 넘치는 개들은 복종 명령과 재주 부리기 등을 모두 잘 습득한다. 사실 훈련을 통해 과도한 에너지를 배출하면 그동안 자극이 부족해서 생겼던 문제 행동도 줄어든다.

반대로 어떤 반려견은 느긋하고 항상 졸린 듯하며 어떤 것에도 큰 흥미를 보이지 않는다. 기운이 없는 개들은 훈련에도 더디게 따라오고 금방 끝내고 싶어 한다. 하지만 개들이 깨어 있는 동안 잠깐씩이라도 꾸준히 기회를 마련해서 훈련한다면 큰 문제는 없다. 내 경험에 비추어 볼 때, 이들 중 일부는 일곱 가지 기본 명령을 잘 습득하기만 하면 서비스견이 되기에 이상적이다. 주인을 따라다니며 조용하고 얌전히 기다리는 것이 서비스견의 중요한 역할이기 때문에, 절제를 잘하는 친구들이 훈련만 잘 받는다면 서비스견이 되기 위한 최적의 후보라 할 수 있다.

품종과 나이 모두 반려견의 활력에 영향을 주긴 하지만, 이 또한 매우 개별적인 요소다. 예를 들어 나는 골든리트리버를 여럿 봐 왔지만 어떤 개는 온종일 부드러운 침대에서 배부른 채로 뒹구는 것을 좋아했고, 어떤 개는 먹을 것도 마다하고 언덕 오르기를 택하기도 했다. 아마 생긴 모습은 똑같아도 성격은 완전히 다른 두 마리의 개를 당신도 본 적이 있을 것이다.

장난기가 많거나 신중하거나: 많은 사람이 반려견을 훈련시킬 때 개가 말을 듣게 하려면 무조건 간식을 줘야만 한다고 생각한다. 이는 사실과 전혀 다르다. 어떤 개들은 먹을 것을 준다고 하면 물 위를 걷기라도 할 기세로 간식에 적극 반응한다. 하지만 장난감이나 놀아주기를 더 좋아하는 개들도 있다. 당신의 반려견이 공이나 입으로 무는 장난감, 로프토이 등에서 눈을 떼지 못한다면 간식보다는 장난감을 활용해야 반려견을 집중시켜 잘 훈련할 수 있다. 사냥감을 쫓는 강한 본능을 지닌 개에서 볼 수 있는 일반적인 특성이다. 어떤 반려견은 당신이 사랑하는 마음을 담아 요구한다면 뭐든 한다. 얼마나 많은 개가 이러한 부류에 속하는지 안다면 당신도 놀랄 것이다.

반려견의 성격을 평가할 때는 당신의 반려견이 바닥에서 뒹굴며 노는 것을 제일 좋아하는지, 간식을 제일 좋아하는지, 아니면 절충안이 좋을지 잘 생각해 보자. 그것을 알면 훈련에 활용할 도구를 선택하기가 한결 쉬울 것이다.

고집이 세거나 잘 따르거나: 어느 가정에나 가족 중에 자기 생각과 다르면 절대 따르지 않는 사람이 꼭 한 명씩 있다. 그런 사람들을 당신도 잘 알 것이다. 저녁에는 무엇을 먹을지, 휴가는 어디로 갈지, 게임에는 어떤 규칙을 적용할지 모두 혼자 정하는 사람들 말이다. 이는 관계의 주도권을 누가 쥐느냐의 문제로, 모든 상호 작용에 존재할 수밖에 없는 원리지만 힘이 너무 한쪽으로만 치우쳐서는 안 된다. 반려견 중에도 이런 친구들이 있다. 그들은 고집이 세고, 새로운 것을 접할 때 자기만의 방식과 속도로 받아들인다. 어떤 견종이라도 이러한 성격을 가질 수 있지만, 특히 불리들이 고집이 세기로 유명하다. 사람 무릎 위에서 지내기 위해 사육된 토이견 또한 고집이 세니 몸집이 조그마한 반려견이 덩치가 크고 활발한 개들보다 더 말을 안 듣더라도 놀라지 말자.

고집 센 반려견을 훈련시키려면 처음부터 반려견을 통제하는 데 더 많은 노력을 쏟아야 한다. 3장에서는 훈련을 잘 따르는 반려견과 고집 센 반려견 모두를 어떻게 훈련시켜야 할지 자세히 다루도록 하겠다.

 핵심 요약

간략히 말해, 당신의 반려견을 제대로 알기 위해서는 네 가지 주요 변수를 살펴보아야 한다. 각각의 사항을 잘 이해하면 반려견에게 이상적인 훈련사가 되는 데 큰 도움이 될 것이다.

1. 품종

품종이란, 당신의 반려견이 지니고 태어난 유전적 특성이라고 할 수 있다. 일반적으로 효과적인 훈련 프로그램은 이러한 특성을 배척하기보다는 빨리 인정하고 심지어 훈련 과정의 일부로 포함하기도 한다. 사실 굉장히 까다로운 유전적 특성이라도 어느 정도 조절할 수는 있지만, 엄청난 시간을 할애해 대자연의 법칙에 맞서길 원하는 사람은 없을 것이다.

2. 나이
어떤 연령의 개라도 훈련이 가능하지만 강아지, 사춘기견, 성견, 노견은 각기 다른 속도와 방식으로 훈련해야 효과적이라는 사실을 염두에 둔다면 반려견을 훈련시키기가 훨씬 수월할 것이다.

3. 살아온 경험
품종이 반려견의 선천적인 부분이라면, 살아온 경험은 후천적인 부분이다. 개가 태어난 순간부터 겪은 모든 일과 습득한 것이 다 살아온 경험이다. 기억하자. DNA는 타고나는 것이지만 후천적으로 습득한 것은 바로잡을 수 있다.

4. 성격
성격은 당신의 개를 특별하게 만드는 비밀 재료라고 할 수 있다. 반려견이 에너자이저 광고에 나오는 토끼 같은 유형이든, 온종일 소파에 앉아 감자칩만 먹는 유형이든, 장난기가 넘치든 신중하든, 의욕이 넘치든 무기력하든, 반려견의 성격에 따른 맞춤형 훈련 방식을 고안해 낼 수 있을 것이다.

훈련의 첫 단계는 신뢰

"신뢰는 사랑보다 위대한 찬사의 표현이다."

—조지 맥도널드(영국의 동화작가, 시인)

당신의 반려견이 가장 먼저 받아야 할 훈련은… 사실상 전혀 훈련이라고 볼 수 없다. 훈련 과정의 첫 단계는 명령이나 복종과는 거의 관련이 없다. 첫 단계는 오직 신뢰에 관한 것이다. 당신과 반려견의 관계에 신뢰라는 본질적인 요소가 결여된다면, 당신은 좋은 훈련사가 될 수 없다.

나는 개를 훈련하는 일을 하면서 신뢰와 유대 관계가 훈련에 필수라는 점을 항상 마음에 새겨 두었다. 대부분의 개 훈련이 주로 지배권을 손에 넣는 접근 방식을 바탕으로 하지만 그러한 철학은 나와 맞지 않았고, 특히 유기견 보호소에서 구조한 개들에게는 전혀 통하지 않았다. 유기견들이 주인을 잃어버리거나 방치되고, 이해할 수 없는 이유로 갇힌 것은 그나마 나은 경우다. 최악의 경우 그들은 버림받거나 신체 학대를 당했다. 이렇든 저렇든 간에 유기견들은 누군가를 의심하거나 신뢰하지 않을 좋은 조건을 갖춘 셈이다. 그들은 더 이상 예측 불가하고, 인내심이 부족하며, 다정하지 않은 주인을 만나고 싶지 않다. 나는 새로운 개를 만날 때마다 내가 예측 가능하고, 인내하며, 다정한 사람임을 개에게 명확히 인지시키고 나서 훈련을 시작한다.

사람들은 종종 이러한 접근 방식은 반려견이 주인을 리더로 보는 데 방해가 되지 않느냐고 반문한다. 그에 대해 간략히 답하자면, 절대로 아니다. 누군가를 이끌려면 상대에게 군림해야 한다는 법은 없다. 물론 개를 장악해야 하는 훈련도 있지만, 그것은 공격적인 개를 다룰 때로 한정된다. 우리가 여기서 다루는 내용은 공격적인 맹수를 훈련하는 법이 아니므로, 우리 자신도 공격적이거나 지배적으로 행동할 필요가 없다. 우리의 목표는 유대 관계를 쌓고 기본 명령을 가르치는 것이다. 그리고 반려견들이 두려움 때문이 아닌 존중하는 마음으로 명령에 따르도록 하는 것이다.

사람들이 지도자에게 바라는 점을 여기에 잘 비교해 놓았다. 살아오면서 가족이든 멘토든 직장 상사든 동료든 선생님이든 당신을 지도해 준 이들과 어떤 관계를 맺고 어떻게 반응했는지 한번 생각해 보자. 장담하건대, 리더와의 관계는 신뢰를 바탕으로 한 유대 관계를 통해 꾸준히 강화하는 것이 최선의 방법이다.

이렇게 생각해 보자. 훈련의 본질은 가르치는 것이다. 단지 우리가 가르치는 학생이 아이들이 아니라 동물일 뿐이다. 어떤 선생님이 가장 좋은 선생님일까? 선생님이 너무 무섭거나 싫다면, 혹은 도망가고 싶거나 대들고 싶다면, 좋은 선생님이라 할 수 없다. 그런 선생님과 학생들 사이에는 언제나 명확한 선이 그어져 있고, 개들도 그런 훈련사라면 경계할 것이다. 아는 것이 많고 공평하며 열심인 선생님이 가장 좋은 선생님이고, 그런 선생님은 존중과 협력을 강압적으로 요구하는 대신 학생들을 고무하고 격려할 것이다. 이런 선생님들은 학생들에게 관심이 많고 학생들도 그것을 잘 안다.

나는 훈련사와 반려견의 관계에도 이러한 논리가 그대로 적용된다고 믿는다. 진정한 훈련을 위해서는 반려견이 당신을 신뢰하고 친밀감을 느낄 수 있어야 한다. 그렇지 않으면 당신은 많은 시간을 할애해 아무런 의지가 없는 반려견에게 명령에 따르길 강요만 하게 될 것이다. 강압적인 훈련은 매우 공격적인 맹견을 다룰 때만 통하는 방식이다. 복종 훈련시 강압적 자세로 임하게 되면, 반려견이 의지가 아닌 의무감에서 억지로 따르는 결과를 가져오기 때문에 권장하지 않는다. 압력을 가하지 않아도 될 일에 힘을 뺄 이유는 없지 않은가? 어떻게 보면 이것은 파수꾼이 되느냐 아니면 선생님이 되느냐의 문제와도 같다. 어느 쪽을 택하든 결과를 얻을 수 있겠지만, 굳이 파수꾼이 되길 원하는 사람은 없을 것이다.

만일 당신의 반려견이 강아지거나 새로 입양한 개라면 훈련을 시작하기 전에 신뢰를 쌓는 과정을 반드시 거쳐야 한다. 반려견이 내성적이거나 자신감이 없는 경우에도 신뢰 구축이 도움이 된다. 만일 반려견과 수년간 함께 지내 와서 훈련을 시작할 준비가 이미 되었다고 생각한다면, 이 장에서 알려 주는 조언을 통해 반려견과의 관계를 더욱 깊게 강화할 수 있다. 당신의 노력은 훈련 과정에서 반려견이 보여 줄 완벽 그 이상의 반응으로 충분히 보상받게 될 것이다.

유기견 훈련기 | 학대 당한 경험에 겁보가 된 스카이

나는 사실 유기견 보호소에서도 나를 보고 도망치려는 개를 거의 본 적이 없는데, 스카이는 그 몇 안 되는 개 중 하나였다. 스카이는 내성적이고 예민한, 하지만 위엄 있고 아름다운 화이트 셰퍼드였다. 내가 스카이를 처음 보았을 때 나이는 생후 18개월 정도였다. 도심의 유기견 보호소 우리에 갇혀 있던 스카이는 잔뜩 겁에 질려 있었다. 내가 우리로 다가갔을 때, 스카이는 너무 놀라 창문 밖으로 나가려는 듯 벽으로 돌진했다. 나는 이 상황을 진정시키기 위해 뒤로 물러섰고, 조금 떨어져 앉아 스카이에게서 눈을 돌린 채 차분하고 다정한 목소리로 말을 건넸다. 그리고 나는 기다렸다. 스카이 옆으로 정말 조금씩 천천히 다가갔고, 그러기까지 약 20분이 걸리긴 했지만, 그렇게 천천히 다가가자 스카이는 더 이상 나를 겁내지 않았다.

학대당한 경험이 있는 동물은 머릿속으로 재빨리 계산한다. 그들은 과거에 위협당한 경험이 수없이 많기 때문에, 위협을 감지하는 방법을 잘

알고 있다. 스카이는 나와 함께한 20분 동안 위협을 느끼지 않았고, 처음 내비쳤던 경계심을 많이 허물었다. 하지만 일시적으로 위협을 느끼지 않았다고 해서 나를 완전히 신뢰하게 되었다는 의미는 아니며, 신뢰 근처에도 이르지 못했다. 단지 스카이는 내가 조금 더 가까이 오는 것을 허락했을 뿐이다. 나는 그것만으로도 충분했다. 스카이는 내가 목줄을 걸도록 두었고, 나의 트럭으로 함께 걸어갔다. 수박 겉핥기 정도라고 해도 그렇게 신뢰 회복의 1단계를 완수했다.

스카이가 우리 훈련소로 온 이후 조금 나아지긴 했지만, 너무 겁이 많아서 목줄을 했을 때 안절부절못하고 집중도 하지 못했다. 갑작스러운 움직임이나 소리에 놀라 숨을 곳을 찾고는 했다. 이러한 모습은 스카이의 아픈 과거를 보여 주고 있었고, 아픈 과거는 스카이의 성격에도 영향을 미친 것이 분명했다. 그런 상황에서 스카이를 평가하는 것은 시간 낭비나 다름이 없었다. 그리고 아직도 불안한 상태에서 스카이를 훈련하려 들었다면, 스카이는 아마도 나를 적으로 생각했을 것이다. 그것은 상상할 수 있는 최악의 시나리오다.

해결책은 간단했다. 바로 신뢰를 쌓는 것. 나는 스카이가 준비되면 훈련을 시작하겠노라고 말해 주었고 이후 일주일 동안은 그 약속을 지키려고 스카이의 키만큼 몸을 낮추고, 함께 앉아 먹이를 주고, 쓰다듬고, 그 어떤 대가도 요구하지 않은 채 애정을 쏟고 집중했다. 며칠이 지난 뒤 스카이는 아픔을 극복했다. 스카이는 내게 다가와 얼굴을 핥고 내 눈을 차분히 바라보았다. 나를 아직 백 퍼센트 신뢰하지는 못할지라도 경계심을 풀어 준 스카이 덕분에 훈련을 시작하기 위한 청신호가 켜진 것이다.

반려견과 신뢰 쌓는 여섯 가지 행동

반려견과 신뢰 관계를 구축하는 데는 며칠이 걸릴 수도 있지만, 몇 달이나 그 이상이 걸릴 수도 있다. 대부분의 개는 주인을 꽤 빨리 신뢰하지만, 과거의 아픈 경험으로 위축된 유기견을 입양했다면 시간이 더 걸릴 수 있다. 나의 반려견 룰루가 그런 경우였다. 내게 오기 전 어떤 학대를 당했는지는 몰라도, 룰루는 사람뿐 아니라 다른 동물들도 심하게 경계했다. 처음에는 나를 조금도 신뢰하지 않았고, 어느 정도 경계심을 풀어 훈련을 시작하려고 했을 때도 룰루는 항상 조심스러워했으며, 마치 내가 곧 실망감을 안기길 기다리는 듯 보였다. 룰루가 진정으로 마음을 놓고 내가 자기를 절대로 학대하거나 버리지 않을 것임을 믿는 데는 1년이라는 시간이 걸렸다. 그렇게 기다린 시간 덕분에, 지금 우리는 매우 끈끈한 신뢰 관계를 유지한다.

당신의 반려견과 신뢰 관계를 쌓는 데 얼마의 시간이 걸리든, 진심 어린 마음으로 유대 관계를 구축할 수 있도록 기다리자. 너무 서둘러서도 안 되지만, 위선적인 행동은 더더욱 안 된다. 사람과는 달리 개는 멀리서도 가짜를 알아본다. 이 장의 후반부에서는 반려견과 유대 관계를 쌓기 위해 할 수 있는 몇 가지 활동을 알려 주겠다. 하지만 지금은 신뢰를 쌓기 위해서 어떻게 해야 하는지 먼저 알아보도록 하자. 다음의 여섯 가지 행동은 당신이 반려견과 올바른 신뢰 관계를 구축하는 데 도움을 준다.

1. 차분하게 행동하기. 큰 목소리와 공격적인 톤으로 말한다면, 내성적이고 겁 많은 개는 당장 뒷산으로 도망가 버리고 만다. 반려견과 신뢰 관계를 형성하는 동안 당신은 언제나 절제하며 차분하게 행동해야 한다. 물론 점차 서로를 알아가는 과정에서 당신의 과격하고 거친 면이나 바보 같은 면을 보여 줄 수도 있지만, 아직 당신을 잘 모르는 반려견은 그러한 모습에 당황할 수도 있다. 만일 당신이 유기견을 입양했다면 학대 경험이 있는 개들은 주로 공격적이고 과격한 사람에게서 피해를 당했으므로, 그 반대의 자세를 취할 것을 권장한다.

차분한 자세로 반려견을 대하려면 보디랭귀지도 절제해야 한다. 유기견을 입양했다면 특별히 이 사실을 유념하자. 나는 개장에 갇혀 겁먹은 개를 만나면 두려움에 떠는 개와 눈을 똑바로 맞추지 않고 개가 먼저 다가오도록 자세를 낮추고 기다린다. 이런 보디랭귀지는 모두 의도된 것이다. 소심하고 겁이 많은 개들은 눈 맞추기를 싫어한다. 그들은 눈 맞춤을 적의 도전이나 낯선 이의 위협으로 인식할 수 있으므로 나는 그런 오해를 불러일으키고 싶지 않다.

바닥으로 몸을 낮추는 것 또한 유기견을 만날 때, 특히 학대당한 경험이 있는 개를 만날 때 내가 취하는 기본적인 자세다. 내가 앉는 이유는 간단하다. 나는 덩치가 큰 사람이고 대부분의 개는 상대의 몸집이 크면 위협을 느끼기 때문이다. 유기견의 눈높이에 맞게 몸을 낮추는 것만으로도 갑자기 나타난 낯선 사람의 위협적인 요소가 상당 부분 사라진다. 내가 유기견을 지배하기 위해 나타난 공격적인 존재가 아니라는 사실을 강조하기 위해, 나는 종종 유기견들이 내 몸 위에 기어오르도록 놔둔다. 내가 친구가 되려고 왔다는 점을 그

내성적인 개는 당신에게 위협을 느낄 수 있다. 눈 맞춤을 피하면 긴장을 누그러뜨리고 신뢰 관계를 형성하는 데 도움이 된다.

들이 알아주면 좋겠다. 그렇게 유기견들의 신뢰를 얻고 나면 그제야 비로소 나는 그들을 지도할 수 있다.

겁 많고 내성적인 개를 다루기 위해 보디랭귀지에 관한 조언을 하나 더 하자면, 개에게 정면으로 다가가지 않길 권한다. 이 행동 또한 공격적이고 군림하는 자세로 인식될 수 있다. 나는 스카이를 훈련소로 데려오고 며칠 후부터 이것을 실천에 옮겼다. 스카이처럼 겁이 많고 공포에 휩싸인 개라면, 내가 정면으로 다가갈 때 공격한다고 느낄 것이다. 그래서 나는 조금 떨어져 앉은 뒤 똑바로 쳐다보지 않은 채 곁에 머물면서 스카이가 나의 존재에 익숙해지고 위험으로 느끼지 않게 하려 노력했다.

2. 인내하기. 어떤 동물과는 신뢰를 쌓고 유대 관계를 형성하기까지 시간이 걸린다. 명령을 가르치거나 문제 행동을 바로잡기 전에, 당신은 인내하는 기술부터 배워야 한다. 인내는 모든 동물 훈련사가 갖추어야 하는 첫 번째 원칙이다. 하지만 반려견이 언제쯤 우리를 신뢰하고 훈련할 준비가 될지 예상할 수 없으므로 인내심을 갖기란 정말 쉽지 않다. 인내심을 갖고 기다리기가 힘들겠지만, 훈련 기간이 조금 길어지더라도 반려견이 당신을 파악하고 먼저 다가오도록 기다리자. 어떤 유기견들은 구조된 후 곧바로 내게 다가와 내 무릎에 올라오기도 하고 마치 그동안 잘 알던 사이처럼 다리에 기대기도 한다. 하지만 시간이 걸리는 개들도 있다. 만일 그런 개들에게 내가 먼저 다가간다면, 개들이 스스로 생각하고 결정할 기회를 뺏는 것이

나 마찬가지가 된다. 개가 스스로 생각해 먼저 다가왔다면, 이제 좋은 신뢰 관계를 쌓기 위해 당신이 앞으로 나아갈 수 있다.

덧붙이자면, 개가 당신에게 먼저 다가오도록 기다리는 것은 당신을 리더로 생각하게 만드는 데 있어 굉장히 우회적인 방법이다. 한 배에서 난 여러 강아지나 한 무리의 동물 가족, 혹은 여러 개가 모여 있을 때 누가 누구에게 먼저 다가가고 누구를 따라다니는지 잘 생각해 보자. 강아지가 어미 개에게 가고, 약하고 어린 동물이 조금 더 나이가 많고 성숙한 동물을 따라다니는 경우는 있어도, 한 무리의 리더가 다른 개의 주의를 끌려고 구성원들 주위를 맴도는 경우는 본 적이 없을 것이다. 반려견이 당신에게 먼저 다가오면, 부드러운 목소리로 안심시키고 간식도 많이 주면서 당신이 어떤 리더인지 잘 느낄 수 있도록 해 주자. 시간이 지나면서 점차 평소 억양으로 바꿔도 된다.

반려견이 당신을 알아가는 이 기간에는 반려견이 스스로 생각할 시간을 갖도록 침대나 빈 상자 같은 공간을 마련해 주면 좋다. 반려견이 그곳에 머물 때면 조용히 혼자 있도록 배려하자.

3. 이해하기. "누군가를 정말로 이해하려 한다면… 그 사람 살갗으로 들어가 그 사람이 되어서 걸어다니는 거지." 소설《앵무새 죽이기》에 나오는 이 유명한 문장을 알고 있는가? 이 문장은 타인을 이해하려면 얼마나 노력해야 하는지 잘 알려 주는 훌륭한 비유이며, 동물이나 반려견을 이해하는 데도 그대로 적용해 볼 수 있다. 좋은 훈련사가 지녀야 할 중요한 자질 중 하나는 동물의 마음을 읽는 능

력이다. 야생 동물을 길들이는 세계에서는 무언의 원칙이 하나 있는데, 훈련사로서 동물처럼 생각하는 것을 넘어 마치 자신이 그 동물이 된 것처럼 느껴야 한다는 것이다. 이는 야생 동물에게 가까이 다가갈 때 자칫 위험한 상황으로 이어질 만한 실수를 하지 않기 위해 당신이 유념해야 할 기본적인 원칙이다. 사람의 본능대로 행동한다면 문제가 생길 수 있으므로, 동물의 본능과 직관을 예상해서 행동하는 것이 안전하다.

지난 수년간 내가 거대한 백상아리와 함께 헤엄치며 배운 것은 정말 완벽한 사례라고 할 수 있다. 만일 당신 옆에서 길이가 5미터가 넘고 몸무게는 2,000킬로그램이나 되는 상어가 헤엄치고 있다면, 당신은 본능적으로 멀리 헤엄쳐 달아나고 싶을 것이다. 하지만 상어에게는 도망치는 것은 무엇이든 쫓는 본능이 있다. 상어는 물고기 떼 근처나 심지어 물고기 떼 가운데서 헤엄치는 것에 익숙하다. 만일 물고기 떼에서 한 마리가 갑자기 도망친다면, 모든 물고기는 본능적으로 순식간에 그 물고기를 향해 돌진할 것이다. 그들은 도망친 물고기에게 갑자기 무슨 일이 생겼는지, 혹시 무엇을 보기라도 했는지, 위험 요소나 먹이가 있는지 확인하려 한다. 내가 이 거대한 포식자와 함께 헤엄치는 가장 안전한 방법은 나 스스로 '큰 물고기'가 되는 것이라는 사실을 이해하는 데 시간이 걸렸다. 그들에게 익숙한 주변 환경의 일부가 되기 위해서는 그들과 함께 움직이고, 말 그대로 물고기 떼와 어우러져야 한다는 사실을 말이다. 도망친다거나 하는 갑작스러운 움직임은 당신을 상어의 먹이로 만들고 말 것이다.

반려견을 훈련시킬 때도 개라는 종의 본능을 인정할 필요가 있다. 그들은 무리의 일부가 되길 원하고, 가족에서 서열을 확인하고자 하며, 먹을 것에 즉시 반응하고, 본래 품종이 가진 기능을 수행하려는 욕구가 강하다. 그리고 반려견이 그동안 어떤 고유한 성격을 형성해 왔는지, 무엇을 좋아하는지도 알아야 한다. 물론 반려견을 입양해 오자마자 바로 알 수 있는 사항들도 있지만, 시간이 흘러 반려견이 당신을 신뢰한 후에야 알 수 있는 점들도 있다.

당신의 반려견을 잘 알면 알수록 그가 어떤 생각을 하고 그동안 어떻게 살아왔는지 잘 이해할 수 있다. 당신의 반려견을 행동하게 하는 것은 무엇인지, 두렵게 하는 것은 무엇인지 조용히 떠올려 보자. 당신의 반려견은 당신과 어느 정도 단란한 시간을 보내고 나면 혼자만의 조용한 시간을 갖고 싶어 하는가? 시간을 내어 반려견을 관찰하고 그가 무엇을 좋아하고 싫어하는지, 혹은 무엇을 필요로 하는지 생각해 보자. 장기적으로 보면 반려견은 결국 당신과 타협하거나 당신의 방식을 따르게 될 것이다. 하지만 당신이 반려견의 시각으로 세상을 보고 그의 생각과 느낌을 상상해 본다면, 훨씬 더 수월하게 반려견의 신뢰를 얻고 훈련을 시작할 수 있을 것이다.

4. 일관되게 대하기. 때때로 의뢰인들을 만나 상담해 보면 그들이 반려견과의 관계에서 겪는 문제는 일관성이 부족해서 발생한다는 사실을 바로 알아차릴 수 있다. 주인의 행동이 혼란스럽다 보니 반려견은 주인의 의도를 빨리 파악하지 못해 제대로 따르지 못한다.

이를테면 같은 행동을 요구하면서 다양한 명령어를 사용하거나, 과거에 잘못한 행동을 들추며 질책하거나, 의도치 않게 나쁜 습관을 키우게 하는 견주들이 있다. 강아지나 유기견, 혹은 내성적이거나 겁 많은 반려견의 신뢰를 얻기 위해서는 당신이 일관되고 예측 가능한 사람이라는 점을 끊임없이 보여 주어야 한다.

이 과정을 시작하기 위해서는 먼저 반려견이 매일매일 무엇을 할지 예상할 수 있도록 일과를 정하자. 일과 중 가장 중요한 부분은 매일 같은 시간에 사료를 먹고, 같은 잠자리에서 잠들고 일어나는 것이다. 유기견이었던 개들은 매일 두 번씩 같은 시간에 먹을 것이 생긴다는 사실만 알아도 놀라우리만치 안정적으로 변한다. 그 외에도 산책 시간이나 몇 분씩 야외로 나가는 시간을 일과에 넣어서 잘만 지키면, 반려견이 하루 일과를 예상하며 안정을 느끼는 데 도움이 된다.

5. 안심시키기. 개를 훈련시키는 일을 하다 보면 반려견이 두려움을 느낄 때 주인이 달래 주면 두려움을 더 느낀다고 잘못 믿고 있는 이들을 많이 본다. 개뿐만 아니라 수년간 많은 야생 동물을 다루어 본 훈련사로서 내가 해 줄 수 있는 말은, 그렇지 않다는 것이다. 만일 당신의 반려견이 뭔가를 두려워한다면, 걱정하는 눈빛과 차분하고 낮은 목소리로 안심시켜 주길 바란다. 훈련을 시작하고 나면 안전한 환경을 조금씩 접하게 하면서 점차 두려움을 없애도록 돕자. 신뢰를 쌓아 가는 과정에서는 반려견이 되도록 두려움에 직면하지 않도록 해 주고, 당신이 안심시키는 말을 할수록 상황이 나빠지더라도 너무

걱정하지 말자. 분명 시간이 지나면 반려견 스스로 어려움을 극복할 수 있게끔 당신이 도와줄 수 있을 것이다.

6. 친구가 되어 주기. 반려견과 함께 많은 시간을 보내자. 반려견이 좋아하는 것도 많이 주고, 쓰다듬고 칭찬해 주자. 당신의 반려견은 분명 기쁠 때나 힘들 때나 당신에게 의지하면 된다는 사실을 깨닫게 될 것이다. 그리고 당신을 믿는다는 사실을 보여 줄 것이다. 생후 3개월이 된 강아지는 아직 살아온 경험이 짧다 보니, 누구를 믿거나 친구로 생각할 줄도 모른다. 하지만 개도 나이가 들수록 다양한 사람을 만나게 된다. 특히 버림받았거나 학대당한 경험이 있는 개일수록 돌보는 사람이 여러 번 바뀌었을 가능성이 있다. 그중에는 친구도 있지만, 적도 있다. 여러 경험을 하면서 개들은 누가 친구고 누가 적인지 이해하게 된다. 그리고 생존하기 위한 필수 요소 중 하나가 인간과의 관계임을 배운다. 누군가와 진정한 유대 관계를 형성하면 잘 먹고, 잘 마시고, 아프거나 춥고 외로울 때 보살핌을 받고, 사랑도 받을 수 있다는 사실을 잘 알게 된다. 너무 단순한 이야기처럼 들릴지도 모르겠지만, 개는 그만큼 단순한 동물이다.

반려견과 유대감 형성하는 여섯 가지 활동

유대감은 신뢰를 쌓는 데 중요한 요소기도 하지만, 견주로서 유용하게 활용할 수 있는 도구가 되기도 한다. 반려견을 입양한 지 몇 주가 되었든, 아니면 10년이 넘었든 관계없이 유대감을 강화하는 데 조금만 더 신경 쓴다면 관계를 개선하는 데 도움이 될 것이다. 아무리 바쁘더라도 일과 중에 유대감을 쌓는 활동을 추가해 보자. 당신이 쉽게 시작해 볼 수 있는 몇 가지 활동을 소개한다.

1. 운동하기. 이 방법은 서로에게 도움이 된다. 반려견과 함께 운동하면 유대감을 쌓는 데 도움이 된다. 만일 당신이 걷기를 좋아한다면 당신과 반려견 모두에게 좋은 기회다. 걷는 길이나 속도에 조금씩 변화를 주면서 조금 더 재미있게 운동해 보자. 함께 새로운 장소(그리고 냄새)를 탐색해 본다면 반려견이 당신과 친밀감을 느끼는 데 큰 도움이 될 것이다.

 내성적인 반려견을 위한 특별 조언

내성적인 성격은 어느 정도 타고난다고 볼 수 있다. 사람도 키나 지능, 기질을 유전적으로 타고나듯, 개들도 특정 신체 및 행동적 특성을 유전적으로 가지고 태어난다. 동화나 영화에서 보여지는 모습 때문에 사람들은 '늑대' 하면 크고 나쁜 이미지를 떠올리겠지만, 사실 수십 년간 훈련사로 일해 온 사람으로서 실제 늑대들은 세상에서 가장 내성적인 동물이라고 단언할 수 있다. 사실 굉장히 내성적인 생명체의 후손이라는 이유만으로도 당신의 반려견은 그러한 특징을 타고났을 수도 있다.

저먼 셰퍼드가 가장 좋은 사례다. 영리하고 헌신적인 이 견종은 유전적으로 늑대와 가장 유사한 품종이다. 실제로 초기의 저먼 셰퍼드는 늑대와의 교배종이었기 때문에 당당해 보이는 개가 훈련을 통해 자신감을 기르기 전까지는 꽤 내성적인 성향을 드러낸다 해도 그리 놀랄 일이 아니다.

하지만 유전적인 요인보다는 환경 때문에 내성적이 된 경우가 더 많다. 어떤 개라도 상황이 불리해지거나 위협을 당하면 근원적인 공포를 느낀다. 경험이 없거나 낯선 상황에 놓이는 것처럼 단순한 이유만으로도 개는 본능적으로 움츠러들 수 있다.

반려견과 차근차근 신뢰를 쌓아가는 것이 그의 내성적인 성격을 완화할 수 있는 첫 번째 요소다. 유대감을 형성해 가는 시간 또한 도움이 될 것이다. 그런 다음 훈련을 시작하면 당신의 반려견은 자신감을 키울 기회를 꾸준히 접하게 될 것이고, 그러한 자신감은 겁 많고 내성적이었던 개가 비열하고 위협적이라고 느꼈던 세상을 전혀 다르게 보도록 도와줄 것이다.

2. 놀아 주기. 반려견과 놀아 주는 방법은 수백 가지에 이를 만큼 다양하지만, 시간을 내어 당신의 반려견에게 가장 적합한 놀이는 무엇일지 생각해 보자. 나는 테니스공만 보면 숨을 못 쉴 정도로 기뻐 날뛰는 개도 봤지만, 숨긴 물건을 찾거나 장난감을 입에 물고 잡아당기는 데 더욱 흥미를 보이는 개도 보았다. 여기서 중요한 점은, 당신이 반려견과 즐겁게 놀아 주면 그는 곧 당신과 보내는 시간을 좋아하는 장난감이나 먹이에서 받는 즐거운 느낌과 연관지을 것이다. 장기적으로 볼 때 이러한 느낌은 당신과 반려견 모두가 훨씬 쉽게 훈련할 수 있도록 해 준다.

3. 사회성 기르기. 반려견이 당신을 신뢰하기 시작하면 조금 더 넓은 세계를 경험할 기회를 마련해 주자. 럭키 도그 훈련소에서는 새로 들어온 개에게 훈련소의 다른 개들을 만나게 해 준다. 유기견 보호소에서 지냈던 많은 개에게 이는 매우 인상적인 경험이었다. 일부 개들은 이전에 단 한 번도 안전한 환경에서 마음껏 뛰논 적이 없었기에, 지금 자기가 누리는 행운을 믿을 수 없다는 듯 즐거워했다. 사회성을 기르기 위해 강아지들끼리 모여서 놀게 해 주거나, 반려견 놀이공원에 가거나, 다른 개를 집으로 초대해 함께 놀게 해 주는 것도 매우 좋은 방법이다. 상호 작용은 대단한 것이 아니다. 그저 자신을 보살피고 응원하는 당신과 함께 새로운 것을 시도하는 것만으로도 충분하다.

4. 천천히 나아가기. 유대감을 형성하기 위해서 엄청난 에너지가 필요하다고 말하는 사람은 아무도 없다. 때로는 몸을 숙여 반려견을 쓰다듬고, 현관에 나란히 앉아 있고, 소파에서 함께 낮잠을 자는 것만으로도 친밀감이 생긴다. 이를 통해 반려견은 견주를 신뢰하고 사랑할 만한 존재라는 사실을 느끼게 될 것이다.

5. 맛있는 것 주기. 간식 주기라는 항목이 없다면 유대감 형성을 위한 활동 목록이 절대 완성될 수 없다. 대부분의 개가 간식보다 좋아하는 것은 없다. 반려견이 먹어도 안전한 다양한 간식을 깜짝 선물로든 보상으로든 준다면 유대감을 형성하고 열심히 훈련받도록 하는 데 도움이 된다.

6. 애정 표현하기. 반려견들은 부드럽게 몸을 쓰다듬으면 정말 좋아한다. 특히 앞서 언급한 여러 활동을 하며 긴 하루를 보낸 후에 쓰다듬는 것은 유대감을 형성하는 매우 간단한 방법이다. 이것은 당신과 반려견 사이에 끈끈한 우정을 쌓기 위한 쉬우면서도 훌륭한 방법이다. 조금 안타깝게도 반려견이 당신을 쓰다듬지는 못하지만 말이다.

유기견 훈련기 아이들의 심리 치료 보조견이 된 루크

다른 개들에 비해 더 많은 문제를 가진 개들도 있다. 나로서는 많은 문제를 가진 유기견일수록 어려움을 이겨내는 데 도움을 주고 새로운 안식처를 찾아주면서 더욱 큰 보람을 느낀다. 루크가 바로 그런 어려운 유기견이었다. 불과 생후 8개월이었던 루크는 세상이 얼마나 암울한 곳인지를 처절하게 느껴야 했다. 루크는 사람들을 피해 쓰레기 더미에서 음식을 뒤지며 이곳저곳을 떠돌았다. 유기견 보호소에서 처음 만난 루크는 바싹 야위고 겁에 질린 랩셰퍼드 믹스견이었다. 루크는 자신이 걷고 있는 땅마저도 의심했다. 루크는 내가 절대로 목줄을 채우지 않길 바랐다. 물론 나는 그 마음을 잘 알기에 강요하지 않았다. 하지만 루크에게 세상이 암울하지만은 않다는 사실을 보여 주려면 루크를 보호소에서 데리고 나와 신뢰를 얻어야만 했다.

그렇게 첫째 날, 나는 루크가 호기심을 가지고 자연스럽게 내게 먼저 다가올 때까지 기다려야 했다. 그리고 목줄을 편하게 느끼고 나서야 나는 루크에게 목줄을 채워서 훈련소로 데려왔다. 하지만 우리는 애를 먹

었다. 내가 문을 닫을 때마다 루크가 그 소리에 움찔하는 것이었다. 내가 명령을 할 때 조금만 목소리를 높이거나 강한 억양으로 말해도 루크는 마치 내가 크게 소리를 지른 것처럼 고개를 숙이고 눈 위 근육을 씰룩거리며 '내가 뭘 잘못했나요?'라고 말하는 듯한 표정을 지어 보였다. 루크는 매사에 혼이 나는 아이처럼 행동했고, 계속해서 도망치려는 본능을 내보였다.

루크를 입양하려고 대기 중이던 분은 심리치료사였고, 내성적인 아이들이 자신만의 벽을 허물고 세상으로 나오는 데 도움을 줄 수 있는 개를 원했다. 나는 과연 루크가 그 역할을 해낼 수 있을지 의문을 품기 시작했다. 내가 그동안 루크의 행동과 반응을 관찰해 본 결과 루크는 과거에 학대를 당했음이 분명했다.

루크의 과거는 그에게 치명적 약점이었고, 나를 조금이라도 신뢰하기 전까지는 일곱 가지 기본 명령을 훈련하는 것이 큰 의미가 없어 보였다. 곧바로 훈련을 시작하는 대신 나는 루크와 함께 시간을 보냈다. 옆에 앉아 루크를 쓰다듬고 간식을 주고 다정한 목소리로 이야기하며 나를 알아갈 시간을 주었다. 그러자 루크는 내게 관심을 보이기 시작했고 가까이 다가오기도 했으며, 내가 만져도 가만히 있고 비교적 안정된 모습을 보였다. 그렇게 3일이 지나자 루크는 드디어 훈련을 시작할 준비가 되었다. 루크는 유연한 성격 때문인지 학대당한 경험이 있는 다른 개들보다 빨리 나를 신뢰했다. 이유야 어떻든, 루크는 어려움을 잘 극복해 낸 것이다.

일단 어느 정도 나를 신뢰하고 나니 일곱 가지 기본 명령도 완벽하게 습득했다. 그리고 새로운 집에 가게 되었을 즈음, 루크는 두려움을 내려놓았다. 루크를 맞이할 견주가 원한 대로, 심리 상담이 필요한 특별한 아이들을 안심시키는 데 함께할 수 있는 그런 반려견이 되어 있었다.

마지막으로

당신이 반려견과 신뢰 관계를 구축하고 유대감을 쌓기 위해 시간과 에너지를 투자했다면, 궁극적으로 유대 활동의 최종 단계인 훈련을 시작할 수 있게 될 것이다. 반려견이 당신을 완전히 신뢰하지 않는다면, 아마 훈련 중에도 잠재력의 반 정도밖에 발휘하지 못할 것이다. 하지만 반려견이 당신을 완전히 신뢰한다면, 얼마나 훈련에 잘 따르고 당신을 기쁘게 할지 누구도 알 수 없다.

훈련 시작

아무리 잘 훈련받은 반려견이라도 훈련을 시작하는 시점에는 문제를 가지고 있기 마련이다. 내가 훈련시킨 모든 개 중에서 가장 문제가 심각했던 개는 아마도 아폴로라는 이름을 가진 거구의 도베르만일 것이다. 내가 처음 아폴로를 만났을 때 그는 생후 9개월이었다. 아름다운 외모를 가진 아폴로는 내가 이 책에서 소개하는 대부분의 동물과는 달리 유기견 보호소 출신이 아닌 명망 높은 사육장 출신이었다. 아폴로는 누군가에게 분양되었다가 다루기가 힘들다는 이유로 되돌아왔다. 사육자는 아폴로에게 잠재력이 있다는 사실을 알고 상이군인을 돕는 서비스견이 되도록 내게 보내 주었고, 나는 아폴로의 훈련을 맡기로 자원했다.

나는 아폴로를 데려오기 위해 필라델피아로 날아가 차를 빌린 후

펜실베이니아 외곽을 지나 사육장으로 향했다. 그곳에 도착해서 나는 사육장 주인과 잠시 이야기를 나누었고, 그는 곧 나의 새로운 훈련생을 데리러 갔다. 그가 몸집이 단단하고 거대한 도베르만과 함께 돌아왔을 때 나는 아폴로의 이목을 집중시키려고 "안녕, 친구!" 하고 인사를 건넸다. 바로 그때, 약 45킬로그램이나 되는 그 개가 나를 향해 전속력으로 질주해 오더니 나를 향해 뛰어올라 두 앞발을 내 가슴 위에 얹고 뒤에 있던 벽 쪽으로 나를 몰아세웠다. 일단 내가 가만히 있자, 그 개는 나와 친구가 되는 데는 더 이상 관심이 없었다. 나를 그렇게 세워 두고는 다시 전속력으로 방 안을 뛰어다니고 탁자와 책상을 넘어 다녔다. 얼마나 빠른지, 목줄도 잡을 수 없을 정도였다. 나는, '그래, 이 친구는 만만한 녀석이 아니군' 하고 생각했다.

아폴로를 훈련소까지 데려오는 일도 쉽지 않았다. 처음에는 아폴로를 큰 켄넬에 넣어 이동할까도 생각했지만, 아폴로가 들어가려면 사자가 들어갈 만한 크기의 켄넬이 필요했기 때문에 그냥 자동차 뒷좌석에 태우기로 했다. 렌터카에 아폴로를 태우는 일부터 만만치 않았지만, 그나마 이동 중 아폴로가 스트레스를 가장 덜 받을 방법이었다.

출발하자마자 아폴로는 내 좌석 뒤쪽을 씹어대기 시작했고, 고속도로에 들어섰을 즈음에는 뒷좌석을 씹고 있었다. 나는 차를 멈추고 아폴로의 목줄에 리드줄을 걸었고, 덕분에 앞자리에 앉아서 아폴로를 붙들 수 있었다. 하지만 사육장과 공항의 중간쯤 왔을 때, 아폴로는 한쪽 문에 있는 팔 거치대와 컵홀더가 사라질 때까지 물어뜯고 있었다. 그리고 아폴로가 한쪽 다리를 들고 약 45초간 경주마처럼 오줌을 갈기기 시작했을 때, 나는 머릿속으로 손해 금액을 계산하기 시작했다. 나는 시속 100킬로미터로 고속도로를 달리며 렌터카 회사에 손해 배상금을 무느니 새 차를 사는 것이 더 이득인 지경에 이르렀다고 생각하자 머리가 지끈거렸다.

이제 더 이상 악화될 상황이 없어 보일 때, 아폴로는 예상을 뛰어넘는 행동을 한 가지 더 찾은 듯 보였다. 내가 아폴로의 목에 채워 둔 리드줄은 럭키 도그 프로그램에서 사용하던 것이었다. 약 15년간 그 목줄을 사용해 수천 마리의 개를 훈련시켰다. 가죽으로 된 그 목줄은 지난 훈련의 흔적으로 적당히 부드럽게 닳아 있었다. 내가 가장 자랑스럽게 여기던 소장품 중 하나였고, 나는 그것에 의지해 뒷좌석에 있던 거구를 길들이려 애쓰고 있었다. 아폴로가 뭔가를 씹어대는 소리가 또 들리자 나는 못하게 하려고 목줄을 세게 잡아당겼는데, 줄만 휙 하고 앞유리까지 날아갔다. 나머지 반 정도 남은 부분은 여전히 아폴로의 목줄에 걸린 채로 말이다. 그 순간 나는 폭발했다. 나는 갓길에 차를 세우고 고속도로 한가운데서 아폴로의 훈련을 시작했다. 1분도 기다릴 수 없었기 때문이다.

아폴로는 내가 훈련시켰던 개 중에서 가장 통제가 안 되고, 거대한 몸집과 힘, 제멋대로인 행동이 정말 믿기 힘든 수준이었기 때문에 이 책에서 소개하고 싶었다. 만일 완벽하게 훈련받아 상이군인의 반려견이 되기는커녕, 아예 훈련받을 잠재력이 없는 개라고 믿었다면 더 간단했을지도 모른다. 하지만 아폴로는 훈련받을 수 있는 개였다. 실제로 내가 운영하는 아거스서비스독재단 홈페이지에 들어가면 첫 화면에 아폴로와 그의 견주 타일러가 함께 찍은 사진을 볼 수 있다. 그렇게 미친 듯이 날뛰고, 차 내부를 씹어 엉망으로 만들고, 뒷좌석에 오줌을 갈기고, 목줄을 물어뜯어 놓았던 개가, 말 그대로 포스터를 장식하고 내가 훈련한 모든 서비스견의 표본이 된 것이다. 만일 당신이 최근 아폴로의 모습을 보았다면, 내가 처음 공항으로 데리고 갈 때 그렇게 애를 먹었던 과격한 개와 같은 개라는 사실을 믿기 힘들 것이다.

아폴로는 일곱 가지 기본 명령을 익히는 데서 그치지 않았다. 아폴로는 타일러가 계단을 오르내릴 때 의지할 수 있도록 스스로 버티고 서는 법을 배웠다. 경사면에 이르면 휠체어를 당기는 법도 배웠고, 타일러가 떨어뜨린 물건을 이름만 대면 집어 오는 법도 배웠다.

목줄을 뜯어놓던 트러블메이커에서 훌륭한 스타 서비스견이 된 아폴로

그는 심지어 오른쪽과 왼쪽의 차이도 인지해 명령에 따라 휠체어를 조종할 줄도 안다. 아폴로는 언제나 준비된 자세로 침착하게 기다리는 법도 배웠다. 아폴로는 단순히 훈련만 받은 것이 아니었다. 위엄 있고, 똑똑하며, 헌신적이고, 내가 만난 어떤 동물보다도 유능한 개로 성장했다.

나는 아직도 그때 끊어진 럭키 도그 리드줄을 간직하고 있으며 기념품처럼 벽에 걸어 두었다. 그것을 볼 때마다 처음에는 아무리 문제가 많아 보여도 모든 개는 훈련이 가능하다는 사실을 상기하고는 한다. 물론 당신이 반려견을 훈련시킬 때는 렌터카가 망가져서 배상하거나 벽으로 밀쳐지는 곤욕을 치르지 않길 바란다. 하지만 어떤 어려움을 겪든 훗날 누군가에게 들려 줄 이야깃거리로 생각하면 좋겠다. 가망이 보이지 않았지만 결국 성공적으로 훈련을 마친 반려견이 주인공인 그런 이야기 말이다.

훈련에 필수적인 여섯 가지 요소

나는 아무것도 모르는 강아지를 훈련할 때나 이미 훈련시켰던 반려견에게 몇 가지 기본기를 더 가르쳐 줄 때, 혹은 개의 문제 행동을 바로잡을 때 등 모든 훈련 과정을 진행할 때면 몇 가지 기본 지침을 반드시 따른다. 이 장에서는 기본 지침에 포함되는 필수 요소를 각각 살펴볼 것이다. 이 요소들은 당신이 훈련을 시작하기 전 알아야 할 모든 것으로, 일종의 럭키 도그 입문 과정이라고 할 수 있다. 훈련에 필요한 여섯 가지 요소를 모두 익히면 당신이 반려견 훈련에 투자하는 시간을 더욱 효율적이고 효과적으로 보낼 수 있을 것이다.

1. 정신적 준비
2. 통제하기
3. 집중시키기
4. 기술 적용하기
5. 도구 활용하기
6. 길들이기

정신적 준비

반려견을 훈련시킬 때, 먼저 우리가 기술을 가르쳐 준 다음 반려견이 그 기술을 완전히 체득할 때까지 반복하다 보니 이 과정을 신체적인 활동이라 생각하기 쉽다. 훈련하다 보면 당신 또한 몇 가지 행동을 체득하게 된다. 이를테면 손으로 '기다려' 신호를 보낸다든지, 반려견이 당신 옆에서 '나란히' 걷도록 목줄을 당길 때처럼 말이다. 그리고 앞으로 많이 다루게 되겠지만, 훈련하면서 몸에 굳어 버리는 우회적인 신체적 신호들이 많다. 그런데 효과적인 반려견 훈련에 영향을 미치는 요소를 이야기할 때 정신적 요인을 간과하는 경우가 너무 많다. 반려견 훈련을 시작할 때 어떤 분위기로 이끌지 결정하는 것은 당신의 정신적 태도에 달려 있고, 반려견이 훈련을 전혀 따라오지 못할 때 당신을 견디게 하는 것도 정신력이다.

내가 청소년일 때 동물 훈련 선생님이 알려 주신 철학을 나는 항상 주문처럼 외우고 다닌다. '반려견이 짓고 있는 표정이 바로 당신의 표정이다.'

당신은 반려견을 향해 어떤 얼굴을 하고 있는가? 당신은 직원이 아닌 사장의 얼굴, 학생이 아닌 선생님의 얼굴을 보이고 싶을 것이다. 화가 났거나 공격적인 표정을 말하는 것이 아니다. 좋은 사장이나 선생님은 좌절감이나 의구심, 혹은 망설이는 표정을 보이지 않는다. 당신이 아는 훌륭한 선생님이나 코치를 떠올려 보자. 그 사람은 책임감이 강하고 긍정적인 자세로 가르치며, 지식을 나누려는 열정이 있을 것이다. 그들은 뭔가를 증명해 보일 필요 없이 남에게 줄 것만 남은 사람들이다. 컴퓨터 수업을 하는 빌 게이츠와 투자의 기본에 관해 설명하는 워런 버핏을 상상해 보자. 당신이 반려견에게 보여야 하는 얼굴은 바로 그런 얼굴이다. 과거에 100마리의 개를 훈련시킨 경험이 있든, 혹은 아무런 경험이 없든 상관없다. 당신의 반려견을 당신보다 잘 아는 이는 아무도 없으며, 당신이 하고자 하는 훈련을 당신보다 더 잘 이해하는 사람도 없다. 반려견을 훈련시키는 순간에는 당신이 전문가이고, 전문가의 자세로 임해야만 한다. 훈련 시간 외에는 함께 노는 친구의 얼굴을 할 수 있지만, 훈련 시간 동안에는 스스로 현명한 선생님이 되자.

이러한 태도가 정말 중요한 이유는 간단하다. 동물들은 항상 누군가 이끌어 주길 원하고, 누군가 무엇을 하라는 신호를 보내길 기다린다. 만일 당신이 그러한 기대에 부응하지 않으면 그들은 혼란스러워하거나 자신이 리더라고 여긴다. 대부분의 경우, 이는 지배하거나 지배당하는 문제가 아닌 서열화된 무리에 속해 누군가를 따르려는 동물의 뿌리 깊은 본능에 해당한다. 거대한 포식자를 훈련할 때도 똑같은 원리가 적용된다. 몸무게가 180킬로그램이나 되는 시베리아 호랑이가 나의 지시를 따르게 하는 방법은 정신적으로 훈련을 리드하는 것뿐이다. 힘으로는 상대조차 안 되는데도 물리적인 힘으로 호랑이를 내 명령에 따르게 할 수 있다고 생각한다면, 이는 큰 착각이며 당신을 굉장히 위험한 상황에 빠트릴 것이다. 내가 전략적으로 표정 관리를 잘했을 때는 대자연의 최상위 포식자도 차분하게 나의 명령을 따랐지만, 표정 관리를 잘하지 못할 때면 나를 존중하지 않고 마음대로 행동했다.

　이 책을 통해 반려견 훈련 기술을 익히면서 반려견에게 자신감 있고 안정적이고 이해심 있는 지도자로 보여야 한다는 사실을 기억하자. 나는 당신이 언제나 자신감 있고 안정적이고 이해심 있게 행동할 수 없다고 장담하기 때문에, 나 또한 훈련하며 허둥지둥하거나 좌절한 적이 있기 때문에, 이것은 정신적인 싸움이라고 말하고 싶다. 나 역시 낯설고 제멋대로인 개의 리드줄을 쥐고서 한두 주 만에 기본 훈련과 복종 명령, 심지어 묘기까지 가르쳐야 한다고 생각하면 다른 이들과 똑같이 부담을 느낀다.

　데오드란트 광고에서 말하듯이, 비결은 바로 '당신의 땀을 보이지 않는 것이다.' 좌절감과 두려움, 걱정을 억누르는 것은 좋은 동물 훈련사가 되려면 누구든 익혀야 하는 정신적 훈련이다. 만일 당신이 좌절하거나 불안한 모습, 혹은 상황에 대처하지 못하는 모습을 반려견에게 보이고 있다면, 아마 당신은 뒷걸음질도 치고 있을 것이다. 반려견은 당신의 표정을 읽을 것이다. 불안해하지 말고 항상 의연하고 차분하게 훈련에 임하자. 내면 상태는 어떻든, 당신의 얼굴은 '우리는 지금 훈련을 하고 있어. 나는 절대 그만두지 않아. 너도 절대 포기하지 마'라고 말하고 있어야 한다.

만일 좌절감이 느껴진다면 당신이 애쓰고 있는 상대가 '그저 개'일 뿐이라는 사실을 기억하자. 개를 폄하하려는 의도가 아니다. 내가 하고 싶은 말은, 개는 당신보다 학습 능력이나 언어를 이해하는 능력이 떨어지기 때문에 자신만의 속도로 배울 수밖에 없다는 점이다. 시간을 두고 쉬운 것부터 차근차근 시작해 보자. 엄지손가락도 있고, 직립 보행을 하는 쪽은 당신이므로 이 관계에서 당신이 리더임을 잊지 말자. 당신의 반려견도 천천히, 그리고 꾸준히 알아야 할 모든 것을 배우게 될 것이다.

통제하기

개를 훈련시키기 위해 기본적으로 꼭 필요한 요소만 꼽으라면, 나는 항상 '통제, 훈련, 보상'을 말한다. 나와 함께 반려견 훈련에 참여해 본 사람이라면, 적어도 한 번 이상은 들어 보았을 것이다. 나는 언제나 세 가지 요소를 원칙으로 지킨다. 당신이 한시도 가만히 있지 못하는 강아지를 훈련하든, 해가 드는 소파 가장자리에 누워 꼼짝도

하기 싫어하는 나이 든 반려견을 훈련하든 상관없이 세 단계를 지켜서 훈련시키면 성공할 수 있다. 이 책에서 다루는 어떤 훈련 방식에 접근하든, 당신의 훈련 설계도에는 이 원칙이 포함되어야 한다. 훈련을 시작했는데 빠른 기간 내에 원하는 결과를 얻을 수 없다면, 잠깐 훈련을 멈추고 과연 이 세 가지 필수 요소를 순서대로 잘 따랐는지 되돌아보길 바란다.

반려견을 훈련할 때 모든 것은 통제에서 시작된다. 반려견 통제하기는 왜 그렇게 중요할까? 다음과 같은 상황을 한번 생각해 보자. 한 유치원 선생님이 스무 명이나 되는 꼬마들에게 글자를 익히고, 읽고, 쓰도록 책임지고 가르쳐야 하는 상황이다. 스무 명이나 되는 아이들을 통제하기 위해 선생님이 가장 먼저 해야 하는 일은 무엇일까? 일단 아이들을 교실로 데려와서 의자에 앉히고, 선생님을 보게 한 뒤 그 공간을 장악해야 한다. 정신없는 분위기를 가라앉히고 다수의 아이를 통제하는 데 이것만큼 좋은 방법은 없다.

당신의 반려견도 이 스무 명의 어린아이나 마찬가지다(이제 반려견 훈련이 조금 더 만만하게 느껴지지 않는가?). 반려견의 뇌는 당신의 뇌와는 비교도 못할 만큼 덜 발달했고, 당신과는 전혀 다른 곳에 흥미를 느끼며, 온갖 주변 환경과 냄새, 동물, 사람 등에 신경을 곤두세우고 자신만의 세계에서 산다. 이런 반려견에게 뭔가를 가르치려면 다른 데 주의를 뺏기기 전에 우선 어느 정도 통제할 수 있어야 한다. 너무 당연한 소리처럼 들리겠지만, 나는 통제도 하기 전에 반려견을 훈련시키려고 애쓰는 사람들을 너무 많이 보았다. 당신도 분명 그런 사람을 본 적이 있을 것이다. 통제가 안 되는 반려견의 리드줄을 잡은 채 길거리까지 끌려 나온 사람, 반려견 동반이 가능한 공원에서 도망가는 개를 쫓으며 듣지도 않는 개를 향해 "앉아, 앉아, 앉아, 앉으라고"를 계속해서 외치는 사람들 말이다. 우리 모두 그런 사람들을 본 적이 있고 아마 스스로 그런 경험이 있을 것이다. 물론 효과가 전혀 없다는 사실도 잘 알고 있다.

이러한 이유로 훈련을 시작하기 위해 가장 먼저 해야 할 일은 바로 반려견 통제하기다. 다행히 이 단계는 그리 어렵지 않다. 반려견의 집중을 방해하는 다른 요소가 없다면, 방 안이든 다른 공간이든 어느 정도 통제하는 데 도움이 된다. 반려견을 바닥에서 일으켜 세우면, 특히 몸집이 작은 견종의 경우 통제하는 데 더 효과가 있다. 목줄에 걸린 리드줄은 반려견이 도망가지 못하게 하므로 아마 가장 간단한 통제 도구일 것이다. 그리고 한 가지 영업 비밀을 소개하자면 목줄을 두 개 사용하면 통제가 두 배로 쉬워진다.

수년 동안 나는 '이중 리드줄 고정 장치'라 불리는 기술을 활용해 개를 훈련시켜 왔다. 럭키 도그 프로그램을 시청한 독자라면 내가 이 기술을 사용하는 장면을 여러 번 보았을 것이다. 내가 이 기술을 사용했을 때 95퍼센트는 효과를 보았기 때문에 이 방법을 사용하면 통제가 훨씬 쉬워진다고 장담할 수 있다.

훈련이 진행되는 도중에도 통제하기는 항상 주춧돌과 같은 역할을 해야 한다는 점을 기억하자. 나는 그동안 많은 견주에게 통제하기라는 간단한 절차를 소개해 왔고, 많은 이에게 '효과 있다'라는 두

단어가 적힌 이메일을 매일매일 받는다.

 이중 리드줄 고정 장치

이중 리드줄 고정 장치를 사용할 때 가장 좋은 점은 (효과가 좋다는 사실도 물론 있지만) 사용 방법이 쉽다는 사실이다. 이 장치를 사용하면 숙달된 훈련 전문가가 아니더라도 훌륭한 결과를 얻을 수 있다. 우선 다음의 네 가지를 준비하자.

- 1.8미터의 리드줄 두 개
- 목줄 한 개
- 하네스(가슴줄) 한 개
- 간식 가방

이중 리드줄 고정 장치를 한 모습

우선 반려견에게 하네스(가슴줄)를 채운 뒤, 닻의 역할을 하는 첫 번째 리드줄 끝부분을 소파 다리나 무거운 탁자, 혹은 다른 고정된 물체에 묶거나 고리를 걸어 고정한다. 나는 리드줄을 걸기 위해 훈련 장소에 링을 고정해 두었는데, 당신도 창고나 뒷마당에 링을 설치해 훈련할 때마다 계속해서 활용하면 편리하다. 일단 리드줄 한쪽을 링에 고정했다면, 반대쪽은 반려견의 하네스에 걸어 준다. 그다음, 두 번째 리드줄은 반려견 목줄에 걸고 반대편을 당신의 손으로 쥔다.

이제 손으로 잡은 리드줄을 당신 쪽으로 천천히 당기되, 리드줄 두 개가 반려견을 잡고 있기 때문에 줄을 당길 때 힘을 많이 가할 필요는 없다. 당신이 리드줄 한쪽을 당기면 양쪽 리드줄이 팽팽해지면서 자동으로 반려견의 몸을 바로 세우고 움직임을 제어해 준다. 그때부터 당신은 반려견을 통제하는 것이다.

이중 리드줄 고정 장치를 가까이서 본 모습

처음에는 반려견이 거부감을 느끼겠지만 너무 걱정말자. 이 방법을 사용해도 반려견이 상처를 입거나 고통스럽지 않다. 간식을 꺼내 반려견의 코에서 약 30센티미터 정도 떨어진 위치에 들고 서 있는다. 그때부터 당신의 반려견은 간식을 향해 달려들려고 하겠지만, 고정 장치 때문에 몸이 마음대로 움직이지 않을 테니 반려견이 포기할 때까지 일단 기다린다. 만일 반려견이 계속해서 달려든다면 다시 리드줄을 잡아당겨 행동을 통제한다. 이중 고정 장치를 한 상태에서 리드줄을 잡아당기면 반려견의 몸을 바로 세울 수 있다는 점을 눈치챘을 것이다. 그때 '진정해' 또는 '가만히' 같은 명령을 사용해 반려견에게 원하는 것이 무엇인지를 잘 이해시키도록 한다. 중요한 것은, 이때 사용한 명령어는 다음에도 같은 상황에서 일관되게 사용해야 한다는 점이다. 이 명령어를 잘 습득하게 한다면 훈련할 때마다 큰 도움이 될 것이다. 대부분 개는 몇 초가 지나면 포기하지만 조금 더 시간이 걸리는 개들도 있다. 완전하게 차분한 상태가 되면, 조용히 셋을 세도록 하자. 셋이 지나도 가만히 있다면, 이제 칭찬하면서 들고 있던 간식을 준다. 만일 이 상황에서 가만히 기다리지 않는 반려견에게 간식을 주면, 줄을 당기고 달려드는 행동에 대한 보상으로 받아들여 혼란을 가져오게 될 것이다.

이 훈련 또한 반려견이 완전히 체득하려면 어느 정도 연습이 필요하다. 한 번 성공했다면 열 번 더 반복하자. 다음번 연습에서는 1초를 더 늘려(총 4초를 차분히 기다리게 하고!) 열 번 반복해 본다. 점차 시간을 늘려 가며 10초나 그 이상도 연습해 볼 수 있다. 10초를 기다리는 데 성공하고 몇 번이고 실패 없이 잘 기다린다면 고정했던 리드줄을 풀고 연습해 보고, 그다음에는 당신이 손에 잡고 있던 리드줄을 놓고도 연습해 보자. 리드줄을 풀었을 때 반려견이 다시 통제에서 벗어났다면, 다시 양쪽 리드줄을 고정해 처음부터 다시 연습을 시작해야 한다.

차분하게 기다리면 간식을 먹을 수 있다는 점을 반려견이 인식하게 되면, 훈련하기가 조금 더 수월해질 것이다. 고정 장치 없이 통제하기 연습을 시작하면, 몇 달까지는 아니더라도 몇 주가 걸릴 수도 있다. 반려견이 이중 고정 장치에 익숙해졌다면, 당신만의 무기고에 잘 보관해 두었다가 다음번 훈련에서 추가적인 통제 연습이 필요할 때 언제든지 다시 활용하자. 반려견을 훈련하는 모든 과정 중 언제든 필요할 때마다 통제하기 연습을 한다면, 더욱 쉽게 훈련을 마칠 수 있을 것이다.

집중시키기

효과적으로 훈련시키기 위해서는 통제 이상의 무언가가 필요하다. 그것은 바로 반려견의 흐트러지지 않는 집중력이다. 만일 강아지나 사춘기 시기를 지나는 반려견을 훈련시킨다면, 반려견을 집중시키기가 생각보다 어렵다. 당신에게 집중하게 하는 가장 좋은 방법은 반려견이 눈을 떼지 못하는 뭔가를 주는 것이다. 1장에서 견종마다 집중하게 만드는 방법이 다르다는 내용을 다루었던 것을 기억하는가? 이제 여기서 그 원리를 활용해야 한다. 대부분의 개는 간식을 좋아하고, 어떤 개는 장난감을 좋아하지만, 사랑받는 것만으로 만족하는 개도 있다. 만일 당신의 반려견이 무엇에 가장 잘 반응하는지 찾아내지 못했다면, 얼마 지나지 않아 당신을 보면 좋아서 어쩔 줄을 모르고 공중제비를 날며 온 집 안을 돌아다니는 반려견의 모습을 보게 될 것이다.

만일 당신의 반려견이 (대부분의 개와 마찬가지로) 먹을 것에 강하게 집착한다면, 거의 모든 종류의 간식으로도 반려견이 기뻐 날뛰게 할 수 있다. 하지만 먹을 것에 크게 관심이 없다면 특별히 좋아하는 간식을 찾아서 준비해야 할 것이다. 이러한 접근 방식은 반려견에게 간식이 돈과 같다는 사실을 기억하는 것과 같다. 돈과 마찬가지로 간식도 액면가가 다르다고 할 수 있다. 반려견이 정말로 좋아하는 간식을 생각해 보자. 사료 한 그릇과는 비교도 안 되는 그런 간식 말이다. 만일 반려견이 매일 먹는 사료 한 조각이 1달러라고 친다면, 비스킷 한 조각은 5달러와 같다. 그렇다면 소간으로 만든 수제 간식은 10달러에서 20달러 정도의 가치가 될 것이고, 스테이크 한 덩어리는 당신의 지갑 깊숙이 숨겨 둔 100달러의 비상금과 같을 수도 있다. 훈련을 시작하고 나서 처음부터 끝까지 반려견이 집중할 때마다 줄 다양한 간식을 충분히 준비해서 반려견이 훈련에 흥미를 잃지 않게끔 하자. 야심차게 준비한 고급 간식을 급히 줄 필요는 없다. 반려견이 제일 좋아하는 간식은 반려견이 훈련에 끝까지 집중하도록 잘 활용하고, 훈련에 정말로 잘 따랐을 때 줘야 한다. 반려견은 훈련을 시작할 때부터 당신의 주머니나 미끼용 가방에 들어 있는 맛있는 간식 냄새를 맡을 수 있기 때문이다.

반려견을 집중시키기 위해 간식을 활용할 때 기억해야 할 중요한 사항 중 하나는 반려견이 배가 고픈 시점에 활용하면 훨씬 더 효과가 좋다는 점이다. 사료를 충분히 먹인 직후에 간식을 활용해 반려견을 집중시키려는 시도는 하지 말자. 식사 시간 약 30분 전이나 1시간 전, 반려견이 온통 먹을 것 생각으로 가득해 어떤 간식이든 먹고 싶을 때를 이용하자. 저녁 먹을 시간이 다가올 때마다 당신을 매의 눈으로 주시하는 반려견이 있다면, 그것은 반려견의 배꼽시계가 식사 시간이 거의 다 되었음을 알려 주고 있기 때문이다. 바로 이때, 반려견이 머릿속에서 이미 밥그릇을 들고 있는 때가 반려견의 식욕을 활용해 훈련할 수 있는 완벽한 타이밍이다.

어떤 개들은 먹을 것보다는 놀이나 장난감에 더 집중하기도 한다. 만일 테니스공을 애지중지하는 리트리버나, 입으로 잡아당기는 로프 토이를 가지고 노는 불리를 본 적이 있다면 무슨 말인지 알 것이다. 머피가 바로 그런 친구였는데, 내가 보호소에서 구조한 그는 굉장히 활기 넘치고 힘이 세며 성미도 고약한 36킬로그램의 래브라도였다.

머피는 새로운 견주가 다루기 힘든 조건을 모두 다 가지고 있었다. 큰 몸집과 힘, 사춘기견의 고집, 주의력 부족, 그리고 숙련된 훈련사도 감당하기 힘든 엄청난 스피드를 소유한 개였다. 덕분에 나는 훈련소에 있는 모든 개 장난감을 끌어 모아 머피를 매료시킬 만한 것을 찾아 나섰다. 나는 머피 앞에다가 장난감을 산더미처럼 쌓아 두

반려견을 집중시키는 데는 좋아하는 장난감이 간식보다 더 효과가 좋을 때도 있다.

고 가장 좋아하는 것을 고르도록 했다. 머피는 온갖 장난감을 다 입에 물어 보더니 척잇볼 하나를 골랐고, 거기서 시선을 떼지 못했다. 나는 머피가 좋아할 것 같은 장난감을 골라 주는 대신 스스로 고르게 하여 훈련의 동기를 부여했다. 장난감 고르기는 머피가 훈련을 더 열심히 따르고 배우도록 자극했다. 일단 그 공을 활용해 머피를 통제하자 머피는 내게 완전히 집중했다. 복종 명령어를 가르칠 때는 그 공을 손에 들고 훈련했으며, 덩치 크고 바보 같고 과격한 머피가 내 명령에 잘 따를 때마다 나는 쥐고 있던 공을 멀리 던져 머피가 잠깐씩 즐겁게 놀 수 있도록 보상해 주었다. 이 방법은 마치 마법과도 같아서, 내가 간식으로 구슬릴 때보다 훨씬 더 효과가 좋았다. 당신의 반려견이 다른 무엇보다도 특정 장난감을 좋아한다면, 망설이지 말고 훈련에 활용하자. 우선은 집중시킬 때 사용하고, 명령에 잘 따르면 그때 장난감을 갖고 놀도록 해 주자.

또 기억해야 할 중요한 사항은 바로 반려견의 에너지다. 에너지가 넘쳐나는 반려견들은 집중하는 것을 힘들어한다. 개 훈련사를 선생님과 비교했던 내용으로 다시 돌아가 보자. 제 역할을 잘 해내고 있는 선생님들에게 활기 넘치는 다섯 살, 일곱 살, 아홉 살 아이들을 어떻게 집중하게 만들 수 있느냐고 물어본다면 아마 비슷하게 대답할 것이다. 그 나이 또래의 아이들은 에너지를 분출할 만한 신체활동을 해야 한다. 신체활동 없이는 아이들을 통제하기가 불가능할 것이다. 당신의 반려견도 활기가 넘친다면, 훈련 시간 전에 산책을 나가서 에너지를 조금 분출하도록 해 주자. 산책 후에는 반려견의 아드레날린 분비가 조금 느려지도록 약 20분 정도 기다린다. 시간을 두지 않으면, 계속해서 에너지를 분출하는 상태에 머물게 될 것이다.

통제와 집중은 밀접하게 연관되어 있기 때문에, 반려견을 집중시키는 것이 힘들다면 다시 이중 리드줄 고정 장치를 활용해 반려견의 움직임을 통제하고 집중력을 끌어내야 한다. 고정 장치는 훈련이 계획대로 흘러가지 않을 때 언제든 활용할 수 있는 기술임을 기억하자.

유기견 훈련기 '훈련 불가'로 낙인 찍혀 버려진 코비

수년간 반려견을 훈련하면서 내가 습득한 사실 한 가지는, 통제하는 데는 개의 크기가 별로 중요하지 않다는 점이다. 나는 몸집이 거대해서 다루기 힘들었던 개들만큼이나 어수선하고 집중하기 힘들어하는 작은 개들도 많이 훈련해 보았다. 코비가 그중 하나로, 처음 코비를 만났을 때 그는 이미 산만한 행동의 대가를 치른 후였다. 코비의 견주는 이 테리어 믹스견을 기른 지 한 달 만에, 도저히 훈련을 못 시키겠다며 4킬로그램밖에 안 되는 한 살짜리 반려견을 버린 것이다. 유기견에게 훈련이 불가하다는 낙인은 사형선고나 다름없다. 하지만 보호소 직원들은 코비에게 잠재력이 있다고 믿었고 내게 전화했다.

우리 훈련소로 데려왔을 때, 코비는 덩치가 크든 작든 모든 개에게 달려들어 반갑게 인사하며 겁 없고 활발한 모습을 보여 주었다. 하지만 훈련 시간이 되자 전혀 다른 모습으로 돌변했다. 아무것도 모르는 개와는 차원이 달랐다. 물론 코비는 아무런 명령어도 인지하지 못하는 것이 분

명했는데, 나는 그동안 백지 상태에서 훈련소에 들어온 많은 개를 훈련한 경험이 있었다. 하지만 더 큰 문제는 코비가 심각할 정도로 집중하지 못한다는 점이었고, 명령을 인지하더라도 아주 잠깐 쳐다보고는 끝이었다. 만일 코비가 어린아이였다면, 아마 한시도 가만있지 못 하고 쉴 새 없이 중얼거리는 그런 아이였을 것이다. 코비가 머릿속으로 무슨 생각을 하는지 거의 들을 수 있을 정도였다. '이봐, 손! 손이 두 개네! 간식은 어디 있지? 오, 저긴 장난감이 있네! 삑삑 소리도 나잖아? 어, 저기 새가 날아간다!' 그렇게 코비는 나를 지나쳐 또 다른 것에 관심을 뺏겼다. 코비는 정말 구제불능으로, 경험이 없는 견주가 훈련을 시작하려 했을 때 얼마나 애를 먹었을지 이해가 갔다.

다행인 것은, 나는 절대 포기할 의사가 없다는 점이었다. 이 친구에게 필요한 부분은 통제와 집중이었고, 나는 훈련 시간이 길어질수록 그에게 필요한 방식을 알아차리기 시작했다. 코비는 분명 훈련받은 적이 없었지만, 고집이 세면서도 영리한 녀석이었다. 사람들은 고집불통인 개를 보며 지능이 낮다고 여기지만 사실 그 반대인 경우가 많다. 영리한 개들은 당신이 원하는 것을 예상하기 때문에 가끔은 그것을 피하는 방법을 생각해 내 당신을 이기려고 한다. 코비와 나 사이에서도 바로 이런 상황이 벌어지고 있던 것이다. 나는 내 방식대로 코비를 다루고 싶었고, 코비는 자기만의 방식으로 놀고 싶어 했다.

코비를 성공적으로 훈련시키기 위해서, 나는 훈련 수준을 높일 작정이었다. 먼저 코비를 통제하기 위해 리드줄을 짧게 잡은 후 그를 훈련 받침대 위에 올려 두었다. 위치가 조금 올라오니 눈을 맞추기가 쉬워 내게 집중하게 하는 데 조금 도움이 되었다. 그런 다음 바로 간식을 꺼냈다. 그나마 코비가 좋은 훈련견이었던 이유 중 하나는 그가 뻔뻔스러울 만큼 먹을 것을 좋아한다는 사실이었다.

이 훈련 과정을 역전시킬 마지막 방법은 조금 특이한 것이었다. 코비를 놀라게 할 만한 것이 필요했다. 코비는 훈련 방법이 예상 가능할 때마다 판을 뒤집으려 했다. 그래서 나는 '안 돼' 명령어를 가르칠 때 코비가 다양한 상황을 추측하도록 여러 기술을 사용했다. 그때부터 우리의 훈련에는 돌파구가 생겼다. 코비가 훈련에 맞서 싸우는 대신 충분한 관심을 기울이고 배우기 시작한 것이다. 코비는 일단 훈련 방법을 이해하고 나니 명령을 습득하고 성취에 대해 보상받는 것을 기뻐했다. 중요한 사실 또 한 가지는, 코비가 명령어를 습득하자 나에게 집중했고, 나를 존중할 새로운 이유를 깨달았다는 점이다. 나는 코비를 놀라게 한 다음 명령어를 가르쳤고, 잘 배웠을 때는 바로 보상해 주었다. 그때부터는 그동안 버릇없는 행동만 하던 코비가 나를 존중하고 따르기 시작했다. 나머지 명령어를 가르치는 과정은 훨씬 쉬워졌다.

기술 적용하기

가끔 개 훈련사 중에서 '반려견과 대화'해야 한다고 주장하는 사람들이 있다. 동물과 의사소통하는 방법을 마법처럼 이해할 수 있다고 하면서 말이다. 물론 그 주장이 일리 있을 수도 있지만 나는 아직 경험하지 못했다. 과학적으로도 증명되지 않은 방법이다. 지금껏 내가 만나 온 전 세계의 훌륭한 동물 훈련사들은 원하는 결과를 얻기 위해 다름 아닌 이것 한 가지에만 의지했다. 바로 '기술'이다.

적절한 상황에 적절한 기술을 적용하려면 수년간의 경험이 필요하다. 세계에서 가장 훌륭한 개 훈련사들은 자신만의 기술을 가장 많이 활용해 본 사람들이다. 그들은 바로잡아야 할 특정 행동 문제를 이전에도 수백 번 봐 왔고, 어떤 순간에 어떤 기술을 적용해서 해결해야 하는지 정확히 알고 있다. 중요한 것은 결국 경험이다. 아주 단순하고 간단하다. 효과 있는 기술을 수년간 충분히 다루어 본 후에야 훈련사들도 어떤 문제에 어떤 기술을 적용할지 아는 통찰력이 생기기 마련이다. 그러면 그들도 마치 두리틀 박사(Dr. Doolittle, 문학작품을 바탕으로 영화로도 제작된 이야기에 나오는 초능력자 수의사―옮긴이)처럼 동물과 대화하는 방법을 아는 것처럼 보일지도 모른다.

여기서 중요한 점은, 개 훈련은 기술과 훈련이 전부인 무술 연마 과정과 상당 부분 일치한다는 사실이다. 하루 동안 기술을 가르치고 며칠, 몇 주, 몇 달간 반복해서 연습해 보자. 역사상 가장 뛰어났던 무술가들은 그들의 기술을 말로 보여 주지 않았다. 그들은 끝없이 훈련하고 연습한 끝에 무술의 달인이 되었다. 결국 뭐든지 꾸준히 노력해야 삶의 일부로 만들 수 있다. 반려견 훈련도 반려견이 우리가 정한 규칙에 따라 지내며, 우리 일상에 완전히 섞여 들어오도록 이끌어 가는 과정이다.

이 책은 거의 모든 장에서 '이중 리드줄 고정 장치'와 같이 훈련 과정을 간소화해 줄 기술을 소개하고 있다. 앞으로 소개하게 될 여러 기술 중 당신의 반려견을 훈련하는 데 사용할 기술을 선택했다면, 처음에는 조금 낯설고 어색할지도 모른다. 그렇게 느끼는 것은 당연하고 자연스러운 현상이다. 당신의 반려견과 마찬가지로 당신도 여기서 새로운 것을 배우는 중이기 때문이다. 장담하건대 시간이 지날수록 기술을 적용하는 것에 익숙해질 것이다. 처음 가라테 수업을 들은 사람이 하루 만에 완벽한 발차기를 해낼 수는 없다.

여기서 내가 말하고자 하는 점은, 당신이(혹은 반려견이) 기술을 어렵게 느낀다고 해서 기술을 적용할 수 없다거나 효과가 없다는 의미가 아니라는 사실이다. 성공의 비법은 적절한 기술을 반복적으로 적용해서 연습하는 것이지, 한 번에 완벽하게 해내는 것이 아니다. 나는 이 책에서 다룬 모든 방법을 훈련 경험이 한 번도 없는 의뢰인들에게 알려 주었고, 대부분 의뢰인이 훌륭한 결과를 얻어냈다. 당신도 단계별 훈련을 꾸준히 진행하다 보면, 기술에도 숙달될 뿐 아니라 반려견 또한 훈련에 잘 따르게 될 것이다.

항상 차선책을 마련해 두자

우리가 만나는 모든 개는 각자의 DNA와 살아온 경험을 조합한 결과물로서, 손가락의 지문만큼이나 고유한 특성을 지니고 있다. 그들은 살아서 숨 쉬고 느끼는 생명체로, 완전히 똑같은 두 마리의 개는 존재하지 않으며 문제 행동도 가지각색이다. 즉, 모든 개마다 특정 훈련 기술에 반응하는 방식이 다를 수밖에 없다. 수십 년간 동물들을 훈련하며 배운 가장 중요한 사실은 항상 차선책을 마련해 두는 것이 좋다는 점이다. 그래야만 처음으로 시도한 방식이 우리 개에게 안 통할 때, 재빨리 방향을 바꾸고 다른 방식으로 접근할 수 있기 때문이다. 때로는 여러 방식을 혼합해야 돌파구가 생기는 반려견들도 있다.

이 책 전체에 걸쳐서 나는 가장 간단하면서도 항상 효과가 좋았던 다양한 훈련 방식을 소개한다. 독자들은 한 가지 방법을 택했다가 막히면 바로 그 페이지에서 좋은 차선책을 찾을 수 있을 것이다. 훈련 보험을 들어 두었다고 생각하자. 차선책이 필요 없을 수도 있겠지만, 만일 필요하다면 언제든 바로 활용할 수 있다.

도구 활용하기

도구는 기술을 활용할 때 항상 함께 사용해야 한다. 거의 모든 종류의 반려견을 훈련할 때 도움이 될 만한 몇 가지 도구를 소개하겠다.

알맞은 목줄과 리드줄. 목줄의 종류는 다양하다. 아주 단순한 나일론 목줄부터 금속 징이 달린 초크체인(리드줄을 당겼을 때 순간적으로 목을 조여 행동을 제어하는 목적으로 사용하는 도구─옮긴이)까지 원하는 대로 구할 수 있다. 당신이 럭키 도그 프로그램을 시청했다면 내가 주로 사용했던 훈련용 목줄은 나일론 목줄도 초크체인도 아니라는 사실을 눈치챘을 것이다. 나는 거의 모든 훈련에서 마틴게일 목줄(고정된 범위에서만 목을 조이게 되어 있어 목이 계속 조이지 않게 막아 주는 도구―옮긴이)을 추천하고 사용한다. 마틴게일은 목줄을 발명한 사람의 이름도, 회사도 아니다. 마틴게일은 가슴걸이 형태의 마구를 일컫는 명칭으로, 승마자가 말의 고개를 들게 할 때 사용한다. 마틴게일 목줄은 마구의 가슴걸이와는 전혀 다른 장비지만, 잡아당기면 개의 목을 조르지 않으면서 고개를 높이 들게 해 준다. 만일 목줄이 반려견의 목을 조인다면 목줄의 올바른 사용법을 숙지할 수 있도록 전문가의 도움을 받자. 마틴게일 목줄을 올바로 사용하면, 숙련된 개 훈련사들이 알려 주는 중요한 원리를 활용할 수 있다. 바로 개가 고개를 곧게 세우면 통제가 수월해진다는 점이다. 반려견이 고개를 숙이도록 놔두면 그는 당신의 훈련을 무시하는 자유를 더 많이 누리게 된다. 밀고 당기는 힘이 좋은 반려견의 경우에는 힘쓰기에 더 좋은 자세가 된다. 특히 래브라도나 허스키, 불도그와 같이 힘센 견종을 훈련한다면 반드시 기억해야 할 필수 사항이다.

마틴게일 목줄의 원리는 이중 고리 방식에 있다. 두 고리 중 더 넓은 부분은 개의 목두께와 비슷하게 조절되고 더 이상 줄일 수는 없다. 리드줄을 거는 좁은 고리는 넓은 부분을 줄이거나 늘린 후 남는 부분이다. 대부분 경우 일반 목줄보다는 마틴게일 목줄을 했을 때 개의 목 주변에 공간이 더 많이 남을 것이다. 반려견을 조금 더 강

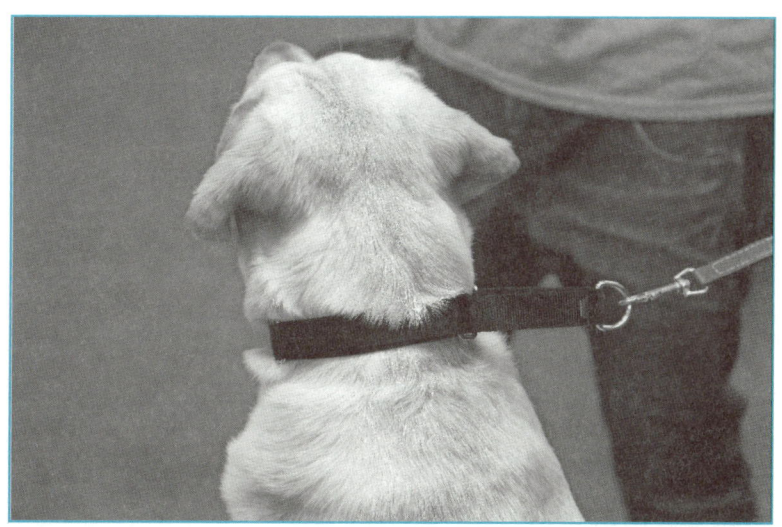
마틴게일 목줄

하게 통제하고자 한다면, 목을 안 아프게 하면서도 어느 정도 압박을 가할 만큼 조일 수 있다. 사용법도 쉽고 훈련에 도움이 되는 마틴게일 목줄을 항상 주변에 두고 필요할 때 사용하도록 하자.

만일 당신의 반려견이 끌어당기는 힘이 매우 강한 견종이라면, 일반 목줄과 마틴게일 목줄 모두 통제하는 데 큰 도움이 안 될 수 있다. 이런 경우에는 반려견의 입과 머리를 감싸는 고삐형 목줄이 필요하다. 이 또한 마구의 콘셉트에서 착안한 목줄로, 입과 코를 감싸 반려견의 움직임을 통제한다. 시중에는 몇 개 브랜드에서 이런 형태의 목줄을 제작해 판매하는데, 모두 효과가 좋지만 고삐형 목줄을 사용할 때는 반려견과 훈련사 모두 사용 방법에 익숙해지는 시간이 필요하다. 목줄 사용 방법에 관한 비디오를 보거나, 전문가의 도움을 조

고삐형 목줄의 모습

금이라도 받을 의지가 없다면 고삐형 목줄 사용을 권장하지 않는다.

어떤 형태의 리드줄이든 이 책에서 다루는 대부분 훈련 기술에 활용할 수 있지만, 특정 방법을 활용하기 위해서는 리드줄 두 개가 있어야 한다.

발판이나 받침대. 모든 반려견이 훈련받을 때 높은 곳에 올라서야 하는 것은 아니며, 만일 당신의 반려견이 대형견이라면 발판 같은 것은 필요가 없다. 하지만 소형견이나 통제하는 데 어려움이 있는 개라면, 조금 높은 곳으로 올리는 것이 통제하기와 집중시키기에 도움이 된다. 소형견의 경우, 받침대에 올라가면 당신과 눈을 맞추기도 쉽고 반려견이 당신의 발목 위치에 앉아 있을 때보다 (당신의 허리

소형견을 통제하고 집중시킬 때, 의자 같은 물건을 받침대로 활용해 바닥보다 높은 곳에 반려견을 올려 둔다.

도 덜 아플 뿐만 아니라)의사소통이 쉬워진다. 또한 받침대에 올라가면 모든 종류의 방해 요소가 사라진다. 물론 반려견이 받침대에서 뛰어내려와 다시 온갖 것을 탐색하며 돌아다닐 수도 있겠지만, 대부분의 개는 그러지 않는다. 반려견을 평소에 지내던 환경에서 조금 거리를 두게 하는 것만으로도 함부로 움직이지 못하게 할 수 있는 것이다.

사실 대형견도 조금 높은 곳에 올려 두기만 해도 당신이 조금 더 유리한 위치에 서게 된다. 내가 운영하는 훈련소에는 다양한 높이와 크기의 받침대가 있는데, 훈련 전용으로 제작된 받침대들은 가정에서 실용적인 목적으로 사용하는 받침대와는 차이가 있다. 물론 집에서 사용하는 받침대를 활용해도 쉽게 훈련할 수 있다. 피크닉 탁자를 훈련 도구로 활용해도 된다(훈련 시간이 아닐 때 반려견이 탁자에 올라가도 된다고 생각할 수 있으니, 신중하게 받침대를 고르자). 소형견이 사용할 것이라면 작은 스툴이나 벤치를 활용한다. 견고한 개집 위에 고무로 된 매트를 깔면 경량용 받침대로 사용할 수도 있다.

동전 소리가 나는 병 또는 셰이크 앤 브레이크(Shake & Break™). 미리 언급하는데, 이 책에서는 간단하고 효과적이면서도 비싸지 않은 이 도구를 여러 번 다루게 될 것이다. 많은 개를 훈련할 때 내가 직접 사용하는 도구이며, 내 친구들에게 사용해 보라고 권하기도 한다. 동전 소리가 나는 병이 효과가 좋은 이유는 아주 단순하다. 개들이 병에서 나는 소리에 깜짝 놀라기 때문이다. 반려견들은 문제 행동을 하다가도 갑자기 나는 소리에 놀라 행동을 멈추는데, 그때가 반려견의 행동을 바로잡고 지시할 기회다.

동전 소리가 나는 병은 집에서 직접 만들 수도 있는데, 빈 물병에 동전 몇 개만 넣고 뚜껑을 닫으면 되니 매우 간단하다. 병을 흔들면 동전이 부딪치며 내는 특이한 소리 때문에 반려견이 깜짝 놀라 주의를 집중하게 된다. 셰이크 앤 브레이크는 이러한 원리를 적용해 제작한 도구로, 훈련을 목적으로 기능을 개선한 것이기에 활용하기가 더욱 쉽다. 훈련용 도구인 이 제품의 한쪽은 단단한 플라스틱 재질이고, 다른 한쪽은 알루미늄 재질로 되어 있다. 덕분에 내부에 들어 있는 금속이 플라스틱에 부딪치면 동전이 들어 있는 병을 흔들 때와 비슷한 소리가 나고, 알루미늄에 부딪히면 조금 더 날카로운 소리가 나게 된다.

동전이 든 병의 기능을 개선해서 제작한 다용도 훈련 도구인 셰이크 앤 브레이크.

그동안 개 훈련용 호루라기, 아픈 목줄 등을 사용해 반려견의 문제 행동을 바로잡으려는 사람들을 많이 보았지만, 동전 소리가 나는 병이나 셰이크 앤 브레이크만큼 효과가 좋은 도구는 한 번도 본 적이 없다.

훈련용 클리커. 클리커는 훈련사가 의도적으로 클릭 소리를 낼 수 있는 장치다. 이 책에서 소개하는 대부분의 기술을 적용할 때 클리커가 필요 없긴 하지만, 가끔은 클리커가 매우 유용하게 쓰인다. 그리고 어떤 개들은 훈련에서 클리커를 사용하면 굉장히 민첩하게 반응하기도 한다. 만일 당신의 반려견이 클리커 소리에 반응하는 개라면, 이 책에서 소개하는 거의 모든 훈련 방식에 클리커를 활용해도 좋다.

반려견이 클리커 소리에 반응하도록 가르치는 기술은, 아마 당신이 접한 모든 방법 중 가장 쉬울 것이다. 우선 훈련용 클리커 하나와 간식을 조금 준비한다. 반려견이 통제에 따르고 집중했다면, 즉시 클리커를 누른 후 간식을 준다. 이 과정을 반복, 반복, 또 반복한다. 이 연습의 핵심은 반려견이 클리커 소리와 보상을 같은 것으로 여기게 만드는 데 있다. 이후 기본 명령 중 '이리 와' 훈련에서 이 도구를 사용하게 되겠지만, 다른 훈련 중에도 반려견이 뭔가를 잘했을 때 곧바로 건네 줄 간식 등을 준비하지 못했다면 클리커를 활용해도 된다. 클리커 소리는 당신이 직접 칭찬해 주지 못할 때도 반려견에게 '그래, 바로 그거야!'라고 대신 말해 주는 도구가 된다. 나는 클리커가 학대당한 경험이 있는 유기견들에게 특히 효과가 좋다는 점을 알아냈다. 학대당한 유기견들은 대부분 신체 학대를 당하는 동시에 누군가가 소리를 지르거나 언어 학대를 당하는 상황에 많이 내몰렸기 때문에, 사람들이 말만 해도 두려워하는 경우가 많다. 심지어 '잘했어'라는 말에도 겁을 먹는다. 반면 빠르고, 조용하고, 보상의 의미를 담은 클리커 소리는 겁이 많은 개에게도 두려움의 대상이 될 리가 없다.

길들이기

이 책에서 소개하는 기술들은 거의 모든 개가 일주일 안에 완전하게 습득할 수 있는 것들이다. 하지만 반려견이 단순히 명령에 반응하게 하는 것과 명령의 의미를 알도록 가르치는 것에는 큰 차이가 있다. 훈련을 마친 후에도 명령어를 듣고 여전히 생각해 봐야 하는 반려견은 퇴행할 가능성이 있고, 배운 것을 아예 잊을 수도 있다. 하지만 한 가지 명령을 오랜 기간 수없이 반복하며 익힌 개는 신체 근육이 아예 명령어를 기억해 버리기 때문에 평생 잊지 않을 것이다.

본격적으로 훈련을 시작했다면, 한 가지 기술을 연습할 때마다 하루에도 몇 번씩 훈련 시간을 마련해 한 번 할 때마다 열 번, 혹은 그 이상씩 반복하길 권한다. 나의 경험에 의하면, 개들은 한 번에 오래 연습하는 것보다 짧게 여러 번 연습할 때 더 잘 배운다. 훈련 중 반려견이 한계에 이른 듯 보이면 기분 좋게 훈련 시간을 마무리 짓고 다음 훈련 시간을 기다리자. 지나친 훈련은 결코 도움이 되지 않는다. 적당히 훈련해야 훈련사나 반려견 모두 훈련을 재미있고 보람차게 느낀다. 지나치게 긴 훈련은 스트레스를 줄 뿐 아니라, 훈련을 부정적으로 느끼게 할 것이다. 그리고 다양한 부분에서 통제가 안 되는 반려견이라면 훈련 콘셉트를 어렵게 잡지 않도록 하자. '앉아' '엎드려' 같은 쉬운 훈련부터 시작해야 빨리 성공할 수 있다. '이리와'나 '조용' 같은 어려운 명령은 반복해서 훈련할 필요가 있다. 반려견 훈련에서 성공 확률을 높이려면, 하루 중 15분가량의 훈련 시간을 자주 갖는 것이 좋다. 그리고 훈련을 마무리할 때는 항상 기분 좋게 끝내야 함을 잊지 말자.

며칠 동안 새로운 기술을 연습하는 데 성공했다면, 다음 단계에서는 간식을 줄여 나가야 한다. 반려견의 코앞에서 간식을 흔들어 대지 않아도 명령에 잘 따르도록 훈련시키기 위해서다. 이 단계에서 성공하려면, 내가 로또 시스템이라 부르는 방식을 적용해야 한다. 바로 반려견이 지시대로 할 때마다 매번 간식을 주지 않는 방식이다. 이 방식을 적용하려면 명령을 따르는 훈련에서 처음과 마지막에는 간식을 주지만, 중간에는 지시를 잘 따랐다 하더라도 점차 간식을 주는 빈도를 줄여 나가야 한다. 시간을 두고, 처음에는 열 번 중 여덟 번, 여섯 번, 네 번 주다가, 결국 처음과 마지막 두 번만 주도록 하자. 간식을 줄여 나가는 동안에도 당신의 반려견은 여전히 명령을 습득해 내면화할 것이고, 매일매일 발전한다. 간식을 두 번만 줘도 되는 시점에 이르면, 아마 반려견은 보상을 위해서가 아닌 습관적으로 명령어에 반응하고 있을 것이다. 그런 다음에는 훈련에 잘 따르도록 무작위로 간식을 주되, 손에 간식을 아예 쥐고 있지 않아도 명령에 잘 따르는 수준에 이르도록 해야 한다.

일단 명령을 가르치고 나서 간식 줄이기에 성공했더라도 거기서 멈추지 말자! 매일 딱 한 번이라도 훈련 시간을 갖는다면, 당신의 반려견은 몇 주가 지나도 명령에 자동으로 반응하게 될 것이다. 사실 추가적인 연습을 하느냐 하지 않느냐가 그냥 훈련된 개와 잘 훈련된 개의 차이를 만든다. 나는 물론 후자의 반려견을 선호한다.

PART 2
일곱 가지 기본 명령 가르치기

'앉아'

<u>**우선 이 첫 번째 명령어에 관해**</u> 파헤치기 전에, 일곱 가지 기본 명령을 7일 만에 끝내려면 무엇이 필요할지 조금 더 알아보자. 나는 일곱 가지 명령 중 가장 기본적인 '앉아'부터 시작하라고 권하며, 그 이후에는 반려견의 변수를 고려해 남아 있는 필수 복종 명령 중 하나씩 선택하면 된다.

많은 개가 이미 '앉아' 명령에 잘 반응하거나 가르쳐 주는 즉시 습득할 것이다. 그들은 당신이 훈련을 시작하는 첫날, 모닝커피를 다 마시기도 전에 '엎드려'로 진도를 나갈 준비가 되어 있을지도 모른다. 하지만 각 명령어를 습득하는 데 시간이 조금 더 걸리는 개들도 있다. 일반적으로 하루에 하나의 명령어를 훈련하는 것이 가능하고, 그 주에는 전날 배운 것을 계속 반복하다 보니 앞에 시작한 명령

어에 조금씩 더 익숙해진다. 즉 내가 여기서 말하고자 하는 한 가지 핵심은, 개는 큐브 맞추기처럼 일정 규칙에 따라 움직이는 존재가 아니라는 점이다. 단순히 한 방향으로 두 번 돌리고 또 반대로 몇 번 돌린다고 해서 문제가 '해결'되지 않는다. 당신의 반려견은 그보다 훨씬 더 복잡하고 특별한 존재다.

그래서 나는 하루에 한 가지 명령어를 가르치고, 한 주간 배운 것을 여러 번 연습하길 권하면서도, 반려견이 배운 것을 어떻게 습득하는지 주의 깊게 살펴보고, 그에 걸맞은 방식으로 조정해 나가라고 강력하게 말한다. 어떤 개들은 열심히 배우고 새로운 명령 서너 개를 하루 만에 완벽히 이해하기도 한다. 하지만 어떤 개들은 천천히 여러 번 연습해야 하루, 혹은 이틀 만에 하나의 명령을 습득하고 다음 명령어로 넘어간다. 이와 마찬가지로 어떤 개는 하루에 20분씩 서너 번 훈련하면 가장 잘 배우지만, 10분씩 스무 번 정도 연습해야 효과가 있는 개도 있다.

반려견이 배우는 방식과는 상관없이 모든 개는 일곱 가지 기본 명령어를 습득할 능력이 있다. 이 장에서 소개하는 방법을 단계별로 따라오되, 반복만이 성공의 열쇠임을 기억하고 긍정적이고 자신감 있게 훈련에 임하자. 반려견이 짓고 있는 표정은 바로 당신의 표정임을 기억하길 바란다.

자, 이제 '앉아'부터 시작해 보자.

'앉아' 명령은 복종과 바른 행동을 하기 위해서 어떤 개든 반드시 배워야 한다. 보통 가장 가르치기 쉬우면서도 가장 실용적인 명령으로 여겨진다. '앉아' 명령에 잘 따르는 개는 주인의 말에 잘 따를 뿐 아니라 통제하기도 쉽다. 개를 통제해야 행동도 바로잡을 수 있다.

'앉아'는 다양한 상황에서 활용 가능한 이상적인 명령이다. 반려견에게 '앉아'라고 지시하는 것은 당신의 차를 주차하는 것과 마찬가지다. 개가 마구 뛰어다닐 때 진정시키기 위해 활용하고, 불안해하는 개를 진정시키거나 당신에게 집중하도록 할 때도 활용할 수 있다. 마지막으로 '앉아' 명령은 당신을 존중하도록 만든다. '앉아' 명령을 완벽히 습득해 제대로 사용할 줄 아는 개들은 언제 앉아야 할지를 잘 알고 행동도 바르다.

이렇듯 '앉아' 명령어는 통제를 위한 기본적인 역할을 할 뿐 아니라, 일곱 가지 기본 명령어 중 거의 모든 다른 명령어를 습득하기 위한 전제 조건이 된다. 물론 다른 순서로 가르칠 수도 있지만, '앉아'를 먼저 가르치는 것이 복종 명령을 가르치는 데 논리적인 방법이라 할 수 있다. 그리고 이 명령어는 반려견이 집중하도록 도와주기 때문에, 일단 이해하고 나면 다른 명령어를 수월하게 습득하는 데도 도움이 된다.

여기 아주 좋은 소식이 하나 있다. 전혀 훈련받은 경험이 없어 보이는 유기견도 '앉아' 명령어는 이미 알고 있는 경우가 많다. 보통 견주나 훈련사들이 가장 처음으로 '앉아'를 가르치기 때문이다. 모든 개가 생후 첫 달이든, 생후 몇 년 후든 어느 시점에선가 이 명령어를 들어봤을 것이다.

'앉아' 명령어를 가르치는 방법은 다양하지만, 내가 이 책에서 소개하는 방법은 압도적으로 쉽다. 거의 모든 견종, 성격, 나이를 불문하고 효과를 본 믿을 만한 방법이기도 하다. 훈련에 필요한 준비물은 리드줄과 반려견이 좋아하는 간식이 담긴 가방뿐이다. 놀이로 보상하는 방법은 이번 훈련에서는 효과가 없는데, 그래도 걱정할 필요는 없다. 만일 당신의 반려견이 먹을 것에 큰 흥미가 없는 친구라도 닭고기나 소간, 스테이크 등의 수제 간식 몇 개만 준비한다면 집중시킬 수 있을 것이다.

먼저, 이 명령어를 단계별로 배워 보기 전에 내가 구제했던 한 마리 유기견의 이야기를 소개할까 한다. 대부분의 개가 기본적으로 '앉아'라는 명령어는 알고 있거나 적어도 배워 본 경험이 있다고 설명했지만, 이 친구는 예외였다. 처음 만났을 때 다섯 살이었던 글로리는 그동안 얼마나 방치되었는지 가장 간단하고 기본적인 명령어도 배운 적이 없는 듯 보였다.

유기견 훈련기 방치당해 정신적으로 무너져 버린 글로리

유기견 보호소에서 글로리를 처음 보았을 때 정말 안쓰러운 모습이었다. 조그마한 푸들 믹스견의 황백색 털은 길거리에서 묻은 때와 기름기로 잔뜩 더러워져 있었다. 발톱은 얼마나 긴지 걸을 때마다 탭댄스를 추는 듯한 소리가 났는데, 긴 발톱은 개에게 불편할 뿐 아니라 그동안 방치된 사실을 명백히 드러내 주었다. 입양 가능한 개로 만드는 것을 떠나, 우선 글로리가 편하게 생활하게 해 주려면 대대적인 손질이 필요해 보였다.

속상하게도 글로리의 문제는 겉으로 보이는 것이 전부가 아니었다. 개가 경험하는 학대 중에 가장 흔한 경우가 바로 방치되는 것이다. 방치당한 개들은 신체적 손상을 입을 뿐 아니라 정신적으로도 상처를 받는다. 글로리는 방치당한 개의 전형적인 모습이었다. 너무 오랫동안 개장에 갇힌 채 바깥을 바라보아서 따뜻하게 빛나야 할 눈동자는 흐리멍덩하게 변해 있었다.

글로리는 배가 나온 중년의 모습을 하고 있었는데, 족히 5킬로그램 정도는 과체중이었다. 사람에게 5킬로그램은 별것 아닐 수 있지만, 작은 개에게는 몸무게의 절반 이상을 차지하는 무게였다. 일반 성인 남성으로 치면 정상 체중보다 약 20킬로그램 이상 많은 것으로, 심각한 건강 문제를 일으킬 만한 체중이었다. 당신은 방치당한 개가 어떻게 과체중이 될 수 있는지 의아하게 여길지도 모른다. 그에 대한 답을 하자면, 보통 반려견을 방치하는 견주는 큰 통에 사료를 가득 담아 반려견이 알아서 먹도록 두는 경우가 많다. 내 생각에 글로리와 사료통 모두 일 년 내내 외부에 방치되어 있었던 것 같다.

글로리의 상황이 그만큼 심각했지만 글로리를 보고 느낀 첫인상은 방치된 개, 때 묻은 개, 살찐 개가 아니었다. 나는 보호소에서 유기견을 볼 때 절대로 외관만 보고 그런 식으로 평가하지 않는다. 나는 그들의 잠재력을 보고 어떻게 하면 잠재력을 일깨울 수 있을지 생각한다. 글로리의 잠재력을 발견하는 일은 그리 어렵지 않았다. 글로리는 굉장히 귀여웠다. 분명 관심받는 것을 좋아했다. 세심하고 다정하기도 했다. 글로리는 부드러운 침대가 있는 따뜻한 집에서 가족들에게 사랑을 듬뿍 받을 만한 반려견의 성격을 갖고 있었다. 내가 글로리의 개장에 들어가 바닥에 앉자, 글로리는 내 무릎으로 기어 올라와 마치 '제발 나 좀 데려가 주세요'라고 말하듯 가슴에 머리를 기대었다. 그제야 나는 글로리가 다정한 보살핌과 훈련을 받은 적이 있다는 사실을 깨달았고, 새로운 집을 찾아주는 것은 전혀 어려운 일이 아니라는 점도 알게 되었다.

그렇게 나는 글로리에게 리드줄을 채우고 밖으로 데려가 내 트럭에 태웠다. 뒷좌석에 오른 순간 글로리는 마치 압박과 부담감을 견디지 못하겠다는 듯 주저앉아 버렸다. 과거에 겪은 아픔을 떠올리며 무너져 내리는 유기견을 보는 것은 전혀 즐거운 경험이 아니다. 불행하게도, 나는 그런 모습을 너무 자주 본다. 나는 글로리가 사랑이 가득한 집에 한 걸음 더 가까이 왔음을 알기를 바랄 뿐이었다. 그렇게 시작한 우리는 앞으로 회복, 재활, 훈련이라는 긴 과정을 앞두고 있었다.

앞길이 평탄하지 않을 것을 감지하는 데는 시간이 그리 오래 걸리지 않았다. 글로리를 훈련소로 데려왔을 때, 나는 글로리가 일곱 가지 기본 명령을 어느 정도 알고 있는지 평가해 보았다. 개를 평가할 때 나는 '앉아'부터 말해 본다. 정말 쉬워 보이지 않는가? 그리고 대부분의 개가 '앉아'에 제대로 반응한다. 하지만 글로리는 하지 못했다. 글로리가 '앉아'도 배우지 못했다는 사실은 나를 매우 놀라게 했다. 아무리 훈련받은 경험이 없더라도, 보통 '앉아' 정도에는 반응하기 때문이다. 살면서 한 시간이라도 훈련을 받았다면, 아마 '앉아' 명령어를 배웠을 것이다. 하지만 이 다섯 살 난 개는 훈련 경험이 전혀 없었기에, 나는 일곱 가지 기본 명령을 맨 처음부터 가르쳐야 했다.

다행히도 글로리는 성격상 훈련에 열심히 따랐고, 체중 감량을 위해 내가 준비한 식이 요법과 운동에 적극적으로 임했다. 훈련소에서 훈련을 마무리한 후 글로리는 새로운 삶에 적응하기 위해 사랑스러운 반려견을 찾고 있다며 내게 편지를 보냈던 한 미망인의 집으로 입양되었다. 어려운 시기를 보냈음에도 낙관적으로 상황을 바라보았던 그 부인과 글로리는 서로에게 완벽한 동반자가 되었다.

거의 모든 개에게 효과가 있는 훈련 기술

'앉아' 명령은 가르치기가 너무 쉬워서 훈련이 거의 필요 없을지도 모른다. 왜 그렇게 쉬울까? 모든 개는 자연스럽게 앉기 때문이다. 당신이 해야 할 일은 그저 그 순간을 포착해 주는 것뿐이다.

훈련 방법에는 여러 가지가 있지만, 내가 글로리를 가르쳤던 방법은 실패 확률이 거의 없다. 일부 명령은 개마다 다른 기술을 적용해 훈련해야 하지만 이 방법은 거의 모든 개에게 효과가 있다.

먼저 반려견 목줄에 리드줄을 건다. 이번 기술에서는 당신이 반려견과 가까이에 서는 것이 중요하기 때문에, 리드줄을 짧게 잡아야 한다. 리드줄은 당신 팔의 연장선상이므로 반려견이 움직이거나 잘못된 행동을 할 때 팔을 움직여 제지할 수 있다는 사실을 기억하자. 이 훈련에서는 반려견의 크기에 따라 조금 다른 두 가지 방법을 적용한다. 소형견의 경우, (받침대 등을 활용해)높은 위치에 올려 두고 목줄에서 몇 센티미터 정도만 떨어지게 리드줄을 잡아 언제든 반려견의 움직임을 통제하도록 한다. 대형견의 경우, 그냥 바닥에서 진행해도 된다. 그리고 다음 단계로 넘어가기 전에 리드줄을 발로 밟아 바닥에 고정한다. 소형견의 리드줄을 잡은 손은 아래쪽으로 당겨 반려견이 뛰지 못하게 한다. 이 두 방법은 훈련을 시작하기 전 반려견을 통제하는 데 도움이 된다. 통제하기는 훈련의 초석 역할을 한다는 사실을 항상 기억하자!

이제 훈련을 시작할 시간이다. 반려견이 아주 좋아할 만한 간식을 꺼내들고 반려견의 얼굴에서 약 15센티미터 정도 떨어진 위치에 선다. 글로리처럼 아직 통제가 잘 안 되거나 훈련이 덜 된 개라면 간식을 향해 바로 돌진할 것이다. 하지만 발로 고정한 리드줄이나 손으로 잡은 리드줄 덕분에 반려견의 행동을 제지할 수 있다. 아직 훈련이 안 된 개들은 대부분 먹을 것을 보면 달려들기 때문에, 그런 행동을 고치고 싶다면 리드줄로 움직임을 제지하는 기술은 필수다.

나는 글로리가 더 이상 간식으로 달려들지 않고 바로 섰을 때, 일단 들고 있던 간식을 주고 나서 다시 간식을 꺼내 들고 글로리의 코에서 몇 센티미터 떨어진다. 당신의 개에게도 같은 방식으로 해 보길 바란다(만일 당신의 반려견이 간식을 보고도 달려들지 않았다면, 바로 다음 단계로 넘어간다). 이제, 들고 있던 간식을 45도 각도로 활 모양을 그리며 반려견의 머리 위로 올린다. 반려견은 계속해서 간식에 집중하고 있을 것이다. 시선이 간식을 따라가 고개를 젖히면서 머리는 더 높게 들게 된다. 당신은 반려견의 머리 위로 간식을 들면서 '앉아'라고 말한다. 간식이 너무 높이 올라가 더 이상 고개를 지탱하기가 힘들어지면, 반려견은 그때부터 머릿속으로 간단한 계산을 하고, 앉은 자세를 하면 더 편하게 간식을 볼 수 있다는 결론에 도달할 것이다.

반려견의 엉덩이가 바닥에 닿은 순간 "잘했어"라고 말하면서 간식을 주자. 여기서는 타이밍이 전부라고 해도 과언이 아니다. 시간이 지체되면 반려견은 자기가 앉아서 칭찬받았다는 점을 인지하지 못한다. 이 명령을 성공적으로 훈련하는 데는 행동과 보상을 연관 짓는 과정이 핵심이다.

첫 시도에 성공했다면 반려견을 데리고 조금 다른 장소로 옮겨 훈련을 반복해 보자. 간식을 반려견의 코에서 15센티미터 정도 떨어진 위치에 들고 있다가, 반원을 그리면서 간식을 머리 위로 들어올릴 때 '앉아'라고 명령한다. 그리고 반려견의 엉덩이가 바닥에 닿을 때까지 기다린다. 엉덩이가 바닥에 닿을 만큼 완전히 앉았다면, 그 순간 반려견을 칭찬하며 간식을 준다.

다른 명령어를 가르칠 때도 마찬가지겠지만, 당신은 반려견이 명

대형견의 경우, 리드줄을 발로 밟아 땅에 고정하면 반려견이 간식을 향해 달려드는 것을 막을 수 있다

몸집이 작은 반려견이 간식을 먹기 위해 뛰려고 하면, 리드줄을 잡아당겨 움직임을 제지하고, 반려견이 앉을 때까지 간식을 머리 위로 높이 든다.

령을 배운 뒤 완전히 습득하도록 길들이고 싶을 것이다. 대부분의 개는 짧은 시간 동안 어떤 기본 명령어든 이해할 수 있다. 하지만 어떤 기술을 한 번 해 보는 것과 제대로 습득하는 것은 다르다. 이렇게 생각해 보자. 나는 한 시간짜리 가라테 수업에 들어가 발차기 방법을 배우면 얼추 따라할 수 있다. 하지만 그렇다고 내가 가라테를 잘하는 것은 전혀 아니며, 급한 상황에 맞닥뜨렸을 때 한 번 배운 발차기 기술은 전혀 써먹을 수도 없을 것이다. 더구나 한 번 배운 것으로는 시합에 나갈 수도 없다. 하지만 매일 수업을 들으며 반복해서 발차기를 연습한다면 결국 가라테를 실전에서 활용할 만큼 잘 단련될 것이다.

우리는 영화 〈베스트 키드〉에서 사부가 제자를 어떻게 단련하는지 보았다. 제자는 인지하지 못했겠지만, 사부는 제자의 근육이 동작을 기억하게 연습시켰다. 개 훈련에서도 같은 법칙이 적용된다. 우리 반려견도 먼저 기술을 배운 다음, 근육이 동작을 기억할 때까지 길들여야 한다. 이 과정을 거치지 않고 훈련을 끝낸다면 반려견이 집중하지 못하는 상황이나 어떤 방해 요소가 생기기만 해도 명령을 따르지 못하게 될 것이다. 당신의 지시에 꼭 따라야 하는 중요한 순간에도 말이다. 하지만 제대로 연습했다면, 당신이 명령어를 내뱉는 순간 반려견은 머리로 생각할 틈 없이 몸으로 반응하게 된다. 그냥 체득한 대로 하게 되는 것이다.

내가 글로리를 훈련시킨 방식도 바로 길들이기를 통해서였다. 나는 일주일 동안 몇 시간마다 한 번씩 10분에서 15분 정도의 시간을 내어 '앉아' 명령을 연습했다. 매일매일 함께 훈련하면 할수록 글로리는 더 빠르고, 제대로 반응했다. 한 주가 끝날 즈음에는 간식도 필요 없을 정도였다. 글로리는 '앉아'라는 명령에 앉아야 한다는 점을 제대로 이해했고, 앞으로도 제대로 반응할 터였다. 글로리의 새로운 주인은 글로리를 빨리 입양하고 싶어 했는데, 입양을 보내기 전에 '앉아'를 가르치게 되어서 다행이었다.

나는 아직도 글로리가 정말 순하고 말을 잘 듣는다고 칭찬하는 견주의 이메일을 받는다. 그녀는 글로리가 공원에서 가장 인기 좋은 반려견이고, 이른 아침과 저녁에 함께 산책하는 것을 정말 좋아한다고 알려 준다. 보호소에서 구제된 개가 좋은 반려견이 되는 방법을 배워 새로운 삶을 살아간다는 이야기를 들으면 나는 언제나 기분이 좋다. 특히 너무나 오랜 시간 방치되어서 '앉아'라는 명령조차 알아듣지 못했던 글로리가 새로운 삶을 살고 있다는 소식은 나를 더 기쁘게 한다.

'엎드려'

기본 명령어 중에 가장 과소평가된 명령어가 있다면 바로 '엎드려'다. 이 명령어는 집에 손님이 방문했을 때 반려견이 달려들지 못하게 하고, 야외 카페에 나갔을 때 반려견이 가만히 엎드려 있도록 하며, 여행 중 얌전히 기다리게 하는 수단으로 굉장히 유용하다. 심지어 사진을 찍는 상황에서도 도움이 된다. 그리고 가장 중요한 점은, 이 명령어를 사용하면 매우 과격하고 산만한 동물도 결국 통제할 수 있다는 사실이다. 어떤 견주든 때때로 추가로 통제해야 하는 경우가 생긴다. 우리 주변에도 이 방법이 꼭 필요한 사람들이 있다. 바로 온 집을 휘젓고 다니는 구제 불능의 반려견을 기르는 친구나 이웃이다. 나는 일주일에도 50번 정도는 이런 상황에 놓인 사람들의 전화를 받는데, 그때마다 '엎드려'부터 제대로 가르친 후 훈련을 시작하라고 조언한다.

반려견에게 '앉아'를 가르치는 것이 자동차를 주차하는 것과 같다면, '엎드려'를 가르치는 것은 주차한 후 자동차의 키를 뽑는 것까지다. 이 하나의 명령에는 '엎드려'와 '기다려'가 동시에 들어 있다.

대부분의 반려견은 '앉아'부터 가르치면 가장 쉽고 확실하다. 하지만 아주 가끔씩 훈련을 시작도 하기 전부터 특별한 통제가 필요한 개들을 보고는 한다. 이런 경우 나는 '엎드려'부터 가르친다. 내가 보호소에서 구제했던 유기견 중에 꼭 그런 친구가 하나 있었는데, 힘세고, 활기 넘치고, 덩치 큰 그 개는 그를 입양하려고 시도했던 모든 사람이 손쓸 수 없게 만들어 버렸다. 이 개에게는 주인이 아닌 조련사가 먼저 필요했다. 그리고 스스로 통제하기 위해서는 '엎드려' 명령을 빨리 배워야만 했다. 그의 이름은 '아리'다.

유기견 훈련기 에너지가 너무 넘쳐 버림받은 아리

세상에서 가장 훌륭한 사역견 두 종인 저먼 셰퍼드와 말리노이즈를 교배하면 아리와 같은 개를 얻을 수 있다. 내가 처음 아리를 만났을 때, 40킬로그램이나 되던 아리는 한창 자라는 사춘기견이었다. 아리의 턱은 굉장히 크고 단단해서 뭐든지 씹을 수 있었다(그리고 실제로도 뭐든지 씹었다). 아리는 매우 방어적이어서 새로운 집에 오자마자 모든 곳을 탐색하고 주위에 누가 있는지 확인했다. 욕구와 투지가 강하고 에너지도 넘쳤다. 아리는 항상 어떤 일이든 해야 하는 개의 완벽한 표본이었다. 만일 아리가 사

람이었다면 아마 군인이었을 것이다.

내가 아리를 만났을 때 아리는 이미 수차례 보호소로 되돌아간 경험이 있었는데, 아마 대부분 견주에게 너무 다루기 힘든 반려견이어서 그랬을 것이다. 힘이 무척 세고 한시도 가만히 있지 않는 아리 나이 또래의 개는 입양이 어려운 유기견으로 낙인찍힐 확률이 높다. 나는 아리에게 집을 찾아 줄 마지막 희망이었지만, 사실 내가 볼 때 아리는 좋은 개였다. 명령에 따라 행동을 멈추고 가만히 있는 방법만 배운다면, 놀라운 잠재력을 가진 개였다. 그런 아리에게 '엎드려' 명령을 가르치는 것은 아리의 삶을 구원할 도구나 다름없었다.

몸집에 따라 '엎드려'를 가르치는 세 가지 기술

다른 기본 명령어와 마찬가지로, '엎드려' 명령어에 따르도록 가르치는 방법 또한 여러 가지다. 내가 알려 주는 방법은 언제나 가장 쉽고 믿을 만한 방법이다. 내가 가장 자주 사용하는 기술은 단 세 가지로, 대부분 반려견이 쉽게 이해할 수 있다. 하나는 대형 또는 중형견에게 효과가 있고, 또 하나는 소형견에게 적합하며, 다른 하나는 반려견의 몸집 크기와는 상관없이 빠르게 효과를 볼 수 있는 대안이다.

대형·중형견에게 통하는 훈련 기술

3장에서 다룬 기술인 '이중 리드줄 고정 장치'의 사용법을 기억하는가? 이번에 '엎드려' 동작을 가르칠 때도 고정 장치를 채우고 시작해야 한다. 반려견의 몸에 하네스(가슴줄)를 채우고 하네스에 건 리드줄은 반려견 뒤쪽에 고정한 뒤, 목줄에 건 리드줄은 당신이 손으로 잡아 보자. 이 과정에서도 반려견이 좋아하는 간식을 준비해야 하며, 반려견이 배가 고픈 시간대를 활용하도록 하자. 배고픔이 반려견에게 동기를 부여한다. 이 훈련에서 효과를 보려면 최적의 환경을 만들어 줘야 한다. 튼튼한 기둥이나 울타리의 말뚝, 묵직한 탁자 다리도 리드줄을 고정하는 데 좋고, 반려견의 전방 2미터 정도는 평평한 바닥이고 아무것도 없는 것이 좋다.

1단계. 반려견에게 이중 리드줄 고정 장치를 채운다. '엎드려' 자세를 가르치고 있는 상태에서는 반려견을 일으키는 어떤 힘도 가해지지 않는 것이 좋으니, 뒤쪽 고정 장치를 최대한 바닥 쪽에 걸어 두자. 리드줄을 고정하는 가장 쉬운 방법은 리드줄의 손잡이 부분을 기둥에 두른 후, 손잡이 반대쪽 고리 부분을 손잡이 구멍 사이로 넣어서 기둥에 묶은 후 고리 부분을 반려견이 착용한 하네스에 거는 것이다. 이제 마법 같은 일이 벌어질 준비가 되었다.

2단계. 간식으로 반려견을 유혹해 뒤쪽의 고정 리드줄이 팽팽하게 당겨질 때까지 앞쪽으로 이동한다. 아리처럼 의욕이 넘치는 개들은 0.5초도 안 되어 줄 끝까지 올 것이다. 소심한 개는 간식을 따라 움직이는 데 시간이 조금 더 걸릴 수 있다. 일단 고정 리드줄이 팽팽해질 때까지 나왔다면, 간식을 쥔 손을 반려견의 머리 높이로 들고 입에서 약 15센티미터 정도 거리를 둔다. 반려견은 고정 장치 때문에 간식에 달려들 수 없어 그때부터 간식에 집중하게 될 것이다.

3단계. 간식을 쥔 손을 바닥 쪽으로 내리고 그와 동시에 '엎드려'라고 말한다. 어떤 반려견은 간식을 따라 몸을 내리며 곧바로 '엎드려' 자세를 취하기도 한다. 당신의 반려견이 제대로 엎드렸다면, 차분한 어조로 칭찬해 주고 보상의 의미로 즉시 간식을 준다.

반려견이 엎드린 상태에서, 당신이 손으로 잡고 있던 리드줄 앞쪽을 발로 밟은 후 계속해서 반려견을 칭찬해 주자. 목줄에서 약 5센티미터 떨어진 부분을 바닥에 고정하면 된다. 이렇게 하면 반려견이 다시 일어서기가 힘들 것이다. 다시 일어서려고 하면 목줄에 가해진 압박으로 다시 고개를 숙이게 된다. 사실 이 상태에서 다시 일어나려고 애를 쓰는 개는 거의 없다. 너무 많은 에너지를 써야 할 뿐 아니

고정 장치가 반려견의 몸을 바닥 쪽으로 단단하게 붙들고 있을 때, 간식을 쥔 손을 반려견의 입에서 약 15센티미터 정도 앞에 둔다.

간식을 쥔 손을 아래로 내리며 '엎드려'라고 말한다.

반려견이 '엎드려' 자세를 취하는 데 성공했다면, 차분한 어조로 칭찬하고 즉시 간식을 준다.

라, 엎드린 상태에서 계속해서 칭찬과 보상을 받고 싶기 때문이다. 만일 당신의 반려견이 계속해서 저항하고 일어서려 한다면, 리드줄을 밟은 채로 '엎드려'라고 말하며 안정될 때까지 기다린다. 고집이 센 개들은 쉽게 포기하지 않지만, 당신은 리드줄을 밟고 더 오래 버틸 수 있다. 반려견이 다시 '엎드려' 자세로 돌아갔다면 칭찬하고 간식을 주어 당신이 반려견에게 무엇을 원하는지 알도록 해 주자.

물론 항상 말처럼 쉽지는 않다. 모든 반려견이 바로 '엎드려' 자세를 취해 주지는 않는다. 아리가 그랬다. 다른 고집불통 반려견들과 마찬가지로, 아리는 상체와 고개는 바닥으로 낮추었지만, 엉덩이 쪽은 계속해서 위로 들고 있어 마치 바닥에 절을 하는 듯 보였다. 만일 당신의 반려견도 이 자세를 취한다면, 이제 당신의 손에 쥐고 있

반려견이 '엎드려' 자세를 취하면, 손으로 잡고 있던 리드줄 앞쪽을 발로 밟은 후 계속해서 반려견을 칭찬한다.

는 리드줄을 활용할 시간이다. 반려견이 상체 부분만 바닥으로 숙이고 있다면, 다시 몸을 일으킬 수 없을 정도로 리드줄을 팽팽히 당겨 발로 밟는다. 반려견의 입장에서도 바닥 쪽에 놓인 간식을 바라보며 엉덩이만 높이 들고 있는 자세가 굉장히 불편할 것이다. 즉, 반려견도 이 자세를 그리 좋아하지 않을 것이다.

결국 그는 결정을 내려야만 한다. 리드줄의 압박 속에 계속 일어나려고 애쓰며 이 자세를 유지하든지, 아니면 그냥 엎드려야 한다. 간식은 반려견이 닿지 못할 위치에 두되, 리드줄을 조금씩 아래로 누르며 차분한 목소리로 계속해서 '엎드려'라고 명령한다. 계속 버티는 개는 거의 없을 것이다. 일부는 꽤 오래 고집을 피우기도 하지만, 대부분 금방 포기한다. 당신의 반려견이 어떤 경우든, 당신은 그

반려견이 이와 같은 자세를 취하면, 간식은 바닥에 둔 채 다시 몸을 일으킬 수 없을 정도로 리드줄을 팽팽히 당긴다. 그리고 엉덩이를 바닥으로 내릴 때까지 기다린다.

냥 기다리기만 하면 된다. 결국에는 포기하고 엎드리게 된다는 나의 말을 믿길 바란다. 심지어 덩치가 크고 고집불통인 아리 같은 개도 처음에는 한 치도 물러서지 않더니 결국 포기했다. 그리고 반려견의 엉덩이가 바닥에 닿으면, 바로 그 순간 차분하게 칭찬해 주고 반려견이 쳐다보던 간식을 주자. 다시 또 일어서는 것을 막기 위해 목줄 가까운 부분의 리드줄을 발로 밟아 고정하는 것도 잊지 말자.

이 기술을 훈련할 때 기억해야 할 핵심 사항 두 가지를 일러주겠다.

1. 반려견이 '엎드려' 명령에 복종했을 때, 차분한 어조로 다정하게 칭찬하며 간식을 준다. 너무 활기차게 '잘했어!'라고 말하면, 반려견은 다시금 흥분해 날뛰게 될지도 모른다.

2. 반려견이 '엎드려' 명령에 복종하면 그 자세로 머물러 있을 때 잘한 행동에 보상을 주자. 간식과 칭찬의 말뿐 아니라 머리부터 등 전체를 부드럽게 쓰다듬는 것까지 할 수 있는 모든 칭찬을 다 해 준다. 반려견이 '엎드려' 자세를 취한 상태에서 안정감과 사랑을 더 많이 느낄수록 다음에도 명령어에 더욱 잘 반응하게 된다.

훈련에 정말 잘 따라오는 개들도, '엎드려' 자세를 처음 배울 때는 어떤 자세를 취해야 보상받는 것인지 정확히 알기 위해 여러 번 반복해야 한다. 아리는 첫 번째 훈련에서 몇 번 엉덩이를 치켜들었고, 나는 같은 단계를 반복해서 가르쳤다. 한 번 가르치는 것으로 충분하지 않기에 같은 기술을 여러 번 연습한 것이다. 당신도 반려견과 훈련을 반복해야 할 수 있다. 반려견이 '엎드려' 명령에 제대로 따르려면 어떤 자세를 취해야 하는지 확실히 안다고 생각될 때까지 말이다.

얼마간은 리드줄을 채워 반려견의 움직임을 제약하며 훈련했다면, 이제 리드줄 없이 연습해 볼 시간이다. 마음대로 돌아다니면서 당신의 말을 듣지도 않을 것 같은 반려견에게 바로 시도해 보라는 의미가 아니다. 변화를 주기 전에는 일단 하던 방식대로 이중 고정 장치를 채우고 몇 번 시도하다가 먼저 조심스럽게 당신이 잡고 있던 리드줄을 푼다. 그리고 '엎드려' 자세에 성공했다면 다음으로 뒤쪽에 고정된 리드줄도 풀어 준다.

이 또한 한 번에 성공할 만큼 쉬운 일이 아니다. 아리의 경우 리드줄을 풀었다는 사실을 알아차리자마자 바로 간식으로 돌진했다. 이러한 이유로 나는 훈련에서 항상 길들이기 과정을 강조한다. 그것은 실패가 아니었다. 그저 아리가 아직 준비되지 않았다는 신호였기 때문에, 아리는 다시 고정 장치를 차고 몇 번 더 연습했다. 길들이기는 그냥 훈련받은 개와 잘 훈련받은 개의 차이를 만들기 때문에, 아리와 같이 덩치 크고 고집 센 사춘기견도 며칠간 꾸준히 연습한 결과 '엎드려' 명령어에 완전히 복종할 수 있게 되었다. 나는 아리에게 리드줄을 채운 채로 몇 번이고 다시 '엎드려' 자세를 훈련시켰다. 그리고 어느 날 내가 리드줄을 풀었을 때, 그동안 꾸준히 연습한 덕분에 '엎드려' 명령에 아리의 몸이 저절로 반응했다. 그는 명령을 듣자마자 0.5초도 안 되어 바로 바닥에 엎드렸다.

소형견에게 통하는 훈련 기술

당신의 반려견이 몸집이 작은 소형견이라면, 이제는 완전히 다른 규칙에 따라 훈련해야 한다. 소형견은 중형견이나 대형견과는 달리 이중 리드줄 고정 장치로 같은 효과를 볼 수 없기 때문이다. 소형견에게 '엎드려' 명령어를 가르치기란 상당히 까다로울 수 있다. 믿거나 말거나지만, 키가 작은 개들은 조금만 숙이면 바닥에 닿는 데도 키가 큰 개들보다 더 숙이지 않으려고 버틴다.

대형견은 리드줄로 당기는 압박에 쉽게 반응하는 편이지만, 소형견은 그렇지 않기 때문에 이번 기술에서는 리드줄을 전혀 활용하지 않는다. 대신 다른 형태의 통제 도구가 필요하다. 나는 이때 받침대를 사용한다. 집에 훈련용 받침대가 없다면 소파나 간단한 의자로 대체해도 된다. 반려견이 편하게 느끼는 위치에서 훈련하는 것이 가장 좋기 때문이다. 이 기술은 일단 시작하면 매우 단순하다.

1단계. 반려견을 소파의 가장자리에 올려놓는다. 뛰어내리지 못하게 한다. 만일 반려견이 뛰어내린다면, 몇 번이고 다시 올려 그 자리에 가만히 있도록 한다. 가장 좋은 방법은 당신이 손에 든 간식에 집중하도록 만드는 것이다.

2단계. 간식을 손에 들고 반려견의 코에서 약 15센티미터 정도 떨어진 위치에 선다. 이제 손을 소파의 가장자리 아래로 천천히 내리면서 '엎드려'라고 명령한다. 간식을 쳐다보던 반려견은 자연스럽게 아래를 보게 될 것이다. 이제부터가 중요하다. 간식을 든 손을 아래

간식을 활용해 반려견이 집중하도록 만든다.

로 내리되, 소파 가장자리에서 약 10센티미터 정도 아래까지만 내려서 반려견이 가장자리에 머리를 대고 간식을 보도록 해야 한다. 반려견이 간식을 볼 수는 있어도 닿을 수는 없기에 그가 자세를 바꾸든지 당신이 간식을 줘야 하지만, 당신은 절대 움직이지 않는다. 그때부터 계속 '엎드려'라고 말한다.

시간이 조금 걸릴 수도 있지만, 반려견은 결국 간식을 쳐다보며 긴장을 풀고 엎드리게 될 것이다. 만일 계속해서 고집을 피운다면 어깨를 약간 눌러 주어서 어떤 자세를 취해야 하는지 알려 주자. 반려견이 '엎드려' 자세를 취한 순간 차분한 어조로 '잘했어'라고 칭찬하며 간식을 주도록 하자.

3단계. 이제 다음 단계부터가 매우 중요하다. 대부분의 반려견은 엎드리고 나서 몇 초도 지나지 않아 바로 일어서려고 할 것이다. 하지만 '엎드려' 자세를 훈련 중인 반려견이 바로 일어나길 바라는 훈련사는 없다. '엎드려'라는 명령어가 무슨 의미인지 아는 것도 중요하지만, 그 자세로 머무는 것도 중요하다. 반려견이 '엎드려' 자세를 유지하도록 훈련하려면 반려견의 머리부터 등까지 천천히 그리고 확실하게 쓰다듬으며 계속해서 칭찬해 준다. 이렇게 하면 반려견의 행동을 칭찬할 뿐만 아니라, 일어서려는 시도를 제지하는 일석이조의 효과가 있다.

반려견을 쓰다듬을 때 반려견이 일어서려고 시도하면 쓰다듬던 손에 약간 힘을 주면 된다. 그렇게 반려견이 '엎드려' 자세로 머물 때,

간식을 든 손을 소파의 가장자리 아래로 천천히 내리면서 '엎드려'라고 명령한다.

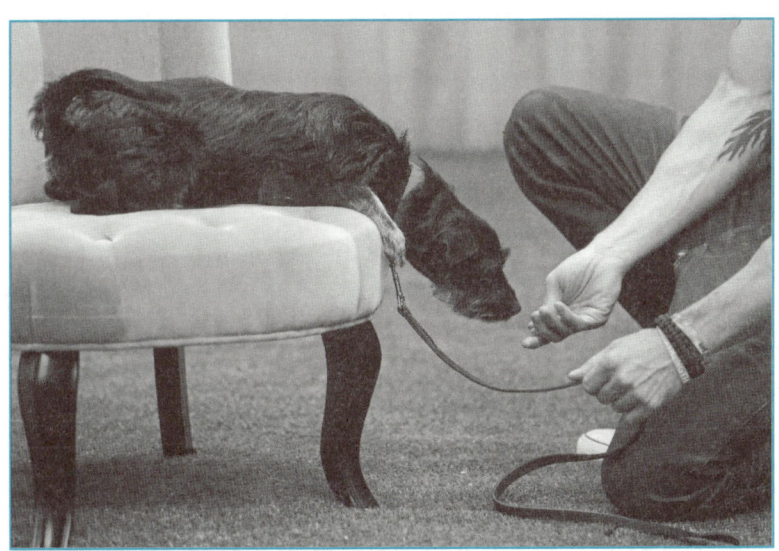

반려견이 '엎드려' 자세를 취한 순간, 차분한 어조로 칭찬하며 간식을 준다.

계속해서 애정을 담아 칭찬하고 간식을 준다. 당신의 목표는 반려견이 최대한 오랫동안 '엎드려' 자세로 머물게 하는 것이다. 계속해서 칭찬하고 간식을 주며 오래 머물수록, 반려견은 '엎드려' 자세를 제대로 인식하고 다음에 명령어를 들었을 때 제대로 반응할 가능성이 높아진다.

이 기술은 가르치기가 비교적 쉽다. 대부분의 소형견은 딱딱한 타일이나 나무 바닥보다는 소파나 침대 같은 부드러운 표면에서 엎드리길 좋아하기 때문이다. 대형견은 바닥이 딱딱해도 크게 개의치 않는다. 아마 딱딱하고 차가운 바닥에도 아무렇지 않게 엎드리는 대형견을 많이 보았을 것이다. 하지만 소형견이 나무 바닥에서 낮잠을 자는 모습을 본 적이 있는지 생각해 보자. 아마 거의 없을 것이다. 이러한 이유로 부드러운 소파나 의자에서 '엎드려' 훈련을 시키는 것은 반려견의 성향에 딱 들어맞는 방법이라고 할 수 있다. 소형견을 딱딱한 바닥에서 훈련시키면 당신과 반려견 모두가 더 힘들 뿐이다. 한 주 정도 소파 위에서 '엎드려' 자세를 연습하고 나면 아마 다른 어떤 곳에서도 '엎드려' 명령에 제대로 반응할 것이다. 만일 반려견이 명령에 따르길 거부하면, 다시 소파에 올려 연습하고 차츰 바닥으로 옮겨가며 길들이는 과정을 거치도록 하자.

고집 센 반려견을 위한 훈련 기술

이 기술은 몸집의 크기와는 상관없이 고집 센 반려견에게 사용한다. 잡았다가 슬며시 빼기 기술은 말 그대로 잡고 빼는 기술인데,

어디를 잡고 무엇을 빼는지를 제대로 알아야 한다. 굉장히 빠르고 간단한 방법이다.

1단계. 간식이 든 그릇을 가까이 준비해 두고 바닥 혹은 소파 같은 곳에 반려견과 나란히 앉는다. 반려견과 바로 옆에 앉아야 이 기술을 사용하기가 쉽다.

2단계. 바닥이나 소파에서 반려견이 당신의 왼쪽에 앉았다면, 당신은 왼쪽 팔로 반려견을 감싼 후 왼손으로 목줄을 잡는다. 그런 다음 당신의 오른쪽 팔을 뻗어 90도 각도로 구부린 후 반려견의 앞다리 뒤쪽으로 건다. 반려견의 팔꿈치 관절 바로 뒤쪽에 걸면 된다.

반려견과 나란히 앉아 왼쪽 손으로 그의 목줄을 잡는다.

당신의 오른쪽 팔을 반려견의 앞다리 뒤에 건다.

당신의 오른쪽 팔이 완전히 나올 때까지 슬며시 빼내면서 '엎드려'라고 말한다. 왼쪽 손으로는 계속해서 목줄을 잡고 있도록 하자.

3단계. 이제 당신의 오른쪽 팔이 완전히 나올 때까지 슬며시 빼내면서 '엎드려'라고 말한다. 당신이 오른쪽 팔을 빼면서 반려견의 앞다리가 천천히 앞으로 미끄러지게 하자. 왼쪽 손으로는 계속해서 목줄을 잡는 것을 잊지 말자. 당신의 오른쪽 팔이 완전히 나왔을 때, 반려견은 바닥이나 소파에서 '엎드려' 자세를 취하게 될 것이다.

4단계. 반려견이 '엎드려' 자세를 취하는 순간 간식 그릇에서 간식을 몇 개 집어와 반려견을 칭찬한다. 그때부터는 소형견 기술 3단계를 참조해 반려견이 '엎드려' 명령어의 의미를 제대로 알도록 한다.

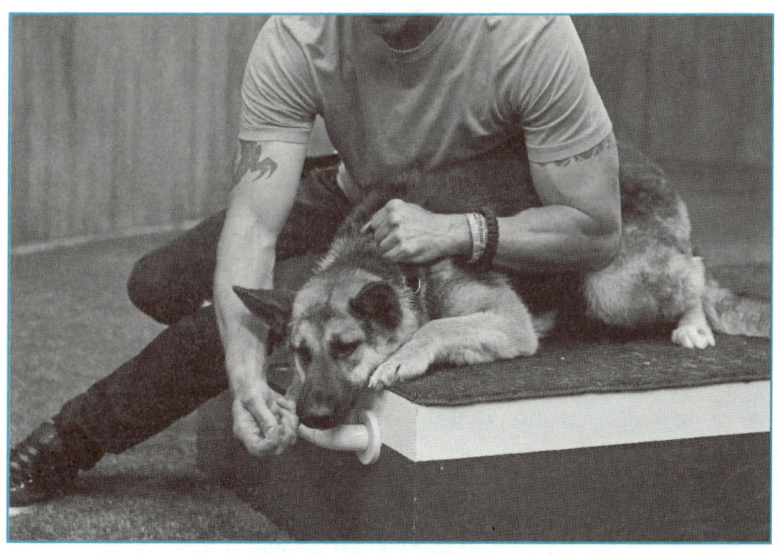

반려견이 '엎드려' 자세를 취하면, 바로 칭찬하며 간식을 준다.

'엎드려'를 가르칠 때 꼭 기억할 다섯 가지

끝까지 한다. 어떤 명령을 훈련시키든 마찬가지겠지만, 끝까지 하는 것은 당신에게 달렸다. 특히 '엎드려' 명령어를 가르칠 때는 당신이 반려견에게 지시를 내린 후 반려견이 제대로 반응할 때까지 기다리는 것이 매우 중요하다. 처음에는 좌절하거나 시간 낭비처럼 느낄 수 있지만, 나는 지금껏 '엎드려' 명령어를 배우는 데 실패하는 개를 한 번도 보지 못했다. 하지만 반려견을 엎드리게 하는 것이 너무나도 힘들어 빨리 포기하는 견주는 보았다. 결국 반려견의 의지대로 된 경우다. 이렇게 되면 다른 명령어를 가르치기도 훨씬 힘들어진다는 것이 큰 문제다. 인내심을 가지고 끝까지 포기하지 말자. 당신은 할 수 있다.

대형견을 훈련시킬 때는 선 자세를 유지한다. 많은 이가 '엎드려' 자세를 가르칠 때 바닥에 무릎을 꿇은 자세를 취하는 경우가 많다. 몸을 낮추기 위해 무릎을 꿇고 있는 것이 편하기 때문이다. 하지만 가능하면 빨리 서 있는 자세로 돌아오도록 하자. 만일 당신이 계속해서 무릎을 꿇고 훈련한다면 반려견은 그 자세에 익숙해지게 되고, 선 자세로 명령을 내렸을 때 혼란스러워할 수 있다. 물론 처음에는 무릎을 꿇은 자세로 훈련을 시작해도 되지만, 반려견이 어느 정도 이해했다면, 바로 서 있는 자세로 돌아와 훈련을 이어가도록 하자. 며칠이 지난 후에는 처음부터 선 상태에서 '엎드려' 명령을 내린다.

뒤로 물러서지 않는다. 반려견에게 '엎드려' 자세를 가르칠 때 흔히 저지르는 실수 중에는 다음과 같은 것도 있다. 어느 정도 훈련한 뒤 반려견을 고정했던 리드줄을 풀면 반려견은 자연스럽게 앞으로 조금 기어오기도 한다. 이때 사람도 자연스럽게 뒷걸음질을 치며 물러나고는 한다. 하지만 뒤로 물러서지 않아야 한다. 당신이 뒷걸음질 치면, 반려견은 앞으로 기어오는 것을 습득해 나쁜 습관으로 굳어질 수 있다. 고정 장치를 풀었더라도 명령을 내린 후 그 자리에 가만히 서 있자. 당신이 자리를 지키고 서 있어야 반려견도 명령을 들을 때마다 그 자리에서 바로 '엎드려' 자세를 취할 수 있다.

사용하지 않으면 잊는다. 이것은 훈련의 기본이다. 매일 연습하지 않으면 명령에 제대로 반응하기가 어렵다. 반려견의 근육이 명령어를 기억하도록 연습해야 한다는 사실을 기억하자. 일주일 동안 하루에 몇 번씩 시간을 내어 연습하면 당신은 웃게 될 것이고, 몇 달을 꾸준히 연습하면 기뻐서 날아가게 될 것이다.

'앉아' 자세에서 시작하기. 대부분의 개가 선 자세에서 '엎드려' 명령을 습득할 수 있긴 하지만, 만일 당신의 반려견이 간식을 따라 몸을 숙이길 거부한다면 먼저 '앉아' 자세를 취하게 한 후 훈련을 시작해도 된다. 복종 명령을 배울 때 '앉아' 자세부터 시작하는 것이 논리적이기도 하고, 모든 일곱 가지 기본 명령어를 가장 빠르게 훈련하는 방법이기도 하기 때문이다. 선 자세에서 '엎드려' 자세 배우기를 힘들어하는 반려견이 있다면, 4장에서 연습한 '앉아' 자세에서 '엎드려' 자세로 바로 이어 나가기를 권장한다. 앉은 자세에서 몸의 앞쪽만 숙이면 엎드린 자세가 되기 때문에 어떤 개들은 더 쉽게 배우기도 한다.

자제력이라는 새로운 세계

아리는 '엎드려' 명령어를 습득하면서 동시에 더욱 중요한 것을 배웠다. 자제력을 배운 것이다. 아리는 이중 리드줄 고정 장치의 도움으로 오랫동안 집중할 수 있었고, 보상을 받는다는 사실도 배웠다. 그리고 큰 소리로 혼이 나거나 체벌을 전혀 당하지 않더라도 스스로 의지를 꺾는 법을 배웠다. 자신이 원하는 것을 얻으려면 협조해야 한다는 점을 깨닫고는 고집대로 하려고 애쓸 필요가 없다는 사실을 알게 되었다. 아리는 매우 중요한 태도의 변화를 경험한 것이다. 그는 비행 소년에서 착한 학생으로 탈바꿈했고, 그 이후로는 뭐든지 더 배울 준비가 되었다.

당신의 반려견이 아리만큼 심각한 수준은 아닐 것이다. 대부분 그렇지 않다. 하지만 반려견이 '엎드려' 명령에 항상 일관되게 반응한다는 확신이 있으면, 언제 어디를 가든지 반려견을 통제할 수 있는 값진 도구가 될 것이다.

'기다려'

<u>나는 지난 수년간 '기다려' 명령어 덕분에</u> 반려견의 생명을 구했다는 경험담을 수도 없이 들었다. 그중 많은 일화는 목줄을 하지 않은 채 마당이나 집 밖으로 나갔다가 갑자기 도로로 뛰어든 반려견들의 이야기다. 반려견들은 '기다려' 명령을 듣고 보도 턱에서 내려가기 직전에 멈춰 섰고, 위험한 상황을 피할 수 있었다. 내가 훈련시킨 반려견의 견주들로부터 그러한 이야기를 전해들을 때마다 나는 정말 뿌듯하다. 그리고 명령을 알면 생명도 지킬 수 있다는 사실이 내가 가능한 한 많은 개를 훈련하는 데 더욱 전념하도록 만든다.

'기다려' 명령으로 생명을 구할 수도 있기 때문에, 반려견에게 이 명령을 가르치는 모든 시간, 그리고 '기다려'의 의미를 확실히 알도록 추가로 훈련하는 기간은 모두 가치 있다. 만일 당신이 반려견의

목줄을 채우지 않고 밖으로 나간다면, 이 명령어는 훨씬 더 중요해진다. 내가 구제했던 많은 유기견에게도 이 명령어는 필수적인 기술이었다. 그중에는 이 명령어를 확실히 배우고 나면 아주 중요한 역할을 맡을 예정이었던 귀여운 복서 불도그 믹스견도 있었다.

유기견 훈련기 어린이를 위한 수업 도우미가 된 다비

다비를 만났을 때 나는 첫눈에 애착을 느꼈다. 생후 8개월 된 복서 불도그 믹스견 다비는 내가 다가가자 개장의 창살 틈으로 머리를 내밀고 내게 입을 맞추려 했을 만큼 사랑스러운 개였다. 다비는 윤기가 흐르는 복서만의 갈색 털을 갖고 있었고, 불도그의 특징인 뭉툭한 주둥이도 갖고 있었다. 내가 개장에 들어가자마자, 몸무게가 20킬로그램이나 나가는 다비는 복서나 불도그가 아닌 말티즈인 양 내 무릎으로 기어 올라와 재롱을 피웠다.

다비는 보통의 강아지에게서는 흔히 볼 수 없는, 특히 복서와 같은 활기가 넘치는 견종에서는 보기 힘든 기질이었다. 이 견종은 높이 날뛰고, 큰 턱으로 씹어대고, 활발하기로 잘 알려져 있다. 하지만 다비는 뭔가 달랐다. 조숙해 보이는 다비에게서 나는 사람들을 잘 도와주는 특별한 개들의 성품을 금세 알아차릴 수 있었다. 다비를 만나고 5분도 채 되지 않아 나는 다비가 어디로 가면 좋을지 떠올랐다.

약 2주 전에 나는 시미밸리에 거주하는 한 교사로부터 반려견 입양을 원한다는 이메일을 받았다. 그녀는 얼마 전 남편을 잃었고 하나뿐인 자녀

는 곧 대학에 가게 되었다고 했다. 갑자기 텅 빈 그녀의 집이 얼마나 외로운 곳이 될지 생각하니 가슴이 아팠다. 그리고 그녀는 새로운 계획도 한 가지 일러 주었다. 그녀는 학교에서 진행하는 어린이 프로그램을 도와줄 반려견을 원하고 있었다. 그 프로그램은 책 읽기를 힘들어하는 아이들을 도와주는 치료 프로그램이었다. 사람들 앞에서 소리 내 읽는 것을 힘들어하는 많은 아이 중 대다수는 개에게 책을 읽어 주는 것은 더 쉽게 받아들인다고 한다. 개는 부모나 선생님처럼 판단하거나 혼을 내지 않기 때문이다. 나는 메일을 읽는 순간 그녀를 도울 완벽한 개를 찾는 것을 나의 사명으로 받아들였다. 어린이들과 지역사회를 위해 헌신하는 그녀를 어떻게든 돕고 싶었다.

유기견 보호소에서 다비를 보았을 때 나는 다비가 훌륭한 반려견이자 수업 도우미가 될 수 있다고 직감했다. 하지만 어떤 개든지 치료견으로 훈련시키기란 쉽지 않다. 치료견은 항상 올바르게 행동해야 하고 때로는 자신이 돕는 사람들보다 바른 태도를 갖춰야만 한다. 나는 다비가 할 줄 아는 것이 거의 없다는 사실을 바로 알아차렸다. 기본 명령을 테스트해 보니, 일곱 가지 중 두 가지에 반응했다. 하지만 과거에 훈련 경험이 거의 없기는 해도 이 개는 인내심을 갖고 꾸준히 훈련하면 어떤 기술이든 배워서 완전히 습득할 수 있을 것 같았다.

어떤 치료견이든 꼭 배워야 하는 가장 중요한 것 중 하나가 바로 '기다려' 명령어다. 얌전한 개들은 굳건하게 잘 기다리긴 하지만, 치료견들은 한 시간 이상 '기다려' 상태를 유지해야 하는 경우도 있다. 겨우 8개월 된 강아지에게 너무 힘든 일일 수도 있지만 나는 다비가 해낼 수 있다고 확신했다.

가장 확실한 훈련 방법, '모퉁이에서 기다리기'

나는 '기다려' 명령을 가르칠 때 훈련받는 개의 성향에 따라 몇 가지 다른 방법을 사용한다. 하지만 여러 방법 중 내가 가장 선호하는 기술은 '모퉁이에서 기다리기' 방법이다. 이 방법은 독특한 논리를 적용한 매우 효과적인 기술이라고 할 수 있다. 이 방법을 내가 최초로 개발한 것인지는 확실하지 않지만, 나는 수년간의 경험과 학습을 토대로 이 기술을 생각해 냈고, 다른 훈련사가 이 기술을 사용하는 것을 한 번도 보지 못했다는 것만은 말할 수 있다.

일단 이 기술을 당신의 반려견에게 가르치고 나면, 혹시나 반려견이 차도로 뛰어들까 걱정하던 것은 옛일이 될 것이다. 자, 이제 시작해 보자.

모퉁이에서 기다리기 단계별 훈련

이 기술을 훈련시키기 위해서는 다음과 같은 도구만 준비하면 된다.

- 1.8미터의 리드줄
- 반려견이 좋아하는 간식이 든 가방
- 훈련에 적합한 장소. 이번 훈련에서는 장소가 핵심이기 때문에 신중하게 선택해야 한다. 사방이 막힌 텅 빈 마당이나 90도 각도의 모퉁이가 있는 넓은 공간을 찾자. 울타리를 친 마당에서는 울타리가 90도로 꺾이는 부분이 훈련하기에 가장 이상적인 공간이다. 방 안의 모퉁이에서 훈련해도 되지만, 주변에 잡동사니가 없도록 주의하자.

우리의 목표는 점진적으로 발전해 나가는 것이므로 첫날부터 완벽하게 훈련하려는 욕심은 버려야 한다. 훈련 첫 시간부터 반려견에게 1.8미터 떨어진 곳에서 6초 이상 기다리라고 요구하는 것은 절대로 권하지 않는다. 만일 당신에게 그런 획기적인 사건이 일어났다면, '기다려' 명령어는 완벽히 가르쳤으니 훈련을 끝내도 좋다.

훈련 두 번째 시간에는 앞서 배웠던 것을 한 번 더 간단히 복습한 뒤 시작한다. 처음 시도했을 때보다는 쉽겠지만 더 오랫동안 '기다려' 상태로 머물도록 진도를 나가기 위해서는 배운 내용을 확실히 습득했는지 확인해야 한다. 1.8미터 떨어진 위치에서 6초를 기다리는 데 성공하면 더 먼 거리에서 더 오래 기다리는 훈련을 해도 된다.

1단계. 반려견의 목줄에 리드줄을 걸고 당신의 주머니나 간식 가방에는 간식을 담는다. 이제 반려견을 90도 각도의 모퉁이로 데려가 모퉁이 쪽을 등지고 '앉아' 자세를 취하도록 한다. 필요한 경우 반려견이 모퉁이에 바짝 붙어 앉도록 한다. 여기서 핵심은 반려견이 도망갈 공간이 없는 상황을 만드는 것이다. 반려견이 할 수 있는 것이라고는 당신에게 집중하고 당신이 하라는 대로 하는 것뿐인 상황에서 훈련을 시작해야 한다.

그렇다면 왜 모퉁이를 활용하는지 이야기해 보겠다. 우선 당신의 반려견이 8각형의 넓은 공간의 한가운데에 서 있다고 생각해 보자. 그 위치에 선 반려견에게는 달아날 방향이 여덟 곳이나 된다. 만일 반려견을 벽을 등진 위치에 둔다면, 달아날 곳 중 세 개가 줄고 다섯 개가 남는다. 만일 반려견을 모퉁이에 세운다면, 달아날 곳 중 다섯 곳이 막히고 세 곳만이 남게 된다. 그 상태에서 당신이 반려견을 가로막고 선다면, 자유로 향하는 길 중 하나가 또 막혀 버리고, 당신이 두 손을 들어올리면 나머지 두 길로도 가지 못한다. 이제 반려견에게는 가만히 기다리는 것 말고는 선택의 여지가 없는 것이다.

2단계. 반려견에게서 한 발짝 떨어진 위치에 서서 교통경찰이 누군가를 멈춰 세우듯 한 손을 들어올려 손바닥을 내보이자. 이것은 '기다려' 명령어의 수신호로, '기다려' 훈련을 끝냈을 즈음이면 반려견이 수신호만 보고도 명령을 들은 것처럼 반응하게 될 것이다. 반려견에게 손으로 신호를 보내는 동시에 '기다려'라고 말하자. 이때 당신은 반려견에게 부탁하는 것이 아니라 명령한다는 사실을 기억하자. 이 새로운 명령을 처음 말할 때부터 확실하고 단호한 어조를 사용하고, 노래를 부를 때나 놀이 시간에 사용할 만한 높은 톤은 자제한다. 일단 '기다려'라고 말했다면 반려견이 1초간 그대로 있게 두면 된다. 1초간 그대로 있는 데 성공하면 즉시 반려견을 쓰다듬고 '잘했어'라고 칭찬한 뒤 간식을 준다.

만일 1초도 기다리지 못하고 움찔댔다면, 손가락으로 반려견의 가슴 중앙을 단호하게 톡톡 두드린다. 이 동작은 앞으로 나가려고 하던 반려견의 움직임을 멈추게 해 준다. 다시 반려견을 모퉁이에 앉히고 1초 동안 기다리는 데 성공할 때까지 연습한다. 아마 반려견과 한 발짝 떨어진 상태에서 1초간 기다리게 하는 훈련이 가장 오래

모퉁이에서 기다리기 훈련 중 손으로 신호를 보내는 모습.

걸릴 것이다. 반려견이 '기다려' 명령어에 관해 아무것도 모르는 상황이기 때문이다. 인내심을 가지고 연습하다 보면 반려견도 명령어의 의미를 조금씩 이해하게 되고 훈련이 더욱 수월해진다.

 훈련이 어려운 반려견을 위한 팁

만일 당신의 반려견이 '기다려' 명령의 의미를 잘 이해하지 못하고 첫 훈련부터 가만히 그 자리에서 머무는 것을 힘들어한다면, 조금 더 쉽게 반려견을 집중시킬 만한 방법을 활용해 보자. 반려견을 통제하는 데 도움을 얻으려면 의자 하나만 있으면 된다. '기다려' 명령을 훈련 중인 모퉁이에 의자를 두고 반려견을 그 위에 올려 '앉아' 자세를 취하게 하자. 물론 당신의 반려견이 그레이트데인이나 로트와일러 같은 대형견이라면 이 내용은 당신에게 해당하지 않는다. 하지만 소형견이나 중형견, 혹은 적당히 덩치가 큰 반려견에게는 이 방법이 효과가 있다. 개들이 약간 높은 곳에 올라서면 행동하기 전에 한 번 더 생각하게 되고, 이는 '기다려' 명령의 의미를 가르치려는 당신을 조금 더 유리한 입장에 서게 한다. 필요하다면, 1단계에서 6단계 훈련으로 진행하는 동안 계속 의자를 사용해도 좋다. 모든 훈련 과정을 마치고 나면 바닥에서 배운 것을 복습하며 높은 위치가 아닌 곳에서도 '기다려' 명령을 따라야 한다는 사실을 인지시키면 된다.

3단계. 이제 당신은 뒤로 한 발짝 더 물러서서 반려견과 당신의 거리를 60센티미터 정도로 벌린다. 이번 단계에서는 반려견에게 '기다려'라고 명령한 뒤 2초를 기다릴 것이다. 즉 반려견과의 거리도 두 배 멀어지지만, 가만히 기다리는 시간도 두 배 늘린다. 2초를 기다리는 것이 별것 아닌 것처럼 느껴지겠지만, 이렇게 점진적으로 늘려 가는 것이 이번 명령어 훈련의 핵심이다. 반려견이 2초 동안 잘 기다리면 즉시 쓰다듬으며 칭찬하고 간식을 주자. 만일 반려견이 움직이거나 일어서려고 하면 손으로 제지한다. 보통 손가락으로 반려견의 가슴을 살짝 두드리면 행동을 제지할 수 있다. 그리고 다시 '앉아' 자세로 돌아가 2초 동안 기다리도록 훈련을 반복하자.

4단계. 이제 반려견에게서 90센티미터 떨어져 3초를 기다리게 할 차례다. 반려견에게서 세 발짝 정도 떨어져 서면 양쪽으로 반려견이 달아날 만한 충분한 공간이 생기게 되므로, 이제 2단계를 반복하되 훈련 방법에 약간의 변화를 줄 것이다. 당신은 양손을 써서 반려견이 달려나갈 때 언제든지 막아 세울 준비를 해야 한다. 달아나는 반려견을 막는 방법이 매우 중요하다. 나는 양손을 조금 벌리고 서 있다가 만일 반려견이 달려나오면 손을 쭉 뻗어 반려견의 앞을 막고 단호한 목소리로 '기다려' 명령어를 반복해서 말하라고 권한다. 이때 손가락에 힘을 주어 반려견이 신체적으로 제지당한 느낌을 받도록 하면, 반려견은 다시금 당신에게 집중하게 될 것이다. 이 방법은 주차장 입구에서 기다란 차단기가 내려오는 것과 같은 역할을 한다. 당신은 차단기를 치고 갈 수 있다는 사실을 알지만, 그렇게 하지 않는다. 앞에 차를 막아서는 뭔가가 있기 때문에 멈춰 서는 것이다. 당신의 반려견도 당신이 손으로 막으면 멈춰 서게 될 것이다.

'기다려' 상태에서 3초간 머물렀다면 바로 반려견을 쓰다듬으면서 칭찬하고 간식을 주자. 만일 반려견이 몸을 움찔하면, 손으로 재빨리 빈 공간을 막고 단호한 어조로 '기다려'라고 말한다. 그제야 비로소 반려견은 '기다려'의 의미를 이해하기 시작할 것이다. 이 단계를 제대로 해냈다면 이제 1.2미터 떨어진 위치에서 4초 동안 기다리도록 훈련시킨다. 4초를 기다리면 간식을 주고, 기다리지 못하고 움직였다면 행동을 바로잡고 다시 연습하자. 필요한 경우, 당신의 손이 골키퍼 역할을 해야 하고 떨어진 위치별로 예정된 시간만큼 잘 기다렸을 때만 다음으로 넘어간다.

5단계. 당신의 반려견이 모퉁이에서 '기다려' 명령어에 일관되게 반응하고 3미터 떨어진 거리에서도 10초간 기다리는 데 성공했다면, 이제 어려운 시험을 치를 단계다. 지금까지 오는 데 큰 고비를 넘기고 며칠이 걸렸을 수도 있지만 괜찮다. 이 명령어를 배우기란 쉽지 않을 뿐더러 빨리 훈련시키기보다 제대로 훈련시키는 데 초점을 맞춰야 한다. 반려견이 진도를 나갈 준비가 되었다면, 이제 반려견을 모퉁이에서 데리고 나와 벽을 등진 곳에 두자. 양쪽으로 최소 몇 미터 정도의 넓은 공간이 있는 곳을 선택하고, 반려견은 중간쯤에서 '앉아' 자세를 취하도록 한다. 이러한 상황에서는 반려견이 달아날 공간이 얼마든지 생기기 때문에 모퉁이에서 기다리기 훈련에서 '기다려' 명령의 의미를 확실히 인지했다는 확신이 들 때 이 단계를 실행해야 한다.

이제 처음부터 다시 시작해야 한다. 반려견이 벽에 엉덩이를 대고 앉도록 한 뒤, '기다려' 명령을 말하는 동시에 손으로도 신호를 보

반려견이 모퉁이에서 기다리기 훈련을 완전히 습득했다면 이제 벽을 등진 곳으로 데리고 와 '앉아' 자세를 취하게 한다. 첫 단계부터 다시 연습을 시작해 거리와 시간을 조금씩 늘려간다.

내 가까운 거리에서 짧게 기다리기부터 해 보는 것이다. 한 발짝 뒤로 갈 때마다 1초씩 더 기다리게 한다. 이때 당신의 손은 골키퍼처럼 내밀고, 반려견이 달려나오면 언제든지 제지할 준비를 해야 한다. 모퉁이에서 기다리기 훈련을 완전히 습득한 개라면 '기다려' 명령어에 그렇게 대응하지는 않을 것이다. 만일 달아나려고 하는 반려견이 있다면, 다시 한 번 손으로 멈춰 세우고 제자리로 보내도록 하자.

벽을 등지고 훈련할 때도, 모퉁이에서 기다리기 훈련을 할 때와 마찬가지로 두 발짝 떨어지면 2초, 세 발짝 떨어지면 3초 동안 기다리기와 같은 단계별 연습을 반복한다. 1.2미터 정도 떨어져 섰을 때부터는 혹시 반려견이 달려나오더라도 단호한 목소리에만 의지해야 한다. 손을 뻗어도 닿지 않기 때문이다. 만일 반려견이 집중하지 않

반려견이 제 위치에서 벗어나려고 하면 언제든 손으로 제지할 준비를 하자. 그리고 손가락으로 반려견의 가슴 중앙을 살짝 두드리기만 하면 된다.

는다면 발로 바닥을 쿵하고 굴러서 반려견을 집중시킨다. 쿵쿵거리는 소리에 반려견은 0.5초 만에 주의를 집중하고 자신이 무엇을 해야 하는지 깨닫게 될 것이다.

6단계. 반려견이 벽을 등지고서 하는 '기다려' 훈련에도 성공했다면 이제 마지막 단계만 남았다. 반려견을 넓은 공간의 한가운데로 데려오자. 막힌 곳에서 벗어나 이제 어디로든 달아날 수 있는 상황이 되었다. 드디어 당신의 반려견이 '기다려' 명령어를 제대로 이해하고 반응하는지 확인할 시간이다. 2단계와 3단계를 반복하면서 기다리는 데 성공할 때마다 한 발짝 두 발짝씩 물러나자. 필요하다면 반려견의 주의를 집중시키기 위해 발을 쿵쿵 굴러도 좋다. 이제는 그동안 훈련하고 연습했던 효과가 나타나야 하고, 명령할 때마다 '기다려' 상태로 머물러 있어야만 한다. 만일 반려견이 제대로 반응하지 않는다면, 그것은 당신의 반려견이 이 명령어를 습득할 능력이 부족한 것이 아니라 당신이 훈련을 너무 빠르게 진행했다는 뜻이다. 그럴 때는 다시 모퉁이로 돌아가 반려견이 제대로 반응할 때까지 연습하면 된다.

마지막 단계: 주위가 개방된 곳에서 '기다려' 훈련하기.

'기다려' 명령은 당신의 반려견을 안전하게 지키는 데 필수이므로 훈련하는 데 시간을 들일 만한 가치가 있다.

'기다려'를 가르칠 때 꼭 기억할 일곱 가지

항상 그렇듯 훈련시킬 때는 세부사항에 주의해야 하는데, 이번 훈련에서는 알아 두어야 할 내용이 많다.

반려견이 피곤하고 배고플 때 시작하기. 만일 반려견의 컨디션이 매우 좋고 활기가 넘칠 때 '기다려' 훈련을 시작한다면, 반려견은 '기다려' 상태로 가만히 있지 못하고 이리저리 날뛰며 당신을 좌절시킬 것이다. 그러면 당신과 반려견 모두에게 훈련이 너무 힘들어진다. 그래서 반려견이 피곤한 상태일 때 '기다려' 훈련을 시작하길 권한다. 피곤할 때 '기다려' 명령을 훈련하면 달아날 가능성도 줄고 연습하기가 더 수월해진다. 산책 후나 밤이 가장 이상적이다. 반려견이 이미 충분히 먹어서 배부를 때가 아닌 배고플 시간에 훈련하는 것이 더 효과가 좋다는 사실도 기억하자. 반려견이 간식을 먹는다는 기대감에 주의를 집중하고 명령에 잘 따르게 되므로 훈련이 훨씬 수월해진다.

차분한 어조로 말하기. '엎드려' 명령을 가르칠 때와 마찬가지로

'기다려' 명령을 가르칠 때도 단호하고 차분한 어조를 유지한다. 만일 당신의 보디랭귀지나 목소리에 활기가 넘치면 반려견도 그 분위기를 알아차리고 활기를 띠게 된다. 이는 가만히 있어야 하는 훈련에 적합하지 않다. 반려견을 칭찬하고 보상을 줄 때도 부드럽고 긍정적인 어조를 사용하고 천천히 쓰다듬는다. 기억하자. 반려견이 짓고 있는 표정이 바로 당신의 표정이다. 당신이 활기가 넘치거나 불안해하면, 반려견도 마찬가지로 활기를 띠거나 불안을 느낀다.

조심스럽게 막기. 달아나는 반려견을 멈춰 세울 때 주의해야 할 사항이 있다. 반려견의 가슴 가운데를 두드리되 너무 세게 밀어서는 안 된다. 물론 당신도 그러고 싶지 않을 것이다. 오히려 반려견이 당신의 손에 와서 부딪쳐야 한다. 두 방법 사이에는 차이가 있다. 손은 반려견이 달아나는 길에 서 있는 장애물과 같은 역할을 하는 것이지 반려견에게 돌격하는 수단이 아니다. 반려견이 일단 당신의 손에 부딪치고 나면 또다시 달려나오지는 않을 것이다. 이렇게 생각해 보자. 누구든 같은 장애물에 계속해서 부딪치는 법은 없다. 하지만 대부분의 개를 포함해 추격전을 즐기는 이는 많다. 그러므로 반려견을 쫓아가지 말고 장애물 역할을 하자. 대형견의 경우, 다리를 한 발짝 옆으로 내밀어 길을 막을 수도 있다. 손보다는 몸 전체를 활용해야 제대로 막을 수 있기 때문이다. 단지 몸 전체를 활용하면 손만 내밀 때보다는 시간이 조금 더 걸린다는 단점이 있다. 민첩하게 행동하면 반려견도 당신의 의도를 알아차릴 것이다.

발 구르기. 당신이 반려견과 꽤 멀리 떨어져 있을 때 발을 쿵쿵 구르면 달아나려던 반려견의 동작을 멈추게 할 수 있다. 이 방법은 0.5초 만에 반려견의 주의를 끌어 다시 당신에게 집중하도록 해 준다. 움직이는 개를 멈추게 하는 데 가장 효과가 좋은 방법으로, 당신에게도 이 방법을 강력하게 추천한다.

천천히 하기. 이미 여러 번 이야기했지만, 너무나도 중요하기 때문에 또 한 번 강조한다. '반려견이 제대로 준비되지 않은 상태에서' 다음 단계로 넘어가지 말자! 진도를 빨리 나가려다 좌절하고 결국 이 중요한 훈련을 제대로 마치지 못하는 사람들이 많다. 초기 단계에서 반려견이 쉽게 따라오는 것처럼 보이면 중간에 몇 단계를 건너뛰고 최종 단계로 가고 싶을 것이다. 제발 그러지 말자. 이 기술을 정확히 연습시키려면 보통 며칠이 걸린다. 하루 만에 최종 단계까지 진도를 나가는 개는 거의 없다. 천천히 차근차근 연습해야 당신의 반려견도 '기다려' 명령을 제대로 배울 수 있다.

훈련이 어려운 반려견을 위한 적용 팁. 모퉁이를 활용하는 대신 어두운 방의 입구에서 반려견이 '앉아' 자세를 취하도록 한다(반려견 뒤쪽의 방은 불을 끈다). 당연히 당신의 반려견은 일어나서 자리를 뜨고 싶어 할 것이고, 그때 당신은 입구를 막고서 '기다려'라고 말한다. 앞서 소개한 단계별로 한 발짝씩 물러설 때마다 1초씩 시간을 늘리며 '기다려'를 연습하고 3미터 거리에서 10초간 기다릴 때까지 훈련을 이어간다. 매일 15분씩 시간을 내어 이 방법대로 연습하면 효과가 있을 것이다. 이 방법의 장점은 반려견의 크기와 관계없이 모두 빠르고 쉽게 명령어를 익힌다는 점이다. 하지만 어떤 명령이든 지름길을 통해 훈련하면 반려견도 대충 반응하게 된다는 단점이 있다. 이 방법으로 '기다려' 명령의 가장 기본을 가르칠 수는 있지만, 몸에 확실히 익히려면 넓은 공간으로 반려견을 데려가 제대로 연습해야만 한다.

진도가 느린 반려견을 위한 적용 팁. 반려견을 소파 위에 올려둔다. '앉아' 자세를 취하게 한 뒤, 앞서 배운 단계에 따라 거리와 시간을 늘려가며 '기다려' 명령을 훈련한다. 대부분의 개는 딱딱한 바닥보다 푹신한 소파를 선호하기 때문에 이 방법은 바로 효과가 나타난다. 반려견을 소파 위에 두면 통제도 쉽고 훈련의 효과도 빠르다는 장점이 있다. 하지만 이 훈련은 거의 유치원 수준이어서 매우 기본적인 의미만 가르칠 뿐이다. 이 방법으로 훈련시킨 뒤 반드시 모퉁이에서 기다리기 훈련을 하도록 하자.

읽기 선생님의 반려견이 된 럭키 도그

다비의 경우 '기다려' 명령을 배울 때 모퉁이에서 기다리기부터 시작해 모든 과정을 단계별로 연습했다. 다비가 치료견 자격시험을 치르기 전까지 어떤 상황에서도 '기다려' 명령에 복종하도록 훈련시켰다. 여러 장소에서 시간을 달리하여 어떤 방해물에도 흔들리지 않고 기다리도록 연습시켰다. 다비는 이 모든 것을 해낼 수 있다는 사실을 증명해 보였다.

　드디어 다비를 새로운 주인에게 입양보내기 위해 나는 다비를 데리고 사라가 일하는 학교에 방문했다. 다비와 새로운 주인이 될 사라는 만나자 마자 바로 유대감을 형성했다. 사라가 교실에 쭈그리고 앉아 있었는데, 다비가 그녀 가까이 다가가 바닥에 엉덩이를 대고 몸을 일으켜 세웠다. 그러더니 앞발을 사라의 양쪽 어깨에 한쪽씩 올리고 그녀의 어깨에 머리를 기대었다. 복서들이 애정을 표현할 때 껴안는 전형적인 자세였다. 그 순간, 교실에서 지켜보던 모든 이가 이 사랑스러운 반려견과 다정한 선생님이 서로에게 운명적인 동반자임을 느꼈다.

'안 돼'

당신이 처음 반려견을 입양했을 때 다른 어떤 명령보다도 가장 많이 말하게 되는 것이 바로 '안 돼'다. 누구든 어딘가를 처음 방문하면 그곳의 규칙을 모른다. 게다가 유기견 보호소에서 구제한 개라면 규칙 따위는 아예 없거나 완전히 다른 환경에서 지내왔을 것이다. 만약 강아지를 입양했다면, 아는 것이 전혀 없는 상태로 당신의 집에 오게 된다. 하지만 반려견이 어디서 왔든 반려견이 물건을 씹거나 심하게 짖을 때, 그리고 어리거나 나이 든 반려견이 짓궂은 장난을 칠 때 못 하게 하려면 '안 돼' 명령을 반드시 가르쳐야 한다.

'안 돼' 명령을 가르치는 것은 안전과도 직결된다. 반려견의 안전을 위해 내가 '안 돼' 명령에 의존하는 상황 중 한 가지는 산책 도중 반려견이 '보물'을 찾아 먹어 치우려고 할 때다. 야외를 산책하는 도중 반려견이 갓길이나 덤불 속에 핀 식물에 입을 대려고 할 때가 많은데, 사실 그 식물들에 비타민과 미네랄이 가득한 경우는 거의 없다. 오히려 함부로 길가의 풀을 먹으면 반려견에게 굉장히 위험할 수 있다. 게다가 만일 반려견의 입에서 죽은 새나 두꺼비, 다람쥐 등의 시체가 나온다면, 반려견의 건강뿐 아니라 당신에게도 해로운 상황임을 느낄 것이다.

'안 돼' 명령으로 반려견의 안전을 지켜야 하는 또 다른 장소는 바로 부엌이다. 사람에게는 안전한 많은 음식이 개에게는 해로울 수 있고, 심하면 독성이 있을 수도 있다. 양파, 초콜릿, 닭뼈, 포도, 특정 견과류, 커피 등 부엌에 흔히 있는 음식이 모두 개에게는 위험하다. 그러한 물질로부터 반려견을 안전하게 지키는 가장 좋은 방법이 바로 '안 돼' 명령이다. 어떤 개라도 이 명령어를 배울 수 있다. 심지어 이전에 훈련받은 경험이 없거나 유난스럽게 식탐이 강한 개도 이 명령어를 습득했다. 나는 누군가의 소중한 반려견이 될 개에게 긴 시간을 투자해 '안 돼' 명령을 가르쳐 봤기 때문에 이를 잘 안다.

유기견 훈련기 | 해맑은 식탐견 포피

포피는 내게 특별한 개다. 나는 고모를 위해 포피를 입양했는데, 그 당시 고모는 내가 당신을 위한 반려견을 찾아 줄 때까지 나의 반려견 룰루를 '인질'로 삼고 있었다. 세 살짜리 코커스패니얼을 만났을 때 고모가 원하는 반려견이 될 수 있을 것 같았다. 유기견 보호소에서 포피는 누구

에게도 별로 관심받지 못했다. 그는 귀 한쪽의 일부가 없었는데, 아마 과거에 크게 다쳤거나 질병으로 잃은 듯했다. 많은 이가 보호소에서 포피 같은 개를 보면 겉으로 보이는 상처만 보고 성격이나 기질처럼 더 중요한 면은 간과한다. 하지만 나는 포피를 만나자마자 그가 가진 엄청난 장점 두 가지를 알아차렸다. 포피는 쉬지 않고 꼬리를 흔드는 밝은 개였다. 너무 해맑아서 바보처럼 보일 만큼 귀여웠다. 그리고 포피의 머리 뒤쪽으로 난 풍성한 털은 마치 가발을 쓴 것처럼 보여 포피를 더욱 사랑스럽고 재밌는 개로 보이게 했다.

포피는 일곱 가지 명령을 전혀 모르는 상태에서 훈련을 시작했지만, 먹을 것을 무척 좋아하고 사람을 기쁘게 하려는 욕구가 강해 금방 훈련에 따라왔다. 문제는 그가 먹을 것을 너무 좋아한 나머지, 식탁에서 음식이 떨어지기라도 하면 방울뱀같이 순식간에 달려와 먹어치운다는 점이었다. 포피는 항상 배고파했고 언제나 먹을 게 없나 하고 살피고 다녔다. 우리 고모는 음식 솜씨가 좋아 부엌이나 그릴에서 요리하기를 좋아했다. 하지만 고모의 부엌에 있는 많은 재료는, 여느 부엌의 음식과 마찬가지로 개에게 위험했다. 나는 포피를 고모에게 보내려면 '안 돼' 명령어부터 완벽하게 익히도록 가르쳐야 했다. 그렇지 않으면 나는 룰루를 되찾아 오기가 힘들 것 같았다!

반려견이 배가 고플 때 훈련 시작

'안 돼' 명령을 효율적으로 잘 훈련시키면 당신과 반려견의 삶이 한층 수월해진다. 어떤 이들은 '안 돼' 대신 '하지 마'라고 말하기도 하는데, 물론 그렇게 말해도 상관없지만 나는 개인적으로 '안 돼'를 선호한다. 항상 그렇듯 명령어를 훈련시키는 방법에는 여러 가지가 있지만 여기서 소개하는 방법은 대부분의 개에게 가장 효과가 좋은 방법이다. 이 기술을 가르치기 위해서는 간식만 준비하면 된다. 반려견이 좋아하는 다양한 종류의 간식을 준비하고, 반려견이 배가 고플 때 훈련을 시작한다.

1단계. 반려견이 가장 좋아하는 간식 중 하나를 손바닥에 올리고 반려견의 입에서 약 15센티미터 정도 떨어진 위치에 내민 채 바로 '안 돼'라고 말한다. 반려견이 간식에 관심이 없지 않다면, 자연스럽게 집어 먹으려고 할 것이다. 그때 당신은 '안 돼'라고 말하며 빨리 주먹을 쥐어 간식이 보이지 않도록 한다. '안 돼'라는 명령어는 자신감 있게 말해야 한다. 소리를 지르라는 의미가 아니라, 이것이 게

반려견의 입에서 15센티미터 떨어진 위치에 간식을 든 손을 내밀고 '안 돼'라고 말한다.
만일 반려견이 간식에 달려들면, '안 돼'라고 말하며 재빨리 주먹을 쥔다.

임이나 협상이 아니라는 점을 분명히 느끼도록 해야 한다는 것이다. 많은 개가 주먹 쥔 손에 입을 대며 간식을 먹으려고 할 것이다. 하지만 대부분 몇 초가 지나면 포기한다. 만일 당신의 반려견이 계속 포기하지 않으면, 손을 뒤로하고 반려견이 차분해지기를 기다린다.

2단계. 일단 반려견이 차분해졌다면 다시 손을 펴 반려견 눈앞에서 약 15센티미터 떨어진 위치에 간식을 둔다. 반려견이 간식을 먹으려고 하면 다시 주먹을 쥐며 '안 돼'라고 말한다. 이 과정을 다섯 번 반복하고 5분간 쉰다. 한 번 훈련시킬 때마다 다섯 번 반복하고 5분간은 쉬어야 한다. 짧게 훈련하고 조금씩 시간을 줘야 반려견의 뇌도 명령의 개념을 이해할 수 있다. 대부분의 개는 하루나 이틀에 걸쳐 다섯 번에서 열 번 정도 훈련 시간을 가져야 개념을 이해한다.

3단계. 반려견이 '안 돼' 개념을 어느 정도 이해했다면, 이제 당신의 손바닥 위에 있는 간식을 먹으려고 하지 않을 것이다. 그때부터는 손바닥을 편 채로 '안 돼'라고 말하며 반려견을 통제할 수 있다. 하지만 눈앞의 간식을 보면 순식간에 돌변하기도 하니 민첩한 자세로 지켜보자. 반려견이 손바닥에 놓인 간식을 건들지 않고 '안 돼' 명령에 제대로 반응했다면, 이제 진짜 테스트해 볼 차례다. 간식을 당신과 반려견 사이의 바닥에 내려놓고 '안 돼'라고 말하자. 반려견이 간식에 달려들지 않는다면 이 명령어를 제대로 가르친 것이다.

손바닥에 놓인 간식을 건드리지 않고 '안 돼' 명령에 제대로 반응했다면, 이제 간식을 바닥에 놓고 진짜 테스트를 해 보자.

4단계. 지금까지는 '안 돼' 명령을 아주 가까이에서 들었기 때문에, 이제 먼 거리에서도 명령어에 반응하도록 훈련시켜야 한다. 3단계를 마무리했다면 간식을 반려견 바로 앞에 내려놓고 단호하게 '안 돼'라고 말한 뒤 당신은 뒤로 물러선다. 처음 몇 초는 한 발짝만 물러선다. 그 정도 거리에서 반려견을 지켜보다가 반려견이 간식을 먹으려고 시도하지 않는다면, 한두 발짝 더 물러서자. 그리고 계속해서 '안 돼'라고 말하면서 3미터 정도까지 멀리 가 본다. 거기서 다시 반려견 옆으로 천천히 돌아온다.

5단계. 반려견이 일단 '안 돼'의 의미를 이해했다면, 이제 반려견이 좋아할 만한 말을 알려 줄 차례다. 바로 '좋아'라는 말이다. 이 말은 '안 돼'의 반대말로, 간식을 먹도록 허락한다는 의미다. 반드시 반려견이 '안 돼' 명령을 제대로 이해했을 경우에만 이 단계로 넘어가야 한다. '안 돼' 명령에 수차례 제대로 반응했다면 '좋아'라고 말하며 반려견의 입 바로 앞에 간식을 가져다준다. 이 과정을 통해 기본예절과 존중의 의미를 가르칠 수 있다. '안 돼'는 말 그대로 '안 돼'고, 협상할 수 없는 명령이다. '좋아'라는 말은 '계속해. 내가 허락할게'라는 의미다. 이 명령어를 잘 가르쳐 두면, 다음에 어떤 상황에서 특정 행동을 해도 되는지 안 되는지 모호할 때, 반려견이 당신을 쳐다보게 될 것이다. 그러면 당신은 '안 돼'나 '좋아'라는 말로 반려견을 도울 수 있다. 이 명령어는 부엌에서뿐 아니라 생활의 다양한 영역에서 반려견의 행동을 안내할 때 유용하다.

'안 돼'를 가르칠 때 꼭 기억할 여섯 가지

반려견보다 재빠르게 반응하기. 간식을 든 손을 움켜쥘 때는 속도가 중요하다. '안 돼'라고 했는데도 반려견이 재빨리 간식을 집어먹는 데 여러 번 성공한다면, 반려견은 이 게임에서 당신을 이길 수 있다고 인지하고 다른 훈련에서도 당신에게 도전하려 할지 모른다. 어떤 견주든 이러한 상황 만큼은 피해야 한다. 만일 처음 몇 번 시도했을 때 반려견이 무척 빠르다고 생각되면, 손을 조금 뒤로 빼고 연습한다. 한 발짝만 멀어져도 충분하다.

소음을 이용해 방해하기. 바닥에 간식을 두는 단계가 되면, 반려견은 곧장 간식에 달려들지도 모른다. 이때 반려견이 다시 당신에게 집중하고 '안 돼' 명령에 주의를 기울이게 하는 좋은 방법은 간식 옆쪽 바닥을 세게 두드려 시끄러운 소리를 내는 것이다. 바닥을 두드리는 소리에 놀란 반려견은 그 순간 다시 당신의 명령에 주의를 기울이며 유혹을 참으려고 할 것이다. 동전이 든 병이나 셰이크 앤 브레이크도 시끄러운 소리를 내는 데 매우 효과적이다. '안 돼' 명령을 가르칠 때 반려견을 통제하기 어렵고 원하는 반응이 나오지 않는다면 이러한 시끄러운 도구를 활용해 보자.

리드줄 활용하기. 당신의 '안 돼' 명령을 듣지 않고 계속해서 간식을 먹으려고 고집을 피우는 반려견에게는, 리드줄을 채워서 앞으로 못 가게 제지한다. 당신은 한 손에 간식을 들고, 리드줄을 쥔 다른 한 손을 멀리 뻗어 반려견의 머리를 뒤로 당겨야 한다. 이 방법을 활용하면 아무리 말 안 듣는 강아지라도 제지할 수 있다. 이 게임에서는 반드시 반려견을 이겨야 한다는 점을 기억하자. 그래야만 반려견이 명령의 의미를 인지한다. 반려견이 이 게임에서 당신을 이길 수 없고, '안 돼' 명령어에 제대로 반응한 뒤 '좋아'라는 허락이 있어야 간식을 먹을 수 있다는 점을 인지하면 더 이상 간식에 달려들지 않을 것이다.

훈련이 어려운 반려견을 위한 적용 팁. 반려견이 계속해서 이 명령에 따르지 않는다면 리드줄을 조금 더 강하게 사용할 수 있다. 이 경우, 당신은 '안 돼' 명령을 가르치는 동안 반려견을 '바닥에 붙들

계속 간식을 먹으려고 하면 리드줄을 사용해 제지한다.

어' 둘 것이다. 우선 반려견 목줄에 건 리드줄을 무겁고 단단한 탁자나 소파 다리에 묶는다. 리드줄이 팽팽해질 정도의 위치에서 반려견이 당신을 마주하고 앉게 한다. 그다음, 반려견이 닿지 못하도록(15센티미터 정도 떨어진 위치에) 간식을 두고 단호하게 '안 돼'라고 말한다. 반려견은 아마 간식을 먹기 위해 앞으로 나오려 애쓰겠지만, 당신 대신 리드줄이 뒤에서 단단히 붙들고 있다. 반려견이 간식을 먹으려고 바둥거릴 때 1초에 한 번씩 계속해서 '안 돼'라고 말하며 진정시킨다. 반려견이 차분한 상태가 되면, (0부터 시작해 천천히)3초를 센 후 '좋아'라고 하면서 간식을 주고 칭찬해 주자.

이 과정을 반복하되, 한 번 할 때마다 1초씩 추가한다. 이때 바닥에 둔 간식에 반려견이 닿지 못하도록 한 상태에서 '안 돼'라는 명령을 제대로 해야 한다. 또한 반려견이 완전히 진정되었을 때 시작해야 한다. 며칠 더 연습한 뒤 반려견이 명령을 제대로 이해했다고 느끼면 리드줄을 제거하고 다시 연습해 보자. 만일 리드줄을 풀자마자 '안 돼' 명령에도 아랑곳하지 않고 간식에 달려든다면, 아직 이르다는 의미다. '안 돼' 명령어에 잘 기다렸다가 '좋아'라는 말을 듣고서야 간식을 먹었다면, '안 돼' 명령어를 제대로 이해한 것이다. 이 방법은 내가 처음 알려 준 방법으로는 통제가 힘든 반려견들에게 효과가 있다.

훈련이 심하게 어려운 반려견을 위한 적용 팁. 앞서 소개한 '훈련이 어려운 반려견을 위한 적용 팁' 내용을 따르되, 동전이 든 병이나

훈련이 어려운 반려견은 리드줄을 무거운 탁자나 소파 다리에 고정해 '바닥에 붙들어' 두고 '안 돼' 명령을 가르친다.

셰이크 앤 브레이크를 함께 활용한다. 반려견이 간식에 달려들면 '안 돼'라고 말하며 병을 흔들고 다시 '안 돼'라고 말한다. 병에서 나는 소음이 당신의 의도를 전달하고 훈련시키는 데 도움이 될 것이다.

마지막으로. 지금까지 훈련시킨 '안 돼' 명령은, 사실상 당신이 그 말을 했을 때만 효력이 있다는 점을 기억해야 한다. 만일 당신이 어떤 특정 행동에 대해 오랜 기간 계속해서 이 명령을 사용하면, 반려견은 그 행동을 하는 데 주저하게 된다. 달리 말해 특정 행동은 허용되지 않는다는 점을 인식하게 되는 것이다. 하지만 일반적으로 반려견의 어떤 행동을 '안 돼' 명령으로 제지했다고 해도 당신이 없는 상황에서 반려견이 그 행동을 안 하지는 않는다. 그렇게 되려면 어떤 행동은 하면 안 된다는 점을 꾸준히 인식시키고, 당신이 보지 않더라도 같은 규칙이 적용된다는 사실을 알려 주어야 한다. 이 책의 3부에서는 반려견에게 허용되지 않는 사항을 인식시키는 방법에 관해 다양한 사례를 소개하고 있다.

이 명령을 완전히 습득하게 하려면 며칠간 꾸준한 훈련이 필요하지만, 당신의 반려견은 결국 해낼 것이다. 나는 지난 수년간 수천 마리의 개에게 이 명령을 가르쳤지만, 단 한 마리도 실패하지 않았다. 물론 명령어를 습득하는 데 유독 오래 걸리는 개는 있었다. 만일 당신의 반려견도 '안 돼'를 이해하는 데 조금 느린 편이라면, 끝까지 해 보는 수밖에 없다.

가족이 된 것을 환영합니다

포피가 처음에는 '안 돼' 명령에 따르길 거부했지만, 결국 나는 일곱 가지 명령을 모두 가르쳤고 포피를 고모에게 데려갈 수 있었다. 그동안 보호소에서 누구도 관심을 주지 않고 지나쳤던, 한쪽 귀가 잘린 코커스패니얼을 본 고모는 단번에 그가 완벽한 반려견임을 알아차렸다. 고모는 포피에게 팔을 두르며 "어머, 얘 좀 봐. 엄청 멋지다!"라고 말했다. 바로 그때부터 포피는 한 가족이 되었다.

여담이지만, 고모는 포피를 정말 좋아했고 덕분에 나는 나의 반려견 룰루와 함께 집으로 돌아올 수 있었다. 나는 살면서 많은 개를 만났지만 룰루가 나에게 오기 전과 후의 삶은 결코 같을 수가 없다.

'내려가'

사람에게 뛰어오르는 행동은 개들이 가장 흔하게 하는 공격적이고 나쁜 습관이다. 개가 뛰어오르면 사람들의 옷은 더러워지고, 개를 무서워하는 친구나 손님들은 겁을 먹을 뿐 아니라 누군가를 밀치고, 긁고, 넘어뜨리고, 심지어 상처를 입힐 수도 있다. 이러한 나쁜 습관을 지닌 개라면 '내려가' 명령을 배워야 한다. 이는 반려견이 사람에게 뛰어오르는 것이 나쁜 행동임을 이해하는 것뿐만 아니라 가구에 손을 못 대게 하는 데도 효과가 있다. 이 명령을 가르치고 나면 아마 거의 매일 사용하게 될 것이다.

우리는 대부분 반려견을 데려올 때 가구에 절대로 얼씬도 못 하게 하겠다고 다짐한다. 하지만 결국 특정 가구에 한해서는 규칙을 완화하기도 한다. 나도 그중 하나다. 나는 반려견이 항상 바닥에만 있도록 바짝 경계해야 한다고 주장하는 훈련사가 아니다. 나는 내 집이 반려견의 집이기도 하다고 생각한다. 심지어 훈련받는 동안에만 내 집에 머물더라도 말이다. 특히 반려견이 가구에 올라가도록 두는 데는 관대한 편인데, 나와 지내는 많은 개가 유기견이었고, 그들이 지내던 곳은 차갑고 딱딱한 콘크리트 바닥이었기 때문이다. 나는 그들이 나와 함께 지내면서 편안하고 안정감을 느끼면 좋겠고, 자신들의 삶이 나아질 것임을 믿길 원한다. 소파에서 반려견을 내 옆에 앉히고 팔을 두르는 것만큼 그런 메시지를 쉽게 전할 방법은 없다고 본다. 그래서 나의 규칙은 간단하다. 반려견이 가구를 독점하려 하거나 망가뜨리지 않는 이상, 소파나 침대를 언제든 사용해도 된다. 털이 빠지는 문제 때문에 나는 개들이 마음껏 사용해도 되는 장소를 따로 정해 두고 털이 잘 붙는 담요들을 깔아 두었다. 나는 우리 집에 처음 온 개가 안심하고 소파에 올라오도록 개 침대를 아예 소파 위에 올려 두기도 한다. 그렇게 하면 집을 낯설어하던 개도 안심하고 소파에 올라온다.

나의 반려견 룰루는 우리 집에 있는 거의 모든 가구, 즉 침대와 소파, 의자 위에서 잔다. 내가 보기에는 하나씩 번갈아가면서 올라가 자는 데 재미를 들인 듯하다. 하지만 룰루가 내려와야 하는 상황이 되면 나는 '내려가'라고 명령하고, 룰루는 즉시 명령에 따른다. 집에 손님이 왔을 경우나 룰루가 사용하던 공간을 내가 사용해야 할 때, '내려가' 명령은 매우 간단하고 유용하다. 물론 모든 개가 이 명령어를 쉽게 습득하는 것은 아니다. 내가 보호소에서 데려온 생후 7개월의 강아지는 다른 어떤 명령보다 '내려가'를 배우는 것이 시급했는데, 훈련이 그리 간단하지는 않았다.

유기견 훈련기 | 슬픔을 극복한 후 마구 뛰던 젬마

보호소에서 젬마를 처음 보았을 때 젬마는 슬퍼 보이는 강아지였다. 내가 다가가자 이 셰퍼드 믹스견은 눈을 아래로 내리깔고 개장 모퉁이로 물러섰다. 젬마에게는 태어날 때부터 함께 자라온 남매가 있었는데, 보호소에 같이 머물다 남매 중 한 마리가 먼저 입양된 이후로 젬마는 늘 혼자였다고 한다.

내가 젬마를 밖으로 데리고 나오자 젬마는 갓길에 멈춰 서서 따라오지 않으려고 힘겹게 버텼다. 어디로 가게 될지 두려워하는 듯 보였다. 젬마를 내 차에 태우는 일은 더욱 힘들었다. 젬마가 강아지이긴 했지만 덩치가 아주 컸고, 어떻게든 차에 올라타지 않으려고 계속 뛰어내렸기 때문이다. 훈련소에 도착했을 때도 상황은 마찬가지였다. 젬마가 아예 창밖을 내다보지도 않고 차에서 나오려 하지도 않아서, 내가 직접 안아서 땅에 내려놓

아야 했다. 젬마는 훈련을 시작하기 전에 우선 며칠간 안정을 찾는 시간이 필요할 것 같았다. 한배에서 태어난 남매를 잃은 슬픔 때문인지, 보호소에서 받은 충격 때문인지, 아니면 둘 다 때문인지 몰라도 젬마는 그동안의 아픔을 떨쳐 낼 시간이 필요해 보였다.

하지만 놀랍게도 슬퍼 보이던 이 개가 완전히 다른 얼굴을 하게 되기까지는 단 하루밖에 걸리지 않았다. 다음 날 아침에 보니 내가 보호소에서 겨우 데려온 소심한 개는 완전히 다른 성격으로 변해 있었다. 젬마는 모든 것을 잃은 상태에서 너무나도 빠르게 회복해 즐겁고 활기가 넘치는 강아지가 되어 있었다. 젬마는 모든 가구 위로 뛰어올랐다. 소파나 침대뿐 아니라 커피 탁자와 침실 탁자, 피아노까지 가리지 않았다.

젬마의 과격한 행동은 가구에서 그치지 않고 나와 훈련소에 있는 모든 사람에게 뛰어오르기 시작했다. 나는 젬마가 과거에 훈련 받은 경험이 전혀 없으며, 올바른 태도도 전혀 갖추지 못했음을 알아차렸다. 젬마를 입양 가능한 개로 바꾸려면, 그리고 내 가구를 보호하려면, 가장 먼저 '내려가' 명령부터 가르쳐야 했다.

'내려가' 명령을 사용하는 목적은 여러 가지므로 상황별로 적용 가능한 다양한 기술이 있다. 이제부터 반려견이 당신에게 뛰어오르는 경우, 다른 사람에게 뛰어오르는 경우, 가구에 올라가는 경우로 나누어서 설명하겠다. '내려가' 명령을 가르치는 방법과 기술은 무척 다양하고, 개들마다 반응하는 방식도 다양하다. 결국 반려견마다 적합한 방법을 찾으려면 여러 기술을 시도해 보아야 한다. 내가 소

개하는 기술들은 그리 시간이 오래 걸리지 않으므로 단순한 것부터 복잡한 것까지 모두 알려 주겠다. 하나가 실패해도 다른 방법은 효과가 있다는 사실을 유념하자. 첫 번째 방법으로 효과를 보지 못했다면 다음 방법을 시도하면 된다. 당신의 반려견에게 꼭 맞는 방법을 분명 한 가지는 찾을 수 있을 것이다.

당신에게 뛰어오르는 경우 '내려가' 가르치기

기술 1. 등 돌리기

등 돌리기는 반려견이 당신에게 뛰어오르지 못하도록 하는 가장 간단한 방법 중 하나지만, 모든 개에게 효과가 있는 것은 아니다. 당신의 반려견에게 효과가 있는지 확인하는 방법은 일단 시도해 보는 것이다. 만일 효과가 없다면, 시간과 노력을 조금 더 필요로 하는 다음 방법으로 넘어가면 된다. 이보다 더 간단할 수는 없다.

반려견이 당신에게 뛰어오르길 기다리자. 만일 자주 뛰어오르는 개라면 그리 오래 기다리지 않아도 될 것이다. 반려견이 뛰어오르는 순간 단호한 어조로 '내려가'라고 말하며 등을 돌린다. 그 외의 상호작용은 하지 않는다. 주인이 반려견에게 관심을 주지 않고 등을 돌리며 '내려가'라고 딱 잘라 말하는 순간, 많은 반려견이 앞발을 바닥으로 내려놓는다. 며칠간 이 방법을 반복하다 보면, 관심받고 싶어서 주인에게 뛰어오르던 개들도 더 이상 원하는 것을 얻지 못하게 되어

당신에게 뛰어오르지 못하게 하는 쉬운 기술 중 하나는 등을 돌리는 것이다.

뛰어오르기를 그만두게 될 것이다.

기술 2. 앞발 잡기

뛰어오른 반려견의 앞발을 잡고 약 30초 정도 세워 두는 것도 '내려가'를 가르치는 데 효과적이다. 그런데 대형견이나 중형견에게는 이 방법이 효과가 있지만 안타깝게도 몸집이 작은 소형견에게는 해당이 안 된다. 반려견이 소형견이라면 이번 기술은 그냥 넘어가도록 하자. 효과적인 훈련 방법은 흔히 그렇듯 반심리학(reverse psychology) 원리에 근거한 것이다. 나쁜 습관을 지닌 사람도 때로는 그 '재밌는' 것을 너무 많이 하다 보면 더 이상 하기 싫어지듯, 훈련에도 반심리학을 적용해 반려견이 재밌어하는 행동을 아주 오래 하게 만들면 불편함을 느끼기 시작한다.

이제 이 기술을 적용해 보자. 반려견이 당신에게 뛰어오르면, 반려견의 앞발을 잡고 선 채로 '내려가'라고 말한다. 몇 초가 지나면 반려견이 앞발을 빼고 내려가려고 할 것이다. 그때 당신은 버티고 서 있어야 한다. 반려견이 내려가지 못하도록 하는 것이 이 기술의 핵심이다. 당신은 반려견과 정면으로 마주하고 선 어색한 자세에서 계속 '내려가'라고 반복해서 말해 반려견이 명령을 확실히 인지하도록 한다.

이 기술을 사용하면 개들은 내려오려고 애쓸 뿐만 아니라 짜증스러운 소리를 내거나 울기도 한다. 절대 물러서지 말자. 장담하건대, 앞발을 잡은 채 서 있는다고 해서 반려견이 상처를 입지 않는다. 당신은 불과 몇 초만 반려견을 붙들고 있을 뿐이고, 그 과정에서 통제력을 뺏긴 반려견은 불편해할 것이다. 심지어 나는 이 과정에서 내 손을 깨물려고 하는 개도 본 적이 있다. 이 중요한 30초간, 혹은 그 이상의 시간 동안 벌어지는 일은 어린아이가 떼를 쓸 때와 같은 상황이다. 당신의 반려견도 두 살짜리 아이처럼 형의 머리를 잡아당기거나 안전벨트를 매지 않으려고 울고 불며 떼를 쓰는 것이다. 이런 상황을 그냥 넘어가서는 안 되며, 당신에게 뛰어오르는 반려견의 습관 또한 고쳐 주어야 한다. 뛰어오르기는 위험할 수 있는 습관이며,

반려견의 앞발을 잡고 서 있는 것도 '내려가'를 가르치는 데 효과적이다.

계획한 대로 끝까지 훈련한다면 고칠 수 있다.

앞발을 잡고 선 채로 계속 '내려가'라고 말하자. 당신이 반려견의 앞발을 잡고 서 있는 동안, 그런 경험을 해 본 적이 없는 반려견은 상황을 파악하고 당신의 의도를 이해하게 될 것이다. 보통 20초에서 40초면 상황을 파악한다. 그리고 나면 반려견도 진정하게 된다. 떼쓰기를 멈추고 당신이 차분하고 단호한 어조로 반복해서 말하는 '내려가' 명령을 두 발로 선 채 가만히 듣고 있을 것이다. 반려견이 완전히 진정하고 더 이상 저항하지 않는다면, 이제 3초만 더 센 뒤 마지막으로 '내려가'라고 말하고 앞발을 놓아 주자. 이게 반심리학을 활용한 훈련의 전부다.

아마 몇 분이 지난 후 반려견이 당신의 반응을 살피려고 한 번 더 뛰어오를 수 있다. 많은 개가 일반적으로 그렇게 하는데, 그럴 땐 한 번 더 방금 했던 훈련을 반복하면 된다. 웬만해서는 세 번은 하지 않을 것이다. 뛰어오르기가 갑자기 재미없는 놀이가 되어 버렸기 때문이다.

기술 3. 동전이 든 병이나 셰이크 앤 브레이크 활용하기

이 기술은 굉장히 고집 센 반려견에게 적용하면 좋다. 내가 진행하는 텔레비전 프로그램을 본 사람들은 단순하지만 놀랍도록 효과적인 이 도구를 내가 얼마나 신뢰하는지 잘 알 것이다. 동전이 든 병이나 셰이크 앤 브레이크는 기본적으로 거의 모든 행동 문제를 해결하는 데 도움이 되는 보편적인 도구다. 뛰어오르는 반려견의 행동을 가장 쉽게 제지할 수 있는 방법 중 하나도 바로 이 기본적인 훈련 도구를 활용하는 것이다.

다음과 같은 방법으로 그 도구를 훈련에 적용해 보자. 손으로 병을 쥐고(가능하면 몸 뒤로 숨겨서), 반려견이 당신에게 뛰어오를 때까지 기다린다. 반려견이 뛰어오르면 단호하게 '내려가'라고 말한 뒤, 병을 흔들고, '내려가'라고 한 번 더 말한다. 금속끼리 부딪치는 시끄러운 소리에 반려견이 깜짝 놀라 바로 내려올 것이다. 필요하다면 이 과정을 몇 번 반복하자. 앞발 들기 기술을 적용할 때와 마찬가지로 반려견은 한 번 내려가고 나서 여러 번 다시 뛰어오르지는 않을 것이다. 훈련하는 일주일 동안 '내려가'라고 명령할 때마다 병을 흔들되, 반려견이 명령어만 듣고도 제대로 반응한다면 더 이상 그 시끄러운 소리를 내지 않아도 좋다. 일주일이 끝날 즈음에는 병을 아예 흔들지 않고 말로만 명령해도 제대로 반응하는 수준이 될 것이다.

고집 센 반려견을 훈련시킬 때는 동전이 든 병이나
셰이크 앤 브레이크를 활용한다.

다른 사람에게 뛰어오르는 경우 '내려가' 가르치기

기술 1. 동전이 든 병이나 셰이크 앤 브레이크 활용하기

손으로 병을 쥐고 반려견이 다른 사람에게 뛰어오를 때까지 기다린다. 반려견이 뛰어오르면 단호하게 '내려가'라고 말한 뒤, 병을 흔들고, '내려가'라고 한 번 더 말한다. 그때 당신은 반려견 가까이 와야 한다(그래도 한두 발짝은 떨어져 선다). 반려견은 금속끼리 부딪치는 시끄러운 소리에 깜짝 놀라 바로 앞발을 내릴 것이다. 반려견이 뛰어오른 상대에게도 단호한 어조로 '내려가'라고 말하도록 부탁하자.

기술 2. 리드줄 활용하기

개들이 자연과학을 이해하지는 못하겠지만, 대부분의 개는 리드줄을 한쪽으로 잡아당기면 그쪽으로 따라가는 것이 반대쪽으로 힘을 주며 버티는 것보다 낫다는 간단한 원리 정도는 안다. 만일 당신의 반려견이 리드줄을 당기는 대로 잘 따라가는 편이라면, 이 방법이 '내려가' 명령을 가르치는 데 가장 효율적일 것이다. 이 방법은 몸무게가 10킬로그램이나 그 이상 나가는 반려견에게 적합하다. 누군가 집에 오기로 했다면, 그 전에 반려견의 목줄에 리드줄을 채우고 기다리자. 리드줄을 손에 잡고 반려견이 손님에게 뛰어오를 때까지 기다린다. 반려견이 집에 들어온 손님에게 뛰어오르면, '내려가'라고 말하며 리드줄을 바로 아래쪽이나 옆쪽 아래로 잡아당긴다. 이때는 타이밍이 중요하다. 반려견이 뛰어오르려고 할 때 행동을 곧바로 잡

반려견이 집에 들어온 손님에게 뛰어올랐다면, '내려가'라고 말하며 리드줄을 바로 아래쪽이나 옆쪽 아래로 잡아당긴다.

반려견이 대형견이라서 리드줄을 잡아당겨도 소용이 없다면, 리드줄을 단단히 잡은 손을 당신의 골반에 대고 꼭 붙든 후 한 발짝 뒤로 물러선다.

아 주는 것이 가장 좋다. 이미 손님에게 뛰어오른 뒤에 해도 되긴 하지만, 약간 효과가 떨어진다. 이 훈련을 게임이라 생각하고 반려견이 이기도록 두지 말자.

기술도 중요하다. 리드줄을 잡아당길 때 힘을 너무 세게 줘도 안 되지만 너무 살살 당겨도 안 된다. 가장 좋은 방법은 두 손으로 리드줄을 꽉 잡고 아래쪽으로 눌러 줄을 팽팽하게 하는 것이다. 이 기술의 목적은 반려견을 휙 잡아당기는 것이 아니라 반려견이 앞쪽으로 더 이상 가지 못하도록 붙들어서 아래로 내려오게 하는 것이다.

만일 반려견이 대형견이라서 리드줄을 잡아당겨도 소용이 없다면, 리드줄을 단단히 잡은 손을 당신의 골반에 대고 꼭 붙든 후 한 발짝 뒤로 물러선다. 그렇게 하면 당신의 팔 힘이 아닌 몸 전체의 무게로 반려견을 당길 수 있다. 이 방법은 리드줄을 활용해 반려견의 행동을 바로잡는 기본적인 기술로, 충분히 연습하면 대부분의 개가 행동을 고친다. 하지만 이 기술의 단점은 리드줄을 걸었을 때만 효과가 있다는 점으로, 리드줄을 제거하면 다시 문제 행동을 할 가능성도 있다.

가구에 뛰어오르는 경우 '내려가' 가르치기

이미 언급한 대로 나는 반려견이 소파에 올라오면 절대 안 된다는 원칙을 고수하지 않는다. 내 집은 반려견의 집이기도 하며, 반려견도 자신이 원하는 대로 편하게 지내야 한다. 하지만 집에 친구가 방문했는데 3킬로그램밖에 안 나가는 치와와 녀석이 소파를 반이나 차지하고 있다면, 당연히 내 명령을 듣고 내려와 주길 바란다. 나의 일상에서 '내려가' 명령어가 유용하게 쓰일 때는 바로 이런 상황뿐이다. 반려견이 소파에 올라가도 괜찮지만, 당신의 할머니나 친구가 집을 방문했을 때도 반려견이 소파 위에서 꼼짝도 하지 않는다면 반려견을 움직일 명령어가 필요하다.

이러한 상황에서 '내려가'를 가르치는 과정은 너무 간단하고 효과가 좋아서 그 한 가지 기술만 일러주겠다. 이번 기술에서는… 북소리…가 아니라 또 동전이 든 병이나 셰이크 앤 브레이크를 활용한다! 박수를 치고 싶어도 일단 이 요술봉 같은 도구로 '내려가' 훈련을 마칠 때까지는 참도록 하자.

시끄러운 도구를 손에 들고(이번에도 가능하면 몸 뒤쪽으로 숨겨서) 소파든 침대든, 아니면 젬마처럼 심각한 경우라면 커피 탁자든, 반려견이 올라가 있는 곳으로 다가간다. '내려가'라고 말하며 병을 1, 2초간 흔들고, 한 번 더 '내려가'라고 말한다. 이렇게 했는데도 꼼짝하지 않는 개는 거의 없다. 개들은 금속이 시끄럽게 부딪치며 내는 소리를 그냥 싫어한다. 계속 버티는 반려견이 있다면, 당신의 요구에 반응을 보일 때까지 이 과정을 반복한다. 정말 고집이 센 개라도 결국 내려오게 될 것이다. 쨍그랑거리는 소리를 계속 듣고 있기가 힘들기 때문이다.

이 과정을 몇 차례 반복하고 나면 당신의 반려견은 시끄러운 소리 없이도 '내려가' 명령에 반응하는 법을 배우게 된다. 이 방법은 너무 간단해서 나는 이메일로도 전 세계 여러 나라의 의뢰인들에게 이 방법을 알려 주었다. 그리고 며칠 만에 효과를 보았다는 답장도 자주 받는다. 이 방법을 열렬히 선호하는 어떤 의뢰인은 배우자에게도 이 방법을 써먹어야겠다고 농담하기도 했다! 물론 나는 그렇게까지 권장하지는 않는다.

가구에서 내려와 새로운 집으로

젬마는 사람과 가구에 뛰어오르는 행동에 모두 적용되는 '내려가' 명령을 습득하고 나서 드디어 새로운 집으로 갈 준비가 되었다. 그곳은 캘리포니아에 있는 한 숙박 시설이었다. 젬마는 나를 떠나기 전 이미 젠틀해졌지만, 새로운 집에 가서도 이미 그곳에서 지내던 숙박 시설의 마스코트 같은 반려견과 함께 더 수준 높은 전문 예절을 배우게 될 터였다. 젬마는 앞으로 손님들이 낯선 곳을 편하게 느끼도록 도우며, 그 분야에서 화려한 경력을 쌓아 갈 것이라는 확신이 섰다.

'이리 와'

　'이리 와' 명령은 복종 훈련의 초석이 될 뿐만 아니라 반려견의 생명을 살리는 도구가 되기도 한다. 나는 로스앤젤레스 주변 언덕에서 반려견과 산책하다가 멀리 달려가는 반려견에게 이리 오라고 목청 높여 소리치는 사람들을 수도 없이 보았다. 길 잃은 반려견들은 주인이 부르는 것을 모르는지 위험천만할지도 모를 반대 방향으로 총총거리며 달아났다. 큰 사고가 일어나기에 딱 좋은 상황이 되는 것이다. 주변의 위험 요소가 찻길이든, 뱀이든, 코요테든, 다른 개든, 전혀 예상하지 못한 다른 어떤 것이든, 당신의 반려견에게 전문 개 훈련사가 '복귀' 명령이라 부르는 이것을 반드시 가르쳐야 한다. 우리가 대부분 '이리 와'로 알고 있는 바로 그 명령이다.

　'이리 와'는 강아지를 훈련할 때 특히 가르치기 어려운 명령 중 하나다. 강아지들은 한 가지에 오래 집중하지 못한다. 강아지의 마음은 타이머와도 같아서 10초마다 관심사가 바뀐다. 그래서 어린 강아지의 집중력으로는 명령 하나를 배우기가 성견보다 더 힘든 것이다. 하지만 나는 모든 나이별로 다양한 크기의 반려견에게 '이리 와' 명령을 가르치는 방법을 알고 있다. 이 방법은 모든 견종에 효과가 있었다. 그중에는 내가 지역 유기견 보호소에서 만난 골든코기도 있었는데, 나는 그 친구를 새로운 집으로 입양 보내기 전에 '이리 와' 명령에 거의 완벽에 가깝게 반응하도록 가르쳐야 했다.

유기견 훈련기 벼룩과 진드기가 득실대도록 방치된 리아

리아는 골든리트리버와 코기 믹스견으로, 생후 1년 남짓 된 예쁜 개였다. 리아는 길거리를 방황하다 유기견 보호소로 보내졌는데, 굉장히 인기 좋은 두 품종을 교배한 믹스견임에도 보호소 신세를 벗어나지 못하고 있었다. 그 누구도 리아를 찾으러 오지 않았고, 내장형 마이크로칩도 없어서 보호소에서도 주인을 찾지 못했으며, 리아를 입양하려는 사람도 없었다. 얼마 지나서 보호소 담당자가 내게 연락했다.

리아가 지내는 개장에 들어가서 내가 처음으로 느낀 것은 리아의 차분하고 다정한 태도였다. 리아는 내가 바닥에 앉자마자 나의 무릎 위로 올라왔다. 나는 리아가 어느 복 받은 가족에게 훌륭한 반려견이 되어 줄 것이라는 사실을 직감했다. 내가 두 번째로 알아차린 사실은 리아의 몸에 벼룩과 진드기가 득실거리고 피부는 벌겋게 벗겨져 있다는 점이었다.

도대체 누가 이런 개를 방치하는지, 나는 지금까지 살면서 수백만 번도 더 이런 의문을 품었던 것 같다. 그렇게 나는 서류를 작성한 후 리아를 데리고 나왔다.

훈련소에 왔을 때 리아는 계속해서 꼬리를 흔들어대며 자신이 어떤 경우에도 착하고 헌신적인 반려견임을 보여 주려 했다. 리아의 능력을 평가해 보니 '앉아'와 '엎드려'를 제대로 인지하고 있었고, '이리 와' 명령도 꽤 빨리 습득했다. 하지만 리아를 입양 보낼 가족은 리드줄을 하지 않고도 산책을 갈 수 있는 반려견을 원했다. 산책 나갔을 때 불러도 돌아오지 않는 반려견은 절대로 안 된다고 했다(한국에서는 반려견 산책시 목줄 등 안전장치를 하지 않으면 과태료를 물 수 있다—편집자).

모든 개가 리드줄을 하지 않고 밖에 나갈 수 있는 것은 아니다. 때로는 내가 보호소에서 구제해 온 개가 리드줄을 하지 않아도 될지 그 여부를 판단해야 할 때가 있다. 나는 보호소에서 데려온 개들에게 굉장한 시간과 열정을 투자했기 때문에, 이들을 리드줄도 없이 감당하기 벅찬 자유로 내몰아서 불안하게 만들거나 다치게 하는 것을 원하지 않는다. 반려견이 복귀 명령에 반응한다고 해서 모든 상황에서 안심할 수 있는 것은 아니다. 리아는 아직 완벽한 단계가 아니었다. 훈련 장소에서는 '이리 와' 명령에 확실히 따랐지만, 외부로 나가서 뛰놀 때는 약간 혼란스러워 보였다. 이러한 이유로 과연 리아가 담장도 없고 방해 요소로 가득한 산책길에 리드줄 없이 나가도 될지 의문이 들었다.

나는 리아를 위해 선택해 둔 가정에 리아가 꼭 알맞은 반려견이라고 믿고 싶었지만, 리아를 기다리는 집으로 보내기 전에 리아가 우선 어떤 상황이나 장소, 방해 요소가 있든 '이리 와' 명령을 제대로 따르는지 증명해 보여야 했다. 세상은 온갖 방해 요소들로 가득했다.

방 안에서 시작, 먼거리까지 '이리 와' 훈련

이번에 알려 줄 훈련 방법은 내가 고안해 냈으며, 지난 수년간 수백 마리 개를 훈련하며 효과를 본 기술이다. 우리는 반려견과 함께 있는 작은 방 안에서부터 시작해 먼 거리까지 나가며 '이리 와' 훈련을 시키게 될 것이다. 훈련에 필요한 도구는 다음과 같다.

- 7.5미터 정도의 리드줄
- 하네스
- 훈련용 클리커
- 반려견이 좋아하는 다양한 간식

훈련용 클리커 사용법에 관해서는 3장으로 돌아가 다시 확인해 보자. 반려견이 훈련용 클리커에 익숙하지 않더라도 몇 번만 짧게 훈련하면 클리커에 반응하도록 길들일 수 있다. 클리커에 길들이기는 그 어떤 기술을 가르치기보다 쉽다. 간식을 한 움큼 준비해 하나씩 줄 때마다 클리커 소리를 들려주면, 반려견은 클리커 소리와 기분 좋은 보상을 연관 짓게 될 것이다.

대부분의 경우 '앉아'부터 시작해 이 책에서 소개하는 훈련 순서대로 가르치기를 권장하지만, 일곱 가지 기본 명령을 순서에 상관없이 가르쳐도 괜찮기는 하다. 하지만 '이리 와'는 반려견이 이미 '기다려' 명령을 이해하고 있어야 효과적이다. 이러한 이유로 만일 당신이 반려견에게 '기다려' 명령을 아직 가르치지 않았다면 6장으로 돌아가 '기다려' 명령부터 훈련하고 '이리 와'를 가르치기 바란다. '기다려' 명령을 먼저 이해해야 당신과 반려견 모두 훈련을 쉽고 빠르게 끝내는 데 도움이 된다. 준비가 되었다면, 이제 훈련을 시작해 보자.

1단계. 훈련 가방이나 주머니에는 간식을 준비하고 반려견에게 하네스를 채운 뒤 기다란 리드줄을 달았다면, 반려견이 당신의 시야에서 벗어나지 않을 정도의 작은 방 안에서부터 훈련을 시작하자. 훈련 공간은 방해 요소가 전혀 없는 곳으로 다른 개나 사람, 장난감이 없어야 하고, 누군가 다른 활동을 하고 있어도 안 된다. 반려견이 빨리 배우도록 하려면, 처음 명령어를 말할 때 그 단어를 듣고 인지하기 쉬운 상황을 연출해야 한다. 반려견이 당신에게서 몇 발짝 떨어져 있을 때, 활기찬 어조로 '이리 와'라고 말하며 반려견이 어떻게 반응하는지 보자(이때 박수를 쳐도 된다). 만일 반려견이 당신을 쳐다보면, 클리커를 누르자. 반려견이 당신에게 다가오면, 다시 클리커를 누른다. 반려견이 완전히 당신 곁으로 왔다면, 클리커를 누르고 '잘했어!'라고 칭찬하며 간식을 주자.

간식이 준비된 방 안에서 이 방법은 꽤 쉽게 통할 것이다. 만일 반려견이 당신에게 오지 않았다면, 당신이 원하는 것이 무엇인지 이해하도록 도와야 한다. 리드줄을 들어 빠르게 한 번 잡아당긴 뒤 놓아주자. 세게 휙 잡아당기는 것이 아니라 반려견의 방향을 바꿔 주기 위해 살짝 당겨 주는 것이다. 리드줄을 잡아당기는 힘은 반려견의 몸집에 따라 달라져야 한다. 소형견은 살짝만 당겨도 방향을 틀 것이다. 대형견은 손에 약간 힘을 주어 당겨야 몸을 돌릴 것이다. 리드줄을 당겨서 반려견이 당신 쪽으로 몸을 돌리면, 바로 클리커를 누르고 '이리 와'라고 말한 뒤 당신에게 왔을 때 간식을 준다. 반려견이 '이리 와' 명령어를 들으면 당신에게 가야 한다는 사실을 이해했다고 생각될 때까지 몇 번 더 이 과정을 반복하자.

좋아하는 간식이나 장난감이 있으면 사족을 못 쓰는 반려견의 주인이라면, '기다려' 명령을 미리 훈련하는 것이 왜 중요한지 바로 알아차릴 것이다. 그러한 반려견은 당신에게 간식이나 장난감이 있다는 사실을 아는 순간부터 계속해서 당신 가까이에만 머물려고 한다. 많은 개는 이럴 때 훈련사 옆에 껌딱지처럼 붙어 있다. 안타깝게도 그렇게 계속 붙어 있다 보면 훈련의 효율성이 떨어지기 마련이다.

15분 동안 훈련하려고 계획했다면, 거의 12분 동안은 반려견이 당신 옆에 바짝 붙어 있어서 계획한 만큼 연습을 반복하지 못하게 되는 것이다.

능률적으로 훈련하기 위해서는 당신 주변만 맴도는 반려견에게 '기다려' 명령을 내린 후, 각 단계에 맞게 당신이 거리를 두고 멀어진 다음 '이리 와'라고 말하면 된다. 그렇게 하면 15분간 충분히 반복해서 연습할 수 있고, 이 명령을 가르치는 데 드는 시간을 줄일 수 있다.

2단계. 반려견이 당신과 가까이 있을 때 '이리 와' 명령에 제대로 반응했다면, 이제 반려견과 조금 떨어진 거리에서 '이리 와'를 연습할 차례다. 이 단계에서도 리드줄을 당기거나 밟아야 할 경우를 대비해서 하네스에 채운 기다란 리드줄을 그대로 둔다. 훈련용 클리커와 간식도 그대로 준비하되, 이제는 반려견이 마음대로 돌아다니거나 다른 방에 들어가 당신의 시야에서 사라질 수도 있는 넓은 공간으로 이동한다. 반려견이 모퉁이 주변에 있고, 당신의 시야에는 보이지만 바로 앞이나 중앙에 있는 것이 아니라면 가장 이상적인 훈련 상황이다. 다시 한 번 활기찬 어조로 '이리 와'라고 말하자. 반려견이 당신을 쳐다보면 클리커를 누른다. 그리고 당신에게 다가왔다면, 다시 클리커를 누르고 '잘했어'라고 칭찬하며 간식을 준다.

'이리 와' 명령에 반려견이 반응하지 않는다면, 리드줄을 살짝 잡아당겨 당신 쪽으로 몸을 돌리게 한 뒤, 당신을 쳐다보면 클리커를 누르자. 반려견이 조금 멀리 떨어져 있다가도 '이리 와' 명령에 제대로 반응할 때까지 이 연습을 반복한다.

3단계. 다음 단계에서는 리드줄이 효과적으로 쓰인다. 1단계와 2단계에서 했던 대로 반복하되, 반려견이 조금 더 멀리서 돌아다니는 상황에서 연습하자. 집 안의 다양한 곳에서 반려견과 당신 사이의 거리를 달리하며 '이리 와' 명령어에 제대로 반응하는지 확인한다. 당신 또한 여기저기로 옮겨 다니며 반려견이 당신이 어디 있든 '이리 와' 명령을 듣고 당신에게 오도록 훈련시킨다. 위치가 바뀌거나 거리가 멀어져서 반려견이 명령에 제대로 반응하지 않는다면, 리드줄을 살짝 잡아당겨 당신 쪽으로 와야 함을 알려 주자.

4단계. 반려견이 실내에서 '이리 와' 명령어를 완전히 습득했다면, 이제 넓은 야외로 나가 연습해 볼 시간이다. 사실 반려견의 안전을 위해 '이리 와' 명령어가 꼭 필요한 경우는 야외에 나갔을 때이므로, 이 연습은 필수적이다. 실외에서 연습하는 것은 실내에서 연습했을 때와는 확연히 다르다. 지금까지 실내에서 연습할 때는 방해 요소들을 통제할 수 있었지만, 야외로 나오면 당신이 통제할 수 없는 요인들이 많기 때문이다. 반려견 또한 그 모든 환경을 다르게 느낄 것이다.

'이리 와' 명령을 연습할 때는 항상 주위가 막힌 공간에서 하도록 한다. 담장이 있는 마당이 가장 이상적이다. 일단 마당으로 나갔다면 7미터가 넘는 리드줄을 바닥에 내려놓고 반려견이 마음껏 돌아다니도록 두자. 아마 반려견은 냄새를 맡으며 뭔가를 찾아 돌아다니기

'이리 와' 명령을 훈련할 때는 박수로 주의를 끄는 것도 좋다.

반려견이 몸을 돌려 당신을 쳐다보는 순간 클리커를 누른다.

반려견이 완전히 당신 곁으로 오면, 클리커를 누르고 간식을 주며 칭찬한다.

시작할 것이다. 반려견이 당신에게서 약 3미터 떨어진 거리에 있을 때, 큰 목소리로 '이리 와'라고 말한다(박수로 주의를 끌어도 된다). 반려견이 몸을 돌려 당신을 쳐다보자마자 클리커를 누르자. 반려견이 당신 쪽으로 오면, 다시 클리커를 누른다. 마지막으로, 완전히 당신 곁으로 오면 클리커를 또 누르고 간식을 주며 칭찬해 준다.

물론 항상 말처럼 쉽지는 않다. 실내에서는 훈련에 잘 따르더라도 야외로 나가면 궁금한 것이 너무 많아 바로 당신의 명령을 따르지 않을 수도 있다. 만일 반려견이 '이리 와'라고 말해도 반응하지 않는다면, 리드줄을 살짝 당겨서 당신을 보도록 하자. 반려견이 방향을 트는 순간 리드줄을 내려놓고 클리커를 눌러야 한다. 반려견이 당신에게 오면, 다시 클리커를 누르고 간식을 주며 칭찬한다. 클리커 덕분에 반려견은 단계마다 자신이 잘한 행동이 무엇인지 인지하게 될 것이다. 당신이 멀리 떨어진 위치에서 훈련할 때도 말이다.

이 과정을 여러 번 반복하되, 연습할 때마다 반려견과는 한 발짝씩, 혹은 두 발짝씩 떨어진다. 반려견이 결국 '이리 와' 명령에 매번 제대로 반응하고, 명령의 의미를 확실히 이해했다는 점을 증명해 보이면, 이제 리드줄 길이만큼 떨어진 거리에서도 돌아다닐 수 있도록 두어도 좋다. 이 과정은 많은 연습이 필요하다. 일주일 동안은 매일매일 한두 번 시간을 내어 반복해서 연습하자.

5단계. 반려견이 '이리 와' 명령을 완벽히 숙지했다면, 어디를 가더라도 안심할 만큼 제대로 몸에 익혔는지 확인해 볼 필요가 있다.

이 경우는 방해 요소를 어느 정도 활용해야 한다. 다른 반려견을 키우고 있다면 그 반려견의 도움을 받자. 누군가 초인종을 누르게 해도 좋다. 친구 한 명을 마당에 데려와 반려견의 주의를 끌도록 해 보자. 이 모든 방해 요소를 배치하고서 명령에 따르도록 연습시켜야 한다.

반려견이 이 모든 과정을 통과해서 이제 리드줄 없이도 안심할 수 있는지 확인하고 싶다면, 안전한 외부 공간으로 이동해 4단계를 연습하되 기다란 리드줄을 달아 언제든 잡을 수 있도록 한다. 모든 개가 리드줄 없이도 돌아다닐 수 있는 것은 아니라는 사실을 유념하자. 이에 관해서는 곧 소개할 '이리 와를 가르칠 때 꼭 기억할 여섯 가지'에서 자세히 다루도록 하겠다. 여기서 가장 중요한 점은 만일 반려견이 리드줄 없이 밖에 나가자마자 위험한 곳으로 뛰어들 것 같은 느낌이 든다면, 그 직감을 믿고 야외에 나갈 때나 숲이나 공원에 산책을 갈 때 리드줄을 채우는 것이다. 나중에 후회하는 것보다는 안전한 것이 낫다.

6단계. 며칠 동안 연습을 거듭해 반려견이 명령을 더욱 잘 이해하게 되었다면, 칭찬은 더 많이 해 주되 간식은 줄여 나가도록 하자. 점차 간식을 줄여야 반려견도 명령에 반응할 때 먹을 것에만 의존하지 않게 된다. 간식이 없을 때에도 반려견이 명령을 잘 듣길 당신도 원할 것이다. 이제 '이리 와' 훈련을 완전히 습득했다면 성공할 때마다 간식을 주던 방식에서 무작위로 간식을 주는 방식으로 변화를 준다. 명령에 복종해도 간식을 매번 받는 것이 아닌 가끔씩 받는다는 점을 인지하도록 해야 한다. 이 방식으로 훈련하면 언제 먹을 것을 줄지 모르니 더욱 열심히 명령에 따르게 될 것이다.

'이리 와'를 가르칠 때 꼭 기억할 여섯 가지

안전이 우선. 이 훈련에 필요한 준비물 중 하나는 하네스다. '이리 와' 명령을 가르칠 때 하네스를 사용하는 것은 매우 중요하다. 초크 체인이나 핀치 칼라(당겼을 때 안쪽의 뭉툭한 갈고리가 목을 자극해 행동을 제어하는 목적으로 사용하는 목줄―옮긴이), 마틴게일, 일자형 목줄도 이 기술을 적용할 때는 권장하지 않는다. 어떤 형태의 목줄이든 반려견의 목에 직접 닿는다면, 반려견의 방향을 틀기 위해 리드줄을 잡아당겼을 때 기도를 압박할 수 있어 위험하다.

여기서 내가 하네스 사용을 권장하긴 하지만 정작 나는 '이리 와'를 훈련할 때 하네스를 잘 사용하지 않는다. 럭키 도그 프로그램을 본 사람이라면 내가 일자형 목줄이나 마틴게일을 채우고 반려견에게 이 기술을 가르치는 장면을 보았을 것이다. 나는 수십 년 동안 개를 훈련해 온 전문가이기에 어떤 상황에서 어느 정도 힘으로 리드줄을 당겨야 할지에 대한 충분한 감각을 길러 왔다. 하지만 훈련 경험이 거의 없는 당신이 기다란 리드줄을 채운 반려견을 훈련시킨다면, 힘을 과도하게 주어 반려견을 다치게 할 수도 있다. 그러한 위험을 줄이기 위해서 여기서 나는 하네스 사용을 권하는 것이다.

방해 요소를 최대한 없애고 시작하기. 이 기술을 활용해서 반려견을 훈련시킬 때, 특히 강아지를 훈련시킬 때는 주위에 방해 요소가 많으면 좋은 결과를 기대하기 힘들다. 나는 훈련을 처음 시작할 때는 며칠간 아예 방해 요소가 없는 환경에서 훈련하라고 권한다. 며칠이 지나고 나서는 조금씩 방해 요소를 추가해도 된다. 이렇게 해야 훈련의 다음 단계로 나아가기 전에 반려견이 명령의 의미를 완전히 이해할 수 있다. 진도를 너무 빨리 나가는 것도 좋지 않다. 빨리 잊어버릴 수 있기 때문이다. 천천히 그리고 꾸준히 연습하는 것이 중요함을 기억하자.

반려견을 반기는 표정과 어조로 훈련하기. 반려견에게 '이리 와'를 가르칠 때 가장 하지 말아야 할 행동 중 하나는 근엄한 어조로 말하기다. 주인이 근엄한 목소리를 내면 대부분 반려견은 뭔가 잘못했다고 느끼고 주인에게 가면 혼이 난다고 생각한다. 밝고 다정한 어조를 사용하자. 나도 그런 목소리를 내는 데 익숙하지 않지만, 명령을 가르치는 훈련 초반에는 그런 목소리가 필요하기도 하다. 계속해서 연습하다 보면 바로 선 자세에서 일상적인 목소리로 명령해도 된다. 만일 반려견이 불러도 오지 않는다고 해서 절대로 소리를 지르지 말자. 반려견이 '이리 와' 명령을 부정적으로 인식하게 되면 계속해서 그 명령어를 배우고 싶어 하지 않을 것이다.

개에게는 먹을 것이 돈이다. 훈련을 시작할 때는 반려견이 배가 고파야 한다. 나는 반려견의 식사 시간에 맞춰 이 훈련을 하기를 강력하게 권한다. 반려견이 당신에게 가야 하는 동기 부여가 되기 때문이다. 방금 배를 채운 반려견을 훈련시키기란 백만장자에게 최저임금을 주며 일을 시키는 것과 마찬가지다. 대부분의 개는 배가 부르면 학습 의욕이 확 사라진다.

'이리 와' 명령을 가르칠 때는 당신이 주위의 다람쥐나 아이들, 소리, 냄새 등 모든 것과 경쟁하고 있음을 기억하자. 반려견에게는 먹을 것이 돈이므로 그 어떤 경쟁 상대도 이길 만큼 충분한 간식을 준비했다는 점을 인식시키자. 그래야만 반려견이 당신에게만 집중할 것이다. 반려견이 가장 좋아하는 간식은 아껴 두었다가 꼭 필요할 때만 활용한다. 그리고 먼 거리에서 복귀했을 때에는 더 많은 칭찬과 더 맛있는 간식으로 보상하자. 반려견이 당신과 6미터 떨어진 거리에 있다가 복귀했을 때 5단계 수준의 보상을 주었다면, 15미터 떨어져 있다가 복귀했을 때는 10단계 수준의 보상을 주어야 한다. 반려견이 가장 좋아하는 간식은 가장 수준 높은 훈련에 성공했을 때에만 주는 것을 원칙으로 해야 한다. 다시 말해 반려견이 베이컨 마니아라면 아주 먼 거리에서 각종 방해 요소를 뿌리치고 당신에게 복귀했을 때에만 베이컨 한 조각을 줘야 한다.

훈련의 보상에 관한 주제라면, 3장에서 다루었던 로또 시스템을 떠올려 보자. 훈련 중 반려견에게 주는 간식의 양을 줄여 가더라도, 어떤 명령의 훈련을 시작할 때와 끝낼 때는 반려견이 성공했을 때 간식을 꼭 주는 것이 중요하다. 훈련을 시작할 때 간식을 줘야 반려견도 훈련받을 마음 자세를 갖추게 된다. 그다음에는 무작위로 간식을 주면서 반려견이 언제 간식을 받을지 추측하며 연습에 임하게 만든다. 그리고 훈련이 끝날 때는 항상 간식을 준다. 이렇게 해야 반려견은 훈련을 긍정적으로 인식하고 다음 훈련도 기대하게 된다. 반려견이 명령에 따를 때 계속해서 간식에만 의존하지 않도록 하기 위해서는 이 과정이 매우 중요하다.

장난감 활용하기. 당신의 반려견은 먹이를 쫓는 본능이 있기 때문에, 그러한 내면의 본능을 끌어내려면 장난감을 활용하는 것이 가장 효과적이다. 때로는 장난감이 먹을 것보다도 좋은 복귀 훈련 도구가 된다. 반려견이 다른 데 정신이 팔렸을 때 삑삑 소리를 내 반려견의 주의를 끌기 때문에, 말 그대로 다른 것에 집중하지 못하도록 방해해 준다. 나는 먹을 것과 장난감을 둘 다 활용하길 선호하는데, 당신의 반려견에게 어떤 방법이 가장 적합한지 알아보기 위해서는 몇 번의 시행착오를 겪어야 할 것이다.

지나친 자유는 허락하지 않기. 나는 한 가지를 확실히 해 두고 싶다. 모든 개가 리드줄 없이도 나갈 수 있는 것은 아니다! 나는 이 점을 지나칠 정도로 강조한다. 내가 그동안 만났던 개 중에서도 누가 가능하고 누가 불가능한지 알 수 없다. 실제로 훈련해 보기 전에는 말이다. '이리 와' 명령을 훈련할 때 제대로 습득했던 개라도 외부로 나가면 어떻게 반응할지 알 수 없다. 바깥의 환경과 규칙은 또 다르기 때문이다. 반려견에게 '이리 와' 명령을 가르치면서 당신은 반려견이 리드줄 없이 밖에 나가도 될지 안 될지를 판단해야 하고, 나는 이에 대해 당신이 지나치다 싶을 정도로 신중하길 권한다. 복귀 능력이 백 퍼센트에 약간이라도 못 미친다면, 그것은 충분히 준비되지 않았다는 뜻이다. 당신의 어린 강아지는 리드줄을 채우지 않은 상태의 자유를 감당할 준비가 되지 않았다. 호기심이 많고 명령에 따라 당신에게 바로 집중하는 데 조금이라도 어려움이 있는 반려견 또한 자유를 주면 굉장히 위험할 수 있다. 그렇다고 해서 이러한 반려견들이 복귀 능력을 끝내 습득하지 못한다는 의미는 아니다. 다만 현재로서는 외부 환경에 나갈 때 어느 정도 제한 사항이 필요하다는 의미다.

중요한 점은, 복귀 명령의 최종 단계는 너무 수준이 높아서 많은 개가 일주일은커녕 어쩌면 평생 이 단계에 이르지 못한다는 점이다. 항상 신중하게 진도를 나가도록 하자.

가족을 찾은 리아

나는 리아에게 기다란 리드줄을 채우고 며칠 동안 훈련시켰는데, 결국 리아는 '이리 와' 명령어에 백 퍼센트 확실히 반응한다는 사실을 증명해 보였다. 리아는 새로운 가족을 만났을 때 직감적으로 자신의 가족을 알아차린 듯했다. 우리는 리아를 데리고 언덕으로 산책을 나갔고, 리아는 그곳에서 리드줄 없이도 안전하게 산책할 수 있음을 증명해 보였으며, 엄마, 아빠, 어린 두 아이의 옆을 차례로 뛰어다녔다. 그날 나는 리아를 그곳에 두고 왔고, 리아는 산책을 다녀와 피곤했는지 가족들 옆에서 몸을 웅크리고 편안한 자세로 휴식을 취했다고 한다.

　오늘까지도 나는 리아와 가족들이 함께 산책하는 사진이나 어린 아이들이 반려견과 함께 지내며 책임감을 기르고 있다는 편지를 받고는 한다. 이렇게 한 가족에게 꼭 맞는 반려견을 입양 보내고 나면 나는 홈런을 친 듯한 기분이 든다.

'나란히'

반려견을 기르는 즐거움 중 하나는 함께 산책하는 데 있다. 물론 반려견이 당신의 팔을 심하게 끌어당기거나 산책할 때마다 흥분해 달려가는 바람에 당신을 넘어질 뻔하게 만들지 않는다면 말이다. '나란히' 명령은 반려견이 앞만 보고 달려가거나 뒤처지지 않고 당신 옆에서 나란히, 그리고 속도를 맞추어 걷도록 해 준다. 내가 만났던 많은 견주가 산책할 때마다 끌어당기고 떠미는 반려견에 너무 익숙해진 나머지 반려견과 나란히 산책하는 것이 과연 가능하기나 한지 의심했는데, 물론 가능하다. 어떤 개라도 '나란히' 명령을 배울 수 있다.

반려견이 소형견이나 중형견이라면, '나란히' 명령 하나만으로도 산책할 때 반려견이 당신 옆에서 나란히 걷도록 할 수 있기 때문에 매우 안전하고 유용하다. 반려견이 대형견이라면 이 명령어는 반드시 가르쳐야 한다. 다루기 힘든 반려견과 산책하는 것보다 고역인 일이 또 있을까? '나란히'를 모르는 반려견은 결국 산책 시간에 제대로 운동하지 못하고, 리드줄 끝에서 제멋대로 날뛰기 일쑤다. 그러면 반려견도 자제력을 잃고 지칠 뿐 아니라 산책하러 간 견주도 좌절하는 악순환으로 이어진다.

치료견이나 상이군인을 돕는 서비스견을 훈련시킬 때는 개들이 언제든 실패 없이 '나란히' 명령에 따르는지 확인해야 한다. 특히 아프가니스탄에서 사제 폭탄에 두 다리를 모두 잃은 용감한 젊은 해군을 도와줄 샌디를 훈련할 때는 이 점이 매우 중요했다. 미국에 돌아와 의족을 차게 된 그는 길고 어려운 재활 훈련에 들어갔다. 잘 훈련된 서비스견이라면 그 용사가 변화에 쉽게 적응하도록 도울 수 있을 터였다.

유기견 훈련기 버림받은 개에서 상이군인의 발이 된 샌디

일하다 보면 유기견 보호소에서 지칠 대로 지친 개들을 많이 만나게 된다. 많은 개가 우리에 틀어박혀 있거나 우울해한다. 하지만 로스앤젤레스의 한 보호소에서 두 살 된 샌디를 만났을 때, 나는 이 골든리트리버가 보호소에 머무는 다른 개들과는 전혀 다른 경험을 했다는 사실을 직감적으로 느꼈다. 샌디는 주인이 사망한 뒤 보호소로 보내진 경우였다. 샌디는 혈통이 분명한 개로, 운명이 바뀌기 전까지만 해도 매우 편하게 지내왔다. 누구라도 샌디의 태도를 보면 알 수 있었다. 샌디는 살도 찌고,

응석을 부릴 줄도 알며, 조금 게으르기도 했다. 샌디는 비버리힐즈에 있던 집에서 나와 보호소 개장에 갇히는 신세가 되었을 때 그 이유조차 알지 못했다. 하지만 보호소에서의 경험이 샌디를 정신적으로 퇴화시키기보다는 오히려 내면의 잠재력에 불을 지폈다. 샌디는 자신에게 닥친 시련을 이겨내기 위해 마음을 다잡고 내면의 힘과 열정을 끌어 모았다. 자신감을 잃기는커녕 자신감을 더 얻은 것이었다. 샌디가 나를 바라보았을 때, 나는 샌디에게 투지가 있음을 느꼈다.

샌디의 능력을 평가해 보지 않았지만, 이런 특별한 자질을 가진 개들은 새로운 것을 열심히 배운다는 사실을 잘 알고 있었다. 내가 확인해야 할 사항은 샌디가 서비스견이 될 잠재력이 있는지 뿐이었다. 나는 매우 특별한 견주에게 입양 보내기 위해 기다려 온 개가 바로 샌디라는 사실을 직감적으로 알았다. 샌디의 새로운 주인은 그동안 어려움을 겪은 반려견이 지닌 내면의 강인함을 존중해 줄 사람이었다. 새로운 견주인 팀 또한 상이군인으로서 어려움을 극복하려고 부단히 애써 온 젊은이였다.

나는 개를 훈련시켜 새로운 집에 입양 보내는 일에 늘 보람을 느끼지만,

특히 샌디 같은 개를 훈련해서 팀과 같은 젊은이에게 서비스견으로 보내는 일은 실로 내가 살아가는 이유라고도 할 수 있다.

나와 샌디에게는 캘리포니아에서의 긴 훈련의 시간이 기다리고 있었다. 하지만 대륙 반대쪽에서는 팀이 의족을 차고 균형을 잡고 걷는 법을 배우면서, 새로운 삶을 살아가기 위해 더 힘든 노력을 쏟고 있을 터였다.

꼭 필요하지만 가장 가르치기 힘든 훈련

'나란히' 명령은 모든 개가 반드시 배워야 하지만, 훈련하기 가장 힘든 명령 중 하나기도 하다. 특히 덩치가 크고, 힘세고, 활기찬 반려견을 기르기 시작한 초보 보호자라면 더 힘들 수도 있다. 나는 여기서 두 가지 방법을 소개하려 한다. 하나는 대형견에게 보다 적합한 방법이고, 다른 하나는 소형견에게 알맞은 방법이다. 반려견의 특성에 따라 추가적인 안내 사항이 필요하다면, 이 장의 마지막에 정리해 둔 조언을 확인하도록 하자.

대형견에게 통하는 기술

가장 먼저 챙겨야 할 사항은 다음과 같다.

- 반려견이 아주 좋아하는 간식을 준비해 반려견이 배고픈 시간에 훈련한다. 반려견이 적당히 배고파 간식으로 동기 부여가 될

때가 가장 이상적이지만, 너무 배가 고파서 집중조차 못하는 상황은 피해야 한다.

- 1.2~1.8미터에 이르는 리드줄

1단계. 오른손에 간식을 하나 쥐고 왼쪽에 반려견을 둔다(반대로 해도 상관없지만, 일반적으로 개는 사람의 왼쪽에서 걷는다). 리드줄은 왼손에 감고 약간만 느슨하게 풀어 준다. 간식을 든 오른손은 주먹을 쥐고, 반려견의 코에서 약 15센티미터 정도 떨어진 위치에 들고 있는다.

2단계. 평소 걷는 속도로 걸으며 '나란히'라고 말한다. 대부분의 개는 자연스럽게 간식을 쥔 손으로 달려와 입을 댄다. 이는 아주 일

오른손에 간식을 쥐고 왼쪽에는 반려견을 둔다.

반적인 행동이지만, 지금 당신의 목표는 간식을 주는 것이 아니다. 그러니 반려견이 군침을 흘려도 더 나은 결과를 위해 조금 기다리자. 대부분 10초 정도가 지나면 간식 먹기를 포기한다. 조금 더 시간이 걸리는 개도 있다. 어떤 경우든 조금만 기다려 주면 반려견은 간식을 먹으려는 행동을 멈추고 몇 초간 똑바로 걸어가다가 다시 간식에 달려들고는 한다. 여기서는 타이밍이 매우 중요하다. 당신은 반려견이 간식을 포기하고 잠깐 똑바로 걸어가는 바로 이때, 칭찬과 함께 간식을 줘야 한다. 대부분의 동물이 그렇듯 개들도 시행착오를 겪으며 배우기 때문에, 간식에 달려들지 않고 당신과 같은 속도로 걸으면 칭찬과 보상을 받는다는 사실을 재빨리 깨우칠 것이다. 이 과정을 반복하다 보면 반려견이 간식에 달려드는 횟수는 줄고, 똑바로 걸어가는 시간은 점점 늘게 된다. 당신은 훈련 시간마다 반려견이 똑바로 걸어가는 시간을 몇 초씩 늘려가는 것을 목표로 하면 된다.

3단계. 반려견이 당신 옆에서 똑바로 걸을 때마다 보상받는다는 점을 깨닫게 하기란 그리 어렵지 않지만, '나란히' 명령은 그 이상을 요구한다. 반려견이 '나란히' 명령어와 당신이 어느 방향으로 가든 옆에 바짝 붙어 있어야 한다는 점을 연관시키는 수준이 되어야 한다. 이 명령의 조금 더 복잡한 의미를 이해시키기 위해서는, 당신의 걷는 패턴에 변화를 주면서 왼쪽, 오른쪽, 뒤쪽으로 걷기도 하며, 반려견이 예상하지 못한 방향으로 움직이기도 해야 한다. 걷다가 방향을 바꿀 때는 왼손에 쥔 리드줄을 당신의 골반 쪽에 바짝 붙여서 반려견이 느슨해지지 않도록 한 뒤 '나란히'라고 한 번 더 말하자. 당신의 목표는 반려견이 당신의 왼편에서 당신이 가는 방향대로 함께 움직이게 하는 것이다. 인내심을 갖자. 이 훈련이 복잡하긴 하지만, 꾸준히 연습하다 보면 반려견도 이해하게 될 것이다.

4단계. 반려견이 명령에 복종할 때마다 간식을 바라면 안 되므로, 명령의 의미를 어느 정도 이해하고 나면 간식을 줄여 가는 과정도 연습해야 한다. 다음과 같은 방법대로 해 보자. 1단계로 돌아가되, 열 번 연습하면 그중 여덟 번만 오른손에 간식을 쥐고 훈련한다. 간식이 없는 두 번은 반려견을 더욱 열렬히 칭찬해 주어, 무엇을 잘했는지 확실히 알게 해 준다. 그리고 항상 처음과 마지막에는 꼭 간식으로 보상한다. 마지막에 간식을 주지 않고 훈련을 끝내면 다음 훈련을 위한 동기 부여가 되지 않을 수 있다. 훈련을 거듭할 때마다 간식을 점차 줄이되, 최종적으로는 간식을 주지 않는 것을 목표로 한다.

5단계. '나란히' 명령어에 제대로 복종할 때마다 주는 간식도 줄여 가야 하지만, 간식을 든 손을 코앞에 보여 주며 '나란히' 걷도록 하는 방식도 차츰 수정해 가야 한다. 일주일 동안 훈련을 거듭하면서 오른손의 위치를 원래대로 조금씩 옮겨 오자. 처음에는 반려견의 코에서 약 15센티미터 떨어진 위치에 오른손을 두었지만, 며칠이 지나면 오른손은 당신의 오른팔 아래인 제 위치에 있어야 한다. 하지만 그동안 반려견이 당신의 오른손을 보며 '나란히' 걸으라는 신호로 인식해 왔기 때문에, 손이 보이지 않으면 흔들릴 수 있다. 그럴 때는 조금 더 시간을 두고 반려견에게 동기 부여가 되도록 오른손을 가까이에서 보여 주도록 한다.

소형견에게 통하는 기술

반려견이 소형견이라면 '나란히' 명령을 가르치기 위해 간식을 코앞에 대려고 계속해서 몸을 구부리는 것이 실용적이지 않을 뿐더러 매우 불편하다. 효율적이지도 않다. 그래도 처음에는 반려견이 간식에 집중하도록 해야 하므로, 간식을 가까이 두는 것이 좋다. 당신과 반려견 모두가 쉽게 훈련을 시작하기 위해 미끼용 막대라고 불리는 저렴한 훈련 도구를 준비하면 좋다. 나는 이 도구를 개 훈련에 사용하기 훨씬 전부터 상업 광고나 영화에 출연할 호랑이를 훈련하는 데도 사용했다. 오랜 경험을 통해 느낀 점은, 당신의 소중한 손을 잃고 싶지 않다면 호랑이를 훈련할 때 이러한 도구를 활용해 먹이를 주는 것이 좋다는 사실이다! 커다란 고깃덩어리 같은 호랑이 간식은 막대기 끝에 끼워서 주어야 훈련사의 손을 보호할 수 있다.

'나란히' 명령을 가르칠 때 미끼용 막대를 사용한다면, 당신의 손과 반려견 코 사이의 거리를 좁힐 수 있다.

1단계. 왼쪽에 반려견을 두고 리드줄은 왼손에 감아 아주 약간만 느슨하게 풀어 준다. 미끼용 막대 끝에 반려견 간식을 끼우고 오른손으로 막대를 든다.

2단계. 이제 꽤 까다로운 방법으로 해 볼 차례다. 평소대로 걷다가 미끼용 막대에 끼운 간식을 반려견의 코앞에서 약간 위로 들되, 반려견이 간식을 물지는 못하게 한다. 반려견이 간식을 먹으려고 하면 입이 닿지 않도록 막대를 올리고, 리드줄을 잡아당겨서 뛰지 않고 걷도록 한다. 이런 식으로 반복하다 보면, 반려견은 결국 간식을 포기하고 단 몇 초라도 똑바로 걷게 된다. 바로 그때 '잘했어'라고 하며 간식을 줘야 한다. 계속 이렇게 하면 반려견은 똑바로 걸을 때만 간식을 받는다는 점을 곧 깨닫는다. 일단 반려견이 명령의 의미를 이해하고 나면, 똑바로 걷는 시간을 1초, 2초 늘려 가며 간식을 주자.

반려견이 1단계와 2단계를 완전히 습득했다면, 대형견을 위한 기

반려견에게 '나란히' 명령을 가르칠 때 사용하는 미끼용 막대는 저렴하고 실용적인 도구다.

술에서 다룬 3단계로 돌아가 나머지 단계에 따라 훈련한다. 마지막 단계에서는 오른손의 위치만 움직였던 것과는 달리 막대 사용을 중단해야 하지만 훈련의 원리는 같다고 보면 된다.

'나란히'를 가르칠 때 꼭 기억할 다섯 가지

길을 좁혀 보기. 만일 반려견이 '나란히' 명령의 의미를 이해하는 데 어려움을 겪는다면, 이리저리 배회하지 못하도록 길을 좁혀 보자. 나는 럭키 도그 훈련소에서 훈련할 때 담벼락에서 약 60센티미터 정도 떨어진 위치에 임시 장애물을 설치해 복도 같은 공간을 만들었다. 그런 좁은 길에서는 개들이 '나란히' 명령의 의미를 이해하기도 전에 내 옆에 붙어서 걸어야만 했다. 집에서도 이 같은 방법을 활용할 수 있다. 벽에서 조금 떨어진 곳에 접이식 의자나 탁자를 일렬로 세워 둔 다음, 연습할 때마다 한 발짝 두 발짝씩 바깥쪽으로 밀어내 길을 넓힌다. 최종적으로는 장애물을 모두 치우고 연습해야 한다.

반려견이 너무 바싹 붙지 않도록 가르치기. 어떤 개들은 주인과 너무 바싹 붙길 좋아해서 심지어 걸을 때 발에 걸리기도 한다. 반려견이 당신에게 기대거나 다리 사이로 들어오는 행동을 한다면, '나란히' 명령은 다리에 붙거나 사이로 들어가는 것이 아니라 '옆에서' 걷는 것임을 확실히 인지시켜야 한다. 반려견이 당신 옆에서 나란히

반려견이 '나란히' 명령의 의미를 이해하는 데 어려움을 겪는다면, 이리저리 배회하지 못하도록 임시 장애물을 설치해 복도 같은 공간을 만든다.

걷도록 가르치려면 임시로 걸음걸이에 변화를 주면 된다. 우선 반려견이 당신의 왼쪽에 서서 걷도록 하자. 반려견이 너무 바싹 붙기 시작하면, 당신의 왼쪽 다리를 반려견 앞쪽으로 쭉 뻗는다. 말 그대로 한쪽 다리를 멀리 뻗어 어색하게 걷는 것이다. 이렇게 하면 반려견은 앞이 가로막혀 옆쪽으로 한 발짝 이동하게 된다. 그렇게 공간을 확보하면서 '나란히'라고 말하면, 반려견은 어느 정도 공간을 두고 당신과 나란히 걷는 것을 명령과 연결해 인지하게 된다. 이 과정을 반복하다 보면, 반려견도 당신에게 바싹 붙으면 앞으로 나아가기가 힘들고 나란히 걷는 게 좋다고 느낀다. 반려견이 당신과 나란히 서서 똑바로 걸으면 칭찬해 주어 '나란히' 명령을 제대로 따르는 것이 어떤 의미인지 이해하도록 도와주자.

반려견이 너무 바싹 붙기 시작하면, 당신의 왼쪽 다리를 반려견 앞쪽으로 쭉 뻗는다. 반려견은 앞이 가로막혀 옆쪽으로 한 발짝 이동할 것이다. 그렇게 공간을 확보하면서 '나란히'라고 말한다.

달려가는 개를 위한 특별 조언. "우리 개는 앞으로 뛰어가 버리는데, 어떻게 해야 하죠?" 사람들이 많이 하는 질문 중 하나다. 이 문제를 해결하기 위한 첫 번째 단계는 아주 간단하다. 훈련을 시작할 때 반려견이 배고픈 상태인지 확인하는 것이다. '나란히'를 가르치는 것은 반려견에게 힘든 노동이나 마찬가지다. 당신도 돈을 받지 않고 일하기 싫듯, 개도 공짜로 일하기 싫어한다. 반려견이 배가 많이 고플 때 당신이 간식을 준비했다면, 그는 당신 옆에서 제대로 걸어야만 간식을 먹을 수 있다고 생각할 것이다. 이 기술을 가르칠 때는 간식을 너무 빨리 줄여 나가지 않도록 주의하자. 훈련은 마라톤이다. 반려견을 빨리 가르치려고 하면 어쨌든 배우긴 할 것이다. 하지만 천천히 가르치면, 잘 훈련된 개가 된다.

반려견이 당신보다 앞서 걸으려고 하는 경우도 당신의 다리를 이용해서 통제할 수 있다. 이 기술은 리드줄을 심하게 당기면서 달려가려고 하는 반려견에게는 해당하지 않는다. 그런 개에게 이 기술을 사용했다가는 당신이 균형을 잃고 넘어질 수도 있다. 제약이 있기는 하지만 항상 당신보다 조금 앞서 걸으려고 하는 반려견에게 이 기술을 활용하면 효과가 있다. 다음과 같이 해 보자. 반려견을 당신의 왼쪽에 서게 하고, 천천히 일정한 속도로 걸어간다. 반려견이 앞서기 시작하면 중심축이 되는 왼발은 회전하고, 오른발을 들어서 반려견의 가슴 바로 앞쪽에 두면서 '나란히'라고 말한다. 발로 물리적인 힘을 가해 반려견을 멈춰 세우라는 말이 아니다. 만일 반려견이 발을 밀치고 앞으

반려견이 앞서가기 시작하면, 중심축이 되는 왼발은 회전하고 오른발을 들어서 반려견의 가슴 바로 앞쪽에 둔다. 발로 물리적인 힘을 가해 반려견을 멈춰 세우는 것이 아니라, 주차장 입구에 설치된 기계식 차단기처럼 해야 한다. 장애물이 생기면 반려견이 멈칫하게 된다.

로 달려나가려고 한다면, 이 기술을 적용하지 말고 다음에 소개되는 '끌어당기는 개를 위한 특별 조언'을 참조한다. 여기서도 당신의 발은 그저 주차장 입구에 설치된 차단기 역할을 해야 한다. 반려견의 가슴 앞쪽으로 발을 들어올리면, 반려견은 멈칫하고 서서 '나란히'의 의미가 앞서가는 것이 아닌 옆에서 가는 것임을 상기할 수 있게 된다.

끌어당기는 개를 위한 특별 조언. 산책할 때 심하게 끌어당기는 반려견이라면, '나란히' 명령을 가르치기 위해 조금 다른 방식으로 접근해야 한다. 앞서 설명한 대로, 반려견이 배고픈 상태에서 훈련을 시작해야 한다. 그리고 이 방법으로 가르치기 위해서는 마틴게일 목줄을 준비하고 임시로 좁은 길을 만든다. 복도나 인도를 이용해도 되며 반려견이 일자로 걸어갈 수 있도록 한쪽에는 벽이 있는 것이 좋다.

반려견에게 목줄을 채우고 당신의 왼쪽에 세운 다음 '나란히'라고 말하며 걷기 시작한다. 아마 반려견은 바로 달려나가 당신을 끌어당기기 시작할 것이다. 그때 당신은 리드줄을 오른쪽 골반으로 받치고 시계 방향으로 몸을 돌린 다음(머리까지 함께 돌려야 한다!) 반대 방향으로 걷는다. 당신이 반대 방향으로 걸으면, 반려견도 방향을 바꾸고 당신과 같은 방향으로 걸어올 것이다. 그러면 대부분의 개들은 새로운 방향으로 다시 달려나가 당신을 끌어당길 것이다. 당신은 한 번 더 '나란히'라고 말하며 오른쪽 골반으로 리드줄을 받치고, 시계 방향으로 몸을 완전히 돌려 반대 방향으로 걸어간다. 이 과정을 계속 반복해야 한다. 몇 분 지나고 나면 반려견은 덜 끌어당길 뿐 아니

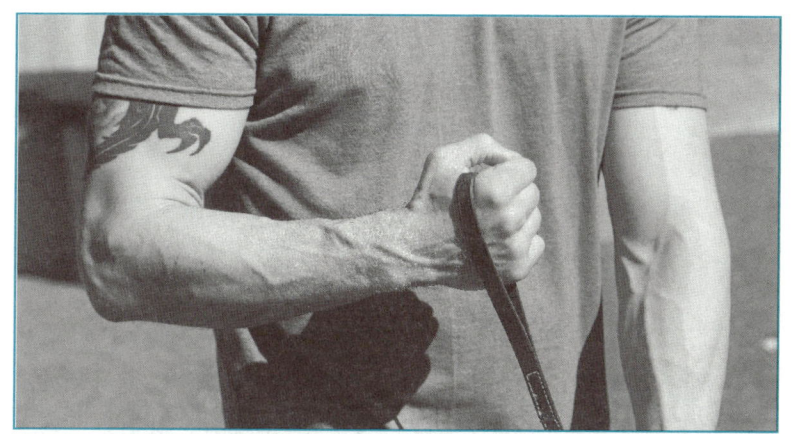

반려견이 끌어당기기 시작하면, 리드줄 고리를 잡은 손을 등 뒤로 보내고 오른쪽 골반 위로 리드줄을 받친다.

라 당신을 쳐다보고 있을 것이다. 반려견은 이제 당신이 또 반대 방향으로 몸을 돌릴 것이라고 예상하기 때문이다. 바로 이때, 반려견이 당신의 행동을 예상하며 똑바로 걷는 순간에, '잘했어'라고 칭찬하며 간식을 주는 것이 매우 중요하다. 그렇게 해야 반려견은 무엇을 잘해서 칭찬받은 것인지 알 수 있다.

이 기술은 반드시 좁은 길에서 훈련해야 한다. 좁은 길에서 해야 반려견이 달려나갈 수 있는 방향이 제한되기 때문이다. 그리고 타이밍이 핵심이라는 점도 기억하자. 간식을 바로 줄 수 있도록 간식 가방이나 주머니에 넣어 두자. 반려견이 똑바로 걷는 순간에 바로 간식을 줘야 한다. 시간이 지체되어 다시 통제가 안 되는 상황에서 간식을 주면 반려견은 끌어당기는 행동에 보상을 받았다고 느낀다. 끌어당기는 습관을 굳히기 원하지 않는다면 반드시 기억해야 할 내용이다.

심하게 끌어당기는 개를 위한 특별 조언. 산책할 때 끌어당기는 개를 훈련하려면 내가 앞서 알려 준 방법을 적용하면 되지만, 어떤 개들은 이에 앞서 추가적인 조치가 필요하다. 이런 경우에는 한두 가지의 유용한 훈련 도구를 활용하면 도움이 된다. 솔직하게 말하면 동물 훈련은 언제나 어떤 기술을 적용하는가에 달려 있다. 훈련을 통해서는 문제를 궁극적으로 해결할 수 있지만, 특정 훈련 용품으로는 훈련을 대신할 수 없다. 하지만 가끔은 훈련을 시작하기 전에 동물을 통제하는 문제에 맞닥뜨린다. 만일 반려견을 훈련하는 당신이 이런 고민을 하고 있다면 고삐형 목줄이나 가슴줄인 하네스가 '나란히' 훈련을 할 때마다 미친 듯이 끌어당기는 반려견을 통제하는 데 도움을 줄 수 있다.

가장 먼저 소개할 도구는 바로 개의 머리와 입을 동시에 감싸는 고삐형 목줄이다. 나는 심하게 끌어당기는 습관을 가진 개와 산책할

머리와 몸 전체를 시계 방향으로 돌린다.

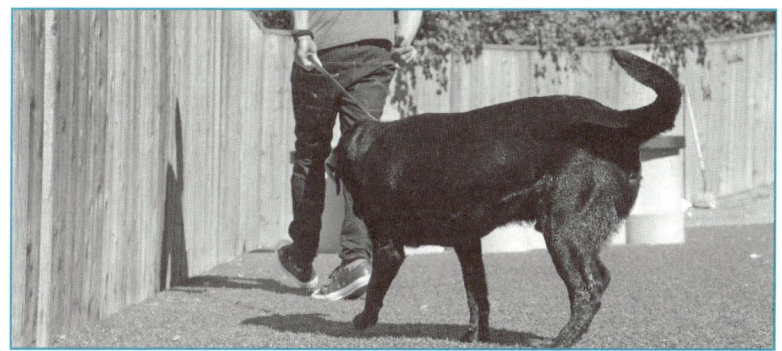

반대 방향으로 걸어간다.

때는 이 고삐형 목줄을 자주 사용한다. 개를 통제할 때 기본적으로 알아야 할 원리 중 하나는 머리가 가는 쪽으로 몸도 따라간다는 점이다. 머리와 입을 동시에 감싸는 목줄을 채우면, 리드줄을 잡은 훈련사가 수월하게 개의 머리 방향을 통제할 수 있다.

문제는 견주와 반려견 모두 이 도구에 익숙해지는 시간이 필요하다는 것이다. 고삐형 목줄의 올바른 사용법을 숙지하지 않으면 반려견이 목줄에서 빠져나올 수 있고, 그 이후에는 당신도 예상하듯 더 큰 문제가 생길 것이다. 그리고 개들은 입 둘레에 채운 줄에 익숙해지기까지 시간이 걸린다. 고삐형 목줄이 유용한 도구임은 확실하지만, 제대로 활용하려면 반드시 사용 경험이 있는 사람의 도움을 받거나 사용 안내 영상을 봐야 한다. 물론 둘 다 하면 더 좋다.

심하게 끌어당기는 습관을 지닌 개와 산책할 때는 고삐형 목줄을 사용한다.

'나란히' 훈련을 시작하기 전 반려견을 통제하는 데 또 하나의 유용한 도구는 끌어당김을 방지해 주는 하네스다. 하네스는 단순하면서도 효율적이고 사용자가 편리하게 활용할 수 있다. 하지만 하네스가 반려견을 통제하는 데 도움을 주더라도, 결국 '나란히'를 가르치는 데 조금 더 시간을 할애해야 한다. 하네스가 몸통을 잡아주긴 하지만 머리를 통제하지는 못하기 때문이다. 머리가 향하는 쪽으로 자연스럽게 몸이 따라가기에, 몸 전체가 통제되지 않는다면 끌어당기길 좋아하는 개들이 '나란히' 명령어를 습득하는 데는 시간이 걸릴 것이다.

샌디에 관한 사적인 기록

샌디는 20주에 걸친 집중 훈련을 통해 서비스견이 될 능력이 충분하다는 나의 직감이 옳았음을 증명해 주었다. 처음에 일곱 가지 기본 명령어를 모두 습득한 샌디는 곧이어 물건을 집어서 가져오기 같은 복종 훈련도 완벽히 소화해 내는 챔피언이었다. 샌디는 며칠 만에 '나란히' 명령의 기본을 익힌 뒤, 몇 주간에 걸쳐 완벽한 서비스견이 되기 위한 실력을 갈고닦았다. 그와 동시에, 샌디는 한 단계 더 나아가 팀이 계단을 오르거나 몸의 균형을 맞출 때 의지하도록 몸을 지탱하고 서서 버티는 연습도 했다.

내가 훈련한 개를 새로운 주인에게 소개하는 날이면 언제나 시원섭섭한 느낌이 들지만, 서비스견의 경우 나와의 관계가 더욱 돈독하다 보니 더 섭섭한 것이 사실이다. 몇 달 동안 훈련하면서 꽤 오랜 시간을 함께 보냈기 때문이다. 개들 또한 나와의 유대 관계가 깊어져 이 순간을 조금 힘들어하고는 한다. 샌디를 데리고 처음 팀을 만나던 날도 나는 마음속으로 조금 걱정했다. 샌디와 팀이 첫 만남에 서로에게 호감을 느끼길 바랐지만, 샌디가 내게서 떨어지지 않을까 봐 걱정이 되었다.

나의 걱정은 기우였다. 샌디는 팀을 보자마자 곧장 그에게로 달려가 그의 옆에 나란히 앉았다. 팀은 나와 대화하면서도 계속해서 샌디의 머리를 쓰다듬어 주었다. 누구라도 이 장면을 보았다면 샌디를 팀이 지금껏 길러 온 반려견으로 생각했을 것이다. 다음 날 팀이 샌디의 도움을 받는 법을 배울 때는 둘 다 아주 자연스럽게 서로에게 의지했다. 그것은 누가 가르쳐 준다고 되는 것이 아니었다. 내가 팀에게 샌디를 의지해 한두 계단 올라가 보라고 주문했더니, 그들은 서른 단이나 되는 계단을 거뜬히 올라가 나를 놀라게 했다. 팀은 다시 한 번 자신의 용맹함을 증명해 보였고, 샌디는 어떤 과제라도 동일하고 완벽하게 해낼 수 있음을 확인시켜 주었다.

이후에도 나는 팀과 자주 연락하는데 그는 샌디가 경험이 쌓이면서 더욱 노련해졌다고 전해 주었다. 샌디는 팀이 어디를 가든 함께하며 도와주고, 사람들은 그 둘의 완벽한 조합에 항상 깊은 인상을 받는다고 한다. 나는 어떤 개가 가장 좋았다고는 절대로 말하지 않지만, 견주와 반려견이 이런 놀라운 조합을 이루는 데 내가 한몫한 것이 가장 뿌듯한 일 중 하나라고는 확실히 말할 수 있다.

PART 3
여덟 가지
문제 행동 해결하기

우리 개가
대소변을 못 가리고,
영역 표시를 해요

생후 5개월 된 포인터 믹스견 한 마리가 벼룩이 득실거리는 상태로 위험한 거리를 돌아다닐 때 누구도 이 강아지에게 무슨 일이 있었는지 알 수 없었지만, 이 강아지에게 집이 필요하다는 사실만큼은 분명했다. 그는 아직 어렸고, 이렇게 어린 나이에 버림받기에는 너무 귀여웠다. 내가 유기견 보호소에서 챈스를 만났을 때 강아지 치고는 매우 차분해 보였지만 훈련을 한 번도 받아 본 적이 없는 듯했다. 살던 집이 있기는 했는지도 의심스러웠다. 챈스가 얼마 동안 집중할 수 있는지 보려고 간단한 테스트를 해 보니, 불과 3초를 채우기도 전에 다른 재미난 것에 시선을 돌렸다.

훈련소에 와서도 크게 나아지지 않았다. 발랄하고, 호기심이 가득하며, 약간 멍청해 보이기도 하는 챈스는 새로 보이는 것마다 관심을 가졌다. 사실 그에게는 모든 것이 새로웠다. 세상 경험이 없는 어린 강아지에게는 너무나도 자연스러운 현상이다.

다행히도 챈스는 집중력은 부족해도 배우려는 의지가 강했다. '앉아' 명령은 빨리 습득했고, '엎드려'를 배우는 데는 늑장을 부리기도 했다. 포인터 견종이 보통 예민하고 완고하다 보니 새로운 것을 배우는 데 조금 시간이 걸리기도 한다. 달리 말해 완고한 성격의 견종을 훈련시킬 때는 덜 독립적인 견종을 훈련할 때보다 조금 더 설득력 있게 가르쳐야 한다. 챈스는 '엎드려'라는 고비를 넘기고 나니 '기다려'와 '안 돼'는 금방 익혔다.

챈스와 나는 훈련을 성공적으로 마친 것을 기념하며 소파에 올라가 함께 방방 뛰었다. 하지만 내가 물병을 가지러 부엌에 잠깐 다녀왔을 때, 챈스에게 가장 시급한 일은 일곱 가지 기본 명령을 배우는 것이 아니라 대소변 가리기라는 사실을 깨달았다. 나는 챈스가 기본적인 실내 생활 예절을 이미 배웠다고 착각한 것이었다. 챈스는 배변 훈련을 할 월령이 한참 지났음에도 카펫과 잔디를 아직 구분하지 못했다. 온 세상이 챈스의 화장실이었고, 이는 반려견이 될 기회를 갖지 못하게 되는(혹은 버림받을 수도 있는) 심각한 문제였다. 새로 데려온 개를 너무 믿은 것은 내 잘못이지만 이 개에게 필요한 것을 가르치는 것도 내 책임이었다.

가장 흔한 문제 행동 중 가장 바로잡기 쉬운 것이 바로 배변 습관이다. 이 문제를 해결하는 훈련은 개의 본능과 직결되어 있기 때문이다. 배변 훈련을 제대로 못 했다고 해서 견주가 장기적으로 심각한 문제를 겪는 것은 아니지만, 반려견들이 유기견 보호소로 보내지는 이유 중 하나가 바로 배변 습관이다. 그 누구도 러그나 소파를 더럽혀서 계속 청소하게 만드는 반려견을 원하지 않을 것이다. 어떤 사람들은 배변 훈련에 조금 어려움이 있다 싶으면 반려견을 너무 빨리 포기해 버리기도 한다.

내가 챈스의 새로운 주인으로 염두에 둔 사람은 매일 직장에 반려견을 데려와도 된다는 허가를 받은 사람이었다. 온 세상을 자기 화장실로 여기는 챈스가 새 주인과 종일 함께할 수 있는 기회를 망치게 둘 수는 없었다. 나는 일단 일곱 가지 기본 명령 훈련을 보류하고 배변 훈련에 초점을 맞추었다.

가장 절실한 문제, 대소변 가리기

반려견이 강아지든 성견이든 대소변 가리기는 심각한 문제다. 전 세계 동물 보호소의 자료를 살펴보면, 보호소로 오는 개의 약 20퍼센트 정도가 대소변을 제대로 가리지 못해 주인에게 버림받았다고 한다. 일부는 건강상 문제로 대소변을 가리지 못하지만, 대부분의 개는 제대로 된 배변 훈련을 받지 못해 대소변을 못 가린다. 챈스와 같이 귀엽고 훈련도 잘 받는, 그래서 훌륭한 반려견이 될 잠재력이 충분한 개들이 언제 어디에서 생리적인 현상을 해결할지 몰라 버림받고, 떠돌고, 목숨을 잃기도 한다니 정말 비극적인 일이다.

강아지의 입장은 더 억울하다. 강아지가 집 안 여기저기에 자주 실수를 저지르는 주요 이유는, 아직 방광이 덜 발달해 성견만큼 오랫동안 소변을 참을 수 없기 때문이다. 방광 근육은 시간이 지나면서 발달한다. 당신의 근육도 어떻게 발달하는지 한번 생각해 보기 바란다. 손에다가 뭔가를 넣고 꼭 움켜쥐면 단단한 주먹이 된다. 하지만 아기나 유아의 손에는 그만큼의 힘이 없다. 시간이 지나면서 근육이 발달해야 주먹을 쥐는 힘도 생긴다. 강아지의 방광에도 같은 원리가 적용된다. 소변을 참는 연습을 거듭할수록 근육이 발달하고 단단해져 결국 자신도 모르게 실수하는 일이 줄어들고 몇 시간씩 소변을 참을 수 있게 되는것이다.

실내에서 지내는 반려견이 대소변 실수로 집을 더럽히고 영역 표시를 하면 잠재적으로 주인의 미움을 살 수 있어 굉장히 심각한 문제다. 하지만 이 문제는 신중하고 지속적인 훈련을 통해 해결될 수 있다.

접근 방식: 배변 훈련의 삼각형 기술

나는 그 어떤 문제 행동보다도 대소변 가리기에 관한 문의 전화를 가장 많이 받기 때문에, 이 문제를 고민하는 데 많은 시간을 할애했다. 문제 행동을 하는 개 중에서 강아지와 사춘기견은 일부이며, 성견이 많은 편이었다. 배변 훈련이 안 되어서 겪게 되는 어려움은 각 연령대마다 다르지만 배변 훈련의 삼각형이라 부르는 훈련 원리는 똑같이 적용된다. 내가 다른 훈련법보다 이 원리를 선호하는 이유는, 반려견이 실수했을 때 단순히 혼내는 대신 밖에서 대소변을 잘 처리했을 때 잘했다는 사실을 효율적으로 이해시킬 수 있기 때문이다.

이 장의 후반부에서는 영역 표시를 하는 습관을 다루는 방법을 따로 알려 주도록 하겠다. 영역 표시 문제가 대소변 가리기와 비슷해 보이지만, 사실 근원적으로 다른 문제라고 할 수 있다. 집 안에서 무분별하게 대소변을 해결하는 반려견이라면 어디서 해결해야 하는지를 모르는 것이 분명하다. 하지만 가구나 벽에 조금씩 영역 표시를 하는 습관이 있는 반려견은 자신이 무엇을 하는지 잘 알고 있다. 물론 반려견은 주인의 물건에 영역을 표시하는 것이 얼마나 잘못된 행동인지는 모른다. 자기 물건마다 이름을 써 두는 어린아이처럼 개들도 자신의 공간에 체취를 남겨 내 땅, 내 땅, 내 땅임을 드러내고 싶은 것이다.

모든 것에는 순서가 있다. 우선 기본적인 배변 훈련법부터 알아보도록 하자.

단계별 훈련: 가두기, 볼일 보기, 놀기의 사이클

반려견 배변 훈련 방법 중 내가 가장 효과를 본 것은 개장을 활용한 훈련법이다. 왜 효과가 좋을까? 가장 큰 이유는, 먹고 자는 곳을 항상 깨끗이 유지하고자 하는 개들의 본능을 십분 활용하기 때문이다. 이 원리는 예외 없이 거의 모든 개에게 적용된다. 단순히 개장에 넣어 두는 것으로 충분하지 않다. 대소변 가리기를 제대로 가르쳐 올바른 배변 습관을 굳히게 하려면 적절한 훈련 환경을 마련해 주어야 한다. 세 부분으로 구성된 배변 훈련의 삼각형 원리는 따르기 쉬울 뿐더러 제대로 하면 매우 효과적이다. 대부분의 개가 일주일 또는 더 빨리 그 원리를 이해할 것이며, 아무리 고집이 세고 배우는 속도가 느린 개라도 한두 주 꾸준히 연습하면 익힐 수 있다.

삼각형 원리는 개가 자유롭게 논 뒤, 개장이나 우리에 갇혀 있다가, 밖으로 나가 대소변을 보는 세 가지 분리된 기회를 제공한다. 이 방법은 훈련하는 동안 내부에서 실수하지 않도록 도와주는데, 이 부분이 바로 성공의 핵심이라고 할 수 있다. 반려견이 실내에서 실수를 많이 해서 체취가 많이 남을수록 실수를 다시 저지를 확률이 높아진다. 실수를 많이 하면 질책도 많이 당하게 될 것인데 누가 이런 부정적인 상황을 원하겠는가? 중요한 것은, 주인이 보지 않을 때 반려견이 집에서 대소변을 보는 횟수가 늘어날수록 반려견은 그 행동을 자연스럽게 여기고 더 자주 실수하게 된다는 점이다. 많은 반려견이 이 때문에 결국 배변 훈련에 성공하지 못하기도 한다.

배변 훈련을 시작하기 전에, 다음과 같은 것들을 준비해야 한다.

- 개장이나 실내용 작은 울타리
- 리드줄
- 간식
- 지속적인 인내심

이 방법으로 훈련시킬 때는 알맞은 크기의 개장이나 울타리를 선택하는 것이 중요하다. 너무 커도 안 되고 너무 작아서도 안 된다. 반려견이 앉거나 서거나 갇힌 상태에서도 편하게 엎드릴 수 있다면 가장 좋고 그 이상은 필요 없다. 만일 반려견이 개장 안에서 돌아다니거나 특히 구석에서 볼일을 봐도 그 부분을 피해 다닐 수 있는 크기라면, 공간이 너무 넓다는 뜻이다. 추후에 개장을 다른 용도로도 사용하고 싶거나 조금 큰 것을 원한다면, 혹은 한창 자라고 있는 강아지가 앞으로도 사용할 수 있는 크기를 원한다면, 현재 반려견의 몸집에 알맞게 박스 등을 활용해서 공간을 나누어도 좋다. 훈련을 위해서는 반려견의 키, 길이, 덩치보다 약간만 더 큰 공간을 만들어야 한다. 챈스를 훈련하기 위해서 나는 거실에 지붕이 없는 작은 울타리를 설치했다. 대부분의 개는 개장에 재빨리 적응하고 만족한다. 드물기는 하지만 반려견이 갇혀 있는 것을 견디기 힘들어하거나 한 번도 갇혀 본 경험이 없는 노견이라면, 혹은 견주인 당신이 철제나 플라스틱으로 된 울타리를 선호한다면, 개장 대신 작은 울타리를 설치해도 효과적이다.

　이 훈련을 시작하는 데 가장 이상적인 시기는 생후 12주가 지나 밤새 소변을 참을 수 있게 되었을 때다. 이때는 강아지의 배설 작용이 느려져 낮에 활동할 때보다는 밤에 잘 때 더 오랫동안 소변을 참을 수 있게 된다. 만일 반려견이 아직 생후 12주도 되지 않았다면, 이 방법으로 훈련을 시작해도 되지만 아마 몇 주 동안은 밤중에도 데리고 나와 소변을 보도록 해야 할 것이다. 생후 12주가 지나도 대부분의 개가 밤중에 자다가 깨서 울거나 개장에서 나오려고 하지만, 보통 15분이 지나면 다시 잠든다. 만일 반려견이 밤중에 계속 울 때 소변을 보게 하려면, 일단 울음을 그칠 때까지 30초만 더 기다려 주자.

이 개장의 크기는 룰루에게 딱 들어맞는다. 룰루가 편하게 앉고, 서고, 엎드리는 것이 가능하기 때문이다. 그것으로 충분하다.

밤에 울면 주인의 관심을 받고 개장을 나갈 수 있다고 생각하면 그것이 습관으로 굳어질 수 있기 때문이다.

1단계. 반려견의 방광이 밤새 가득 차지 않도록 불 끄기 2시간 전에는 물을 주지 않는다. 반려견이 잠들기 전 마지막으로 밖에 나가 볼일을 보게 한 뒤 개장이나 울타리에 넣는다. 아침에 눈 뜨자마자 해야 할 일은, 개장에서 반려견을 나오게 하고 곧바로 밖으로 나가는 것이다. 단 몇 초라도 실내를 돌아다니거나 나오는 길에 부엌에 들러 간식을 주어도 안 된다. 반려견은 바로 밖으로 나가야 하며, 당신은 소변이 급한 상황을 잘 활용해야 한다. 아침부터 반려견이 실수한 카펫을 닦으며 하루를 시작하고 싶은 사람은 없을 것이다. 그러니 반려견을 안고 밖으로 나가든지, 리드줄을 채우고 서둘러 데리고 나가자. 당신의 목표는 반려견의 실수를 예방하는 것이다.

2단계. 일단 밖으로 나갔다면 반려견에게 '쉬해'라고 말한 후 기다린다. 원한다면 다른 명령어를 사용해도 좋지만, 같은 상황에서 지속해서 사용할 수 있는 명령어를 선택하자. 기다리는 동안 밤새 꼼짝않고 갇혀 있던 반려견이 반드시 볼일을 봐야 함을 인지시키며 계속해서 '쉬해'라고 말한다. 반려견이 소변을 본다면 끝날 때까지 기다리며 한 번 더 명령어를 말하고, 간식을 주며 칭찬해 주자. 이때는 타이밍이 매우 중요하니 반려견이 소변을 본 직후에 바로 간식을 주도록 한다. 간식을 너무 늦게 주면 반려견은 어떤 행동 덕분에 보상을 받았는지 연관 짓지 못한다. 간식을 가지고 나가되, 손에 들고 있지 말고 주머니에 넣어 둬야 한다. 반려견이 미리 간식을 보면 간식에 신경 쓰느라 볼일을 보는 데 집중할 수 없기 때문이다.

3단계. 반려견이 외부에서(되도록 소변과 대변 모두) 볼일을 끝냈다면, 이제 집 안으로 들어가 당신의 감독 아래 자유 시간을 가질 권리가 있다. 여기서 중요한 점은 반드시 당신의 감독이 필요하다는 사실이다. 1단계에서와 마찬가지로 당신이 해야 할 역할은 반려견의 실수를 예방하는 것이다. 반려견을 당신과 같은 공간에 두고 계속 지켜보며 타이머를 한 시간으로 맞춰 둔다(몸집이 작은 견종의 경우, 30분에서 45분 정도로 맞춘다). 자유 시간이 끝나면 반려견을 다시 개장이나 울타리 안에 보낸다. 타이머를 2시간 후로 맞추고 타이머가 울리면 반려견에 리드줄을 채워 곧장 밖으로 데려가 다시 이 과정을 반복한다. 필요한 경우 반려견의 크기와 그동안의 기록을 바탕으로 시간을 조절할 수 있다. 일반적으로 대형견이 소형견에 비해 소변 간격이 길다.

이렇게 개장 안에 들어가고, 밖으로 나가 볼일을 보고, 실내에서 자유롭게 노는 세 단계의 과정이 바로 배변 훈련의 삼각형이다. 며칠간 이 단계에 따라 반려견을 훈련하면 반려견은 밖에서 볼일을 봐야 한다는 점을 인식할 뿐 아니라 '쉬해'라는 말을 들으면 바로 소변을 봐야 한다는 사실도 이해하게 된다. 날씨가 춥거나 비가 올 때는 밖에 나가서 반려견이 신속하게 대소변을 해결해야 당신도 편할 것이다.

4단계. 대소변을 볼 때는 밖으로 나가야 한다는 사실을 반려견에게 가르치면서 훈련 과정에 점진적인 변화를 주어야 한다. 바로 개장에 갇혀 있는 시간을 매일매일 조금씩 줄이고 자유롭게 노는 시간은 조금씩 늘리는 것이다. 자유 시간을 처음 한 시간으로 늘렸을 때 반려견이 잘 적응했다면, 다음 날은 자유 시간을 한 시간 반 정도로 늘려 보고, 그 다음 날은 두 시간 정도로 늘린다. 그리고 자유 시간을 30분 늘릴 때마다, 개장에 갇혀 있는 시간은 15분씩 줄여 간다. 그렇게 일주일이 지나고 나면 반려견은 다섯 시간 정도 자유 시간을 보낸 후 30분에서 한 시간 정도만 개장에 갇혀 있어도 된다. 반려견이 일단 이 정도의 패턴을 유지한다면, 이제 개장에 들어가는 시간을 완전히 없애는 시도를 해도 좋다.

실내에서 배변 훈련 하기

나는 많은 견주로부터 실내에서 패드를 사용해 대소변을 가려야 하는 반려견을 위한 훈련 방법을 문의받았다. 나는 실제 훈련에서 패드를 사용해 본 적이 없지만, 만일 날씨가 궂은 곳이나 아파트 9층에 사는 독자라면, 패드는 배변 훈련에서 필수 도구가 될 것이다. 패드를 사용하는 경우는 배변 훈련의 삼각형 기술에서 밖으로 나가는 부분을 패드로 대체하면 된다.

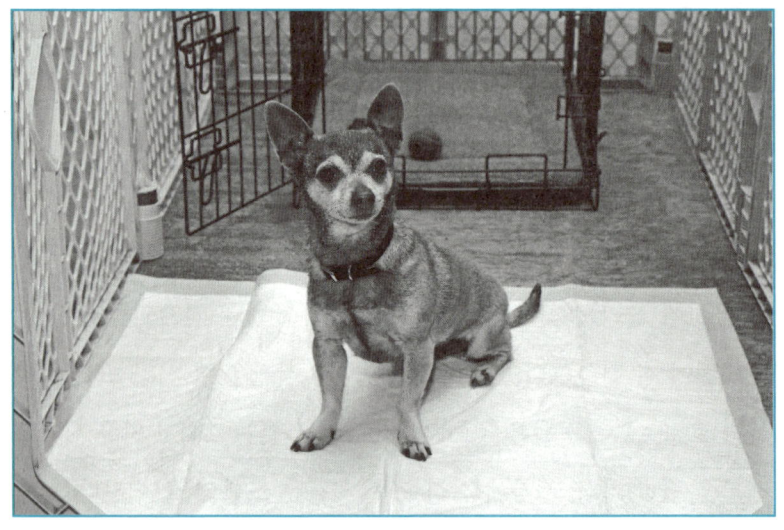

패드를 사용해 배변 훈련을 한다면 먼저 훈련용 패드를 개장이나 울타리 바로 앞에 놓아둔다.

먼저 훈련용 패드를 개장이나 울타리 바로 앞에 두고 밖으로 나가서 볼일을 보는 대신 패드 위에 올라가도록 한 뒤 '쉬해'라고 말한다. 반려견이 패드에 익숙해지면 패드를 조금 멀리 떨어뜨려 놓고 볼일을 볼 때마다 패드에 올라가도록 한다. 연습을 충분히 했다면 반려견이 활동 가능한 넓은 울타리를 설치하고 한쪽에는 잠자고 놀 수 있는 공간을 마련한 뒤, 반대쪽에는 대소변 패드를 깔아 준다.

배변 훈련시 꼭 기억할 여섯 가지

항상 그렇듯 이 기술을 성공적으로 훈련시키기 위한 몇 가지 조언을 일러두겠다.

반려견이 대소변을 밖에서만 해결해야 한다는 점을 완전히 습득하기 전에는 반려견이 자유롭게 노는 시간에 지켜보자. 이것은 반드시 지켜야 하는 사항이다! 반려견이 실내에서 놀다가 배변 실수를 하면 바로 그 현장에서 완고한 톤으로 '안 돼'라고 말해 주어야 한다. 곧이어 다루게 될 영역 표시 습관을 바로잡는 기술을 활용해도 된다. 하지만 반려견이 실수하는 순간에 발견하지 못하고 한두 시간 후에 실수를 알아차렸다면, 그냥 깨끗이 치우는 것으로 끝내야 한다. 시간이 흐른 뒤 혼내는 것은 아무 의미가 없다. 반려견은 당신이 무엇 때문에 화가 난 것인지 이해하지 못한다. 그러므로 효과적인 훈련을 위해 처음 며칠간은 반려견이 당신의 시야에서 벗어나지 않도록 해야 한다.

반려견을 밖으로 데리고 나가 대소변을 보도록 하기 약 10분 전에 개장 안에 사료를 준다. 대부분의 개(특히 강아지들)의 소화 기관은 식사 후 비교적 빠르게 소화 운동을 하기 때문에, 시간을 제대로 맞추면 반려견에게 '쉬해' 명령을 더 수월하게 가르칠 수 있고, 당신 또한 불필요한 청소를 하지 않아도 된다.

개장을 머물기 좋은 장소로 만든다. 개장이 꼭 지하 감옥 같을 필요는 없다. 반려견은 개장에서 휴식하는 법을 배우고 긍정적인 경험을 해야 한다. 장난감이나 개껌, 편안한 담요 등을 놓아두면 반려견이 편안함을 느끼는 데 도움이 될 것이다(훈련 중 입에 녹는 개껌이나 고기가 붙은 뼈다귀는 주지 않는 것이 좋다. 반려견의 소화 기능을 촉진해 더 자주, 더 급하게 볼일을 보게 될 수 있다).

계획대로 나간다. 대부분의 개들, 그중에서도 강아지들은 개장이나 울타리에 들어간 처음 며칠간은 반항하기 일쑤다. 이런 개들은 짖고, 짖고, 또 짖는다. 이 상황을 해결하기 위해서는 두 가지 선택을 할 수 있는데, 어떤 선택이든 훈련을 포기하고 반려견을 꺼내 줄 필요는 없다. 당신은 조용한 곳으로 들어가 반려견이 짖는 소리를 무시하든지, 동전이 든 병이나 셰이크 앤 브레이크를 사용해 반려견에게 '조용'이라는 명령을 가르쳐야 한다(14장 참조). 아주 많은 사람이 이 문제로 배변 훈련을 포기하고는 하는데, 결과적으로는 반려견이 심하게 짖으면 원하는 것을 얻을 수 있다고 배우게 될 뿐이다. 계획대로 훈련을 진행하고 의지와의 싸움에서 반드시 승리하자.

동기 부여하기. 반려견을 개장에 넣거나 울타리에서 데리고 나올 때 긍정적인 태도를 유지하자. 굉장히 많은 견주가 반려견에게 배변 훈련을 시키면서 소리를 지르거나 혼내고는 하는데, 결국 반려견과 견주 모두 화가 나고 훈련 과정은 늦어질 뿐이다. 당신은 반려견의 예절 교육 중 가장 중요한 이 과정이 가능하면 긍정적인 경험이 되기를 바랄 것이다. 이 훈련이 반려견에게도 긍정적인 경험이 되어야 반려견이 대소변을 빨리 가리게 될 뿐더러, 당신을 좋은 선생님이자 좋은 친구로 바라보게 될 것이다.

방광 근육에 관해 조금 더 이야기해 보자. 개장 안에 갇혀 있으면 반려견은 어쨌든 소변을 참고 덕분에 방광 근육은 강화된다. 강화된 근육은 이 방법이 성공하는 비법 중 하나다. 반려견이 규칙적으로 정해진 시간만큼 개장 안에 들어가 있도록 하면 반려견의 방광 근육이 발달해 소변을 통제하기도 쉬워진다.

마지막으로. 배변 훈련의 삼각형 기술을 단계별로 차근차근 연습한다면 90퍼센트의 개는 일주일 안에 효과를 볼 것이다. 하지만 대소변 가리기가 대단히 중요한 습관인 만큼 여러 변수에 따라 훈련을 완전히 습득하는 데 걸리는 시간은 개마다 다를 수 있다. 예를 들어 반려견의 크기는 배변 훈련에 영향을 미친다. 당신의 반려견이 아주 작거나 당신의 집이 아주 크다면, 반려견이 규칙을 익히는 데 추가적인 시간이 필요할 수 있다. 몰티즈, 요크셔테리어, 치와와처럼 작은 개들은 실내의 모든 공간에서 볼일을 볼 수 없다는 사실을 이해하는 데 시간이 더 걸릴 수밖에 없다. 무엇보다도 그들은 아주 작은 공간만 있으면 되기 때문이다. 큰 집에 사는 대형견들도 마찬가지다. 만일 당신의 집에 10개의 방이 있는데, 반려견이 모든 방에 들어가도 되지만 어떤 방에서도 볼일을 봐서는 안 된다면, 반려견을 방마다 일일이 데려가 훈련하면서 집 전체에 대한 접근 범위를 넓혀 가야 할지도 모른다.

그 외에 배변 훈련에 추가적인 시간이 필요한 개가 있다면 어린 강아지들과 보호소에서 입양한 개들이다. 어린 강아지일수록 생각도 덜 성숙했지만, 방광 근육 또한 덜 발달했다. 유기견 보호소에서 데려온 개들은 그동안 길거리를 돌아다니거나 보호소 개장에 갇혀 지냈기에 갑작스레 따라야 할 규칙을 버겁게 느낀다. 그런 경우도 훈련에 시간이 더 걸릴 수 있다. 아파트에서만 지내며 패드에 대소변을 봤던 개들에게 밖으로 나가 볼일을 보는 훈련을 시키면 빨리 적응하지 못하기도 한다.

마지막으로, 나이든 개들은 규칙을 따르려는 의지가 있어도 몸 상태가 옛날 같지 않을 수 있다. 만일 나이든 반려견이 대소변을 가리지 못하기 시작한다면 수의사를 찾아 요로 감염이 아닌지 확인해야 한다. 나이가 들어 자연스럽게 대소변을 잘 가리지 못하게 된 것이라면 더 자주 밖으로 데리고 나가 볼일을 보도록 해 주자. 만일 지금까지 대소변을 잘 가리다가 갑자기 배변을 제대로 조절하지 못해 집 안에 실수했다면, 당신이 아니라 바로 반려견 자신이 스트레스를 가장 많이 받고 있을 것이다.

일주일 안에 90퍼센트 성공하는 영역 표시 훈련

누구나 영역 표시 하는 개를 본 적이 있을 것이다. 그런데 반려견이 집에다가 영역 표시를 한다면, 이를 좋아할 사람은 아무도 없다. 이 고약한 습관은 가구에 얼룩을 남길 뿐 아니라 집에서 냄새가 나게 만든다. 특히 수캐를 키우는 경우 영역 표시는 가장 큰 문제 중 하나임이 분명하다. 많은 견주가 반려견이 영역 표시를 하는지 눈치도 못 채다가, 어느 날 우연히 한 곳을 발견하고 연이어 다른 곳도 발견한 뒤에야 내게 연락해 반려견이 몇 달간 집에다가 영역 표시를 했다고 문의하고는 한다. 반려견이 대소변을 잘 가린다고 생각했다가 영역 표시를 한다는 사실을 알게 되면 매우 낙담할 수밖에 없다. 다행히도 이 고약한 습관은 고칠 수 있다. 나는 내가 개발한 이 방법으로 수년간 셀 수 없이 많은 개를 훈련했고, 90퍼센트 이상이 일주일 만에 그 고약한 습관을 고쳤다. 성공할 확률이 매우 높은 방법이니 이제 시작해 보도록 하자.

단계별 훈련: 감시와 즉시 훈육

이 문제를 해결하기 위해서는 다음과 같은 준비물이 필요한데, 몇 가지 준비물 때문에 약간 어리둥절할지도 모르겠다.

- 리드줄
- 일반형 목줄 또는 하네스
- 콘크리트 블록 (벽돌)
- 소형 카메라 (감시용)
- 자외선 랜턴 (소변 얼룩 감지용)

마지막 세 가지 준비물을 보고 당황하지 말자. 중고로 구매한 저렴한 소형 카메라도 괜찮다(노트북에 달린 웹캠이나 핸드폰 카메라라도 감시만 할 수 있다면 상관없다). 자외선 랜턴은 장비 할인매장이나 반려견 용품점에서 만 원에서 만오천 원 정도에 구할 수 있다. 장비가 다 준비되었다면 이제 훈련을 시작하자.

1단계. 가장 먼저 할 일은 문제의 장소를 찾아내는 것이다. 반려견이 영역 표시를 한다는 사실을 인지했다면 아마 몇 달간 같은 장소에 표시했을 것이다. 그동안 그 장소는 반려견에게 자신의 영역이 되었고 반려견은 계속해서 자신의 소유권을 나타내고 있었을 것이다.

일단 문제의 장소를 모두 찾아내는 것이 문제 해결의 시작이다.

불을 다 꺼서 어둡게 한 뒤 자외선 랜턴을 켜고 방 구석구석을 비춰 보자. 그동안은 눈치채지 못했던 부분이 빛나고 있다면? 그것은 유령이 지나간 흔적이 아니다. 차라리 그랬다면 좋겠지만 말이다. 그 흔적들은 모두 당신의 물건에 반려견이 자신만의 체취를 남겨 영역을 표시한 소변 자국이다. 소변 자국이 남은 위치에 대해 한번 생각해 보자. 개들은 주로 가구나 붙박이장의 모퉁이에 흔적을 남긴다. 낮은 위치다 보니 한쪽 다리를 살짝 들고 소변을 찔끔 누기에 좋기 때문이다. 그 주변을 보면 보통 바닥에도 소변이 몇 방울 떨어져 비슷한 자국이 남아 있다. 그 부분을 흰색 마른걸레로 닦았을 때 노랗고 찐득한 잔여물이 묻어 나온다면 반려견의 흔적임이 확실하다.

이제 다음 단계로 넘어가기 전에 마음을 단단히 먹고 조금은 더럽게 느껴지는 일을 해야만 한다. 반려견이 영역 표시로 남긴 흔적들을 깨끗이 닦아 내서 가구든, 카펫이든, 다른 위치든 더 이상 고약한 냄새가 나지 않도록 하는 것이다. 반려견이 꽤 오래 영역 표시를 해 왔다면 한 번에 깨끗하게 닦이지 않을 수도 있다. 시간이 얼마가 걸리든 문제의 뿌리를 뽑기 위해서는 훈련 전에 반드시 거쳐야 하는 과정이다. 반려견의 체취가 남아 있는 한 반려견은 본능적으로 그 위치에 가서 다시 영역 표시를 하게 될 것이다. 그 부분을 깨끗이 청소해 냄새를 제거하는 것만으로도 이 게임에서 어느 정도 우위를 차지할 수 있다.

할 수 있는 만큼 최선을 다해 청소했다면, 이제 진짜 훈련으로 넘어가도록 하자.

2단계. 다음으로 감시용 카메라를 설치한다. 반려견이 영역 표시를 하던 곳을 깨끗이 청소했다면 그곳에 감시용 카메라를 설치한 뒤 반려견이 자유롭게 돌아다니도록 놔두고, 당신은 보이지 않는 곳에서 촬영 장면을 실시간으로 지켜본다. 매우 고약한 습관의 반려견은 특히 방에 혼자 남았다면 몇 분도 채 지나지 않아 자신의 카드를 드러내 보일 것이다. 보통 이런 개들은 그 방에 들어가면 가장 먼저 영역 표시부터 한다. 어떤 개들은 시간이 조금 지나고 나서 행동을 개시할 것이다. 어떤 경우든 당신은 화면을 지켜보며 그 순간을 기다린다. 반려견이 일단 한쪽 다리를 들었다면, 즉시 그 방으로 가서 '안 돼'라고 말하며 반려견을 꾸짖고 방금 영역을 표시한 그 부분을 반려견에게 확인시킨다. 이때는 짧고 부드럽게 꾸짖어야 한다. 더 중요한 다음 단계로 바로 넘어가야 하기 때문이다.

일단 '안 돼'라고 말했다면 리드줄을 가져와 반려견의 목줄이나 하네스에 채우고 리드줄의 반대쪽 끝을 반려견이 영역 표시를 한 가구의 모퉁이에 붙들어 맨다. 이때 리드줄에 어느 정도 여유가 있도록 묶어서 반려견이 일어서거나 엎드릴 수 있도록 해야 하지만, 그 이상의 여유는 필요 없다. 효과를 보기 위해서는 제대로 조치해야 한다. 만일 소파 가운데처럼 반려견이 영역 표시 하는 곳에 리드줄을 묶을 데가 없다면 앞서 언급한 콘크리트 블록(벽돌)을 가져와 문제의 장소 옆에 두고 거기에다가 리드줄을 묶는다. 이제 반려견을 30분 동안 문제의 장소 옆에 세워 두고 방금 무슨 일이 있었는지 생각할 기회를 주도록 하자.

이 시간 동안은 무슨 일이 있어도, 특히 반려견이 울거나 짖더라도 무시해야 한다. 동전이 든 병이나 셰이크 앤 브레이크를 동원해 '조용' 명령을 사용해서라도 반드시 이 시간을 지키도록 하자. 이 과정에서 협상이란 없다. 반려견이 범인으로 잡힌 이상 반성의 시간을 가져야 한다. 반려견이 30분을 꽉 채워 반성의 시간을 가졌다면 이제 리드줄을 풀어 주자. 반려견을 풀어 줄 때 칭찬하거나 보상을 주거나 심지어 달래 주는 말을 해서는 안 된다. 훈육하는 중에는 신중한 태도를 보여야 하므로 가장 좋은 방법은 아무 말도 하지 않는 것이다. 반려견을 풀어 주었다면 방금 반려견이 영역을 표시한 부분을 깨끗이 닦아 내 체취가 남지 않도록 한다.

룰루가 자신이 영역 표시를 한 탁자에 붙들려 있다. 일반형 목줄이나 하네스를 사용하고, 반려견이 서거나 엎드릴 수 있도록 리드줄도 여유 있게 묶는다. 이 과정에서는 당신이 계속 지켜보고 있어야 한다.

3단계. 화면을 보며 반려견의 행동을 감시하는 것부터 모든 과정을 반복한다. 반려견이 또 영역 표시를 한다면 재빨리 급습해 앞서 진행한 단순하고 간단명료한 과정대로 훈련한다. 얼마가 걸리든 이 과정을 반복하자. 많은 개가 보통 이틀이면 이 훈련을 이해한다. 물론 일주일이나 그 이상의 시간이 걸리는 개들도 있다.

이 훈련의 이론은 간단하다. 개들은 본능적으로 자신의 배설물 근처에 있는 것을 싫어하기 때문에, 일정 시간 배설물 옆에 머물게 함으로써 반심리학의 원리를 활용하는 것이다. 그들이 자신의 소유라고 주장하는 것을 예상보다 더 많이 줌으로써 긍정적인 느낌을 부정적인 느낌으로 바꾸는 것이다. 예전에 부모들이 담배를 피우는 청소년 자녀에게 담배 한 갑을 다 피우게 한 것과 일맥상통한다. 반려견을 자신의 배설물 옆에 세워 두는 것은 담배 한 갑을 다 피우게 하는 것만큼 가혹하지는 않지만, 절대로 해서는 안 되는 행동을 명확히 인식시키는 데는 도움이 된다.

영역 표시 훈련시 꼭 기억할 다섯 가지

여기서는 몇 가지 사항을 꼭 짚고 넘어가야 한다.

리드줄을 붙들어 맬 때는 길이를 적당하게 조절한다. 리드줄을 맬 때는 반려견이 서거나 엎드릴 정도의 여유를 두어야 하지만, 그 이상으로 길어서는 안 된다. 리드줄을 너무 길게 하면 반려견은 자신의 배설물과 너무 멀리 떨어져 돌아다닐 수 있으므로 반성할 기회를 잃게 된다. 반면 리드줄이 너무 짧으면 엎드릴 수 없다. 이 과정의 목적은 체벌이 아니다. 반려견이 자신의 배설물과 아주 가까운 곳에 머무르며 불편함을 느끼도록 해야 한다. 리드줄 때문에 움직이지 못해서 신체적 불편함을 느끼게 하는 것이 목적이 아니다.

초크체인이나 갈퀴가 달린 목줄을 채우지 않는다. 이 훈련을 할 때는 일반형 목줄이나 하네스면 충분하다.

반려견을 지켜본다. 반려견을 리드줄에 연결해서 붙들어 둔 동안에는 주변에서 집안일을 하거나 독서를 해도 되지만, 절대로 집을 비우지 말자.

리드줄을 물어뜯지 못하도록 한다. 이 시간 동안 반려견이 리드줄을 물어뜯는다면 빠르고 단호하게 '안 돼'라고 말한다. 많은 개가 리드줄을 물어뜯는데, '안 돼'라고 말해도 소용이 없다면 리드줄에 레몬을 문질러서 입을 대지 못하게 하자.

마지막이지만 결코 덜 중요하지 않은 조언은, 인내심을 가지고 꾸준히 훈련시켜야 한다는 점이다. 중간에 포기하면 바로잡고 싶었던 반려견의 고약한 습관을 굳히기만 할 뿐이다. 많은 개가 문제 행동을 쉽게 고치지 못하는 주된 이유는, 그들이 나쁜 개라서가 아니라 제대로 된 지도를 받지 못해서다. 당신은 주인이자 선생임을 기억하자. 가능하면 최고의 선생님, 일관된 선생님이 되려고 노력하자. 반려견이 짓고 있는 표정이 바로 당신의 표정이다.

럭키 도그의 탄생

챈스가 배변 훈련을 마치고 일곱 가지 기본 명령을 익히는 데는 그리 오래 걸리지 않았다. 챈스는 새로운 반려견의 가족이 되어 사무실에서 반려견을 자랑하고 싶은 마케팅 전문가의 집으로 갈 준비가 되었다.

이 견주는 반려견을 입양했던 특별한 경험이 있었다. 예전에 한 번 동물 보호소에서 유기견 한 마리를 구제했지만, 그 강아지는 길거리를 돌아다닐 때 걸렸던 디스템퍼(치사율이 아주 높은 바이러스성 전염병으로, 특히 개와 고양이가 잘 감염된다―옮긴이)를 이겨내지 못하고 죽고

말았다. 이 견주는 절망했지만 슬픔을 감수하고 다시 유기견을 입양하고자 했다.

나는 견주와 챈스가 완벽한 동반자가 될 수 있길 바랐다. 그녀가 휴가를 떠난 사이 나는 그녀의 사무실 바깥에 잔디를 깔아 작은 마당을 만들었다. 그녀가 여행에서 돌아왔을 때, 나는 새로운 반려견뿐만 아니라 새로운 잔디밭도 선물할 수 있었다! 챈스는 곧장 잔디로 가서 '쉬해' 명령을 잘 습득했음을 증명해 보였다. 그렇게 그 둘은 새로운 삶을 함께 시작할 준비가 되었다.

우리 개가
현관문으로 돌진해요

<u>유기견 보호소에서 처음 롤리타를 만났을 때</u> 롤리타는 겁 먹고 외로워 보였다. 주인에게 버림받은 롤리타는 누가 봐도 여전히 혼란스러워하는 모습이었다. 왜 자신이 개장에 갇혀 있는지, 사랑하고 의지했던 가족들은 어디에 있는지 도무지 알 수 없다는 표정을 짓고 있었다. 얼마나 애정에 목말랐던지, 내가 개장에 들어가자마자 롤리타는 내게 뛰어올라 와 내 가슴에 얼굴을 파묻고 내 얼굴에 입을 맞추기까지 했다.

보호소 직원이 내게 연락해 롤리타에 관하여 상담했을 때 그들은 롤리타의 약점으로 두 가지를 꼽았다. 첫째, 롤리타는 치와와였다. 미국에서 꽤 규모 있는 유기견 보호소에 있는 유기견 중 가장 많은 품종이 바로 치와와다. 둘째, 롤리타는 나이가 많았다. 많은 사람이

유기견을 입양할 때 강아지를 선호한다. 사람들은 나이가 많은 유기견보다는 강아지를 조금 더 관대하게 평가하는 경향이 있는데, 나이 많은 유기견은 특정 문제 행동 때문에 보호소에 왔다고 생각해서다.

롤리타를 훈련소로 데려왔을 때 롤리타는 자신이 이상적인 훈련견임을 신속하게 증명해 보였다. 롤리타는 집중도 잘했고 밝았으며 나를 기쁘게 하려고 항상 열심히 했다. 뭐든 해 보겠다는 듯한 롤리타의 태도 덕분에 훈련은 순조롭게 진행되었다.

그런데 하루 동안의 훈련을 잘 마친 뒤 거의 막바지에 이르렀을 때, 롤리타는 입양되지 못할 위험이 큰 습관 하나를 드러냈다. 내가 출입문을 열기가 무섭게 롤리타가 사라져 버린 것이다. 물론 아예 사라져 버렸다는 말은 아니니 너무 놀라지 말길 바란다. 하지만 롤리타는 정말 쏜살같이 뛰어나가 버렸다. 다행히 주변에 울타리가 쳐져 있어서 멀리 달아나지는 못했다. 어느 개든 현관으로 달려나가는 습관을 가지고 있다면 매우 위험하다. 주변에 야생 코요테나 방울뱀, 퓨마 등이 서식한다면 작은 개들은 자칫 밖으로 나갔다가 목숨을 잃을 수도 있는데, 도로 위에 지나다니는 자동차들은 야생 동물보다 훨씬 더 큰 위협이 될 수 있다.

나는 롤리타에게 일곱 가지 기본 명령을 가르치던 것을 중단하고 이 위험한 습관부터 고쳐 주기로 마음먹었다. 다행히 나는 그동안 럭키 도그 훈련소를 다녀간 수많은 유기견을 대상으로 이 문제를 다루었기에 롤리타의 위험한 습관을 바로잡을 수 있다는 확신이 있었다.

어렵지 않게 '현관 돌진' 습관 고치기

개들은 문이 열리면 누군가에게 '먼저 가세요' 하고 양보하는 법이 없다. 많은 개가 문이 열리자마자 달려나가기 바쁘다. 나는 직업 특성상 개를 키우는 집에 갈 때가 많은데, 열 번 중 아홉 번은 문을 열어 주던 주인이 내가 들어올 수 있도록 반려견을 붙들고 있어야 했다. 그렇게 붙들지 않는다면 아마 개들은 대문 밖으로 몇 미터씩 달려가거나, 때때로 네 다리가 달릴 수 있는 만큼 멀리 달아나 버릴 것이다. 개 훈련사들은 이런 행동을 '현관으로 돌진하기'라고 부르는데, 이 행동은 반려견이 실종되거나 더 심하면 크게 다치고 죽기도 하는 주요 이유 중 하나다. 이 행동은 안전하지 않기에 절대 용납해서는 안 된다.

집 밖에는 다양한 위험이 도사리고 있다. 그것이 야생 동물일 수도 있고, 다른 개나 자동차, 웅덩이, 독성 물질, 날카로운 물체 등일 수도 있다. 당신 집 근처에 도사린 위험이 무엇이든 간에, 반려견은 당신이 문을 열었을 때 나가도 된다는 허락을 받을 때까지 기다려야 한다는 점을 배워야 한다. 리드줄을 차고 있는 상태라도 말이다.

다행인 것은 반려견의 목숨을 구할 수 있는 이 훈련은 상대적으로 쉬운 편이다. 이제부터 내가 이 위험한 습관을 바로잡는 기술을 알려 주고 특별히 고집 센 개, 혹은 자동차 밖으로 튀어나오는 변수를 위한 훈련법도 알려 주겠다.

접근 방식: 재미 없는 일로 만들기

이 기술의 비법은, 문제 행동을 바로잡는 다른 여러 기술과 마찬가지로 당신이 반려견과의 싸움에서 이기는 데 있다. 당신이 현관으로 돌진하는 반려견의 행동을 재미없게 만들어 형세를 역전시킨다면, 반려견은 흥미를 잃고 더 이상 문제 행동을 하려고 하지 않을 것이다. 개들은 한 번 흥미를 잃으면 더 이상 그 행동을 하지 않고 덜 위험한 다른 활동으로 주의를 돌리기 마련이다.

집에서 할 수 있는 단계별 훈련

우선 훈련에 필요한 도구를 준비하자.

- 6미터짜리 리드줄
- 하네스나 일반형 목줄

당신이 원하면 간식을 준비해도 되지만 꼭 필요한 것은 아니다. 나는 어떤 행동을 가르칠 때마다 거의 대부분 반려견에게 간식을 주지만, 문제 행동을 고칠 때는 간식을 주지 않는다. 예를 들어 반려견이 아무것도 모르는 상태에서 특정 행동을 배워야 한다면, 동기 부여를 위해 보상이 필요하다. 하지만 나쁜 행동을 못 하게 하려고 훈련할 때는 원래부터 하지 말았어야 할 행동을 안 했다고 해서 보상해 주지 않는다. 이것은 마치 자녀가 운전을 배울 때 빨간불 앞에서 멈춰 섰다고 해서 보상해 주지 않는 것과 같다. 만일 훈련 중에 추가적인 동기 부여가 필요하다고 생각된다면, 간식을 조금씩 줘도 해가 되지는 않는다. 하지만 어떤 개들은 너무 똑똑한 나머지 간식을 얻으려고 일부러 잘못된 행동을 해서 훈련을 받고자 한다! 이는 똑똑한(그리고 먹을 것을 좋아하는) 개들이 아주 옛날부터 써먹은 속임수 중 하나다.

1단계. 반려견에게 일반형 목줄이나 하네스를 채운 뒤, 기다란 리드줄을 걸어 뒤쪽으로 늘어뜨려 놓는다. 훈련 중 반려견이 갑자기 뛰어나가면 리드줄을 밟아서 제지할 수 있도록 한다. 리드줄을 밟지 못한다면 아무 소용이 없다. 다음으로 반려견을 데리고 현관 쪽으로 간다.

2단계. 현관문을 약 3~5센티미터 정도 열었다가 재빨리 닫는다. 대부분의 개는 문이 열리면 거기에 집중하는데, 어떤 개들은 너무 흥분해서 약간의 틈만 보여도 뛰어나가려 한다. 하지만 문을 바로 닫아 버리면 대부분의 개는 달려오다 말고 멈추어 선다. 문을 닫을 때 반려견의 얼굴이 부딪히지 않도록 주의하자. 문을 살짝 열었다가 반려견이 너무 가까이 오기 전에 닫도록 하자. 이 기술에서는 타이밍과 속도가 핵심이다. 문을 닫고 나면, 반려견이 다시 안정을 찾고 뒤로 되돌아가 앉을 때까지 기다린다. 반려견이 앉으면 문을 열고, 닫고, 기다리는 과정을 반복한다. 타이밍과 속도가 중요하다는 점을 항상 기억하자. 이 과정을 여러 번에 걸쳐 반복해야 한다. 몇 번 반복하고 나면 반려견은 뒤로 물러나 앉아 있거나 엎드릴 것이다.

다음 단계로 넘어가기 전에 반려견을 문에서 약 60센티미터 떨어진 위치에 앉히자. 반려견이 뒤로 물러서지 않는다면 당신이 직접 한두 발짝 뒤로 반려견을 데려다 놓는다.

3단계. 다시 현관문을 열되, 이번에는 7센티미터 정도 열었다가 바로 닫는다. 반려견은 이번에도 나가려고 시도하겠지만, 문과 60센티미터 정도 떨어져 있었기 때문에 문지방을 넘지 못할 것이다. 문을 닫고 나서는 반려견이 다시 안정을 찾고 뒤로 가도록 기다리자. 그다음은 문을 12센티미터 정도 열었다가 재빨리 닫고 반려견이 뒤로 물러서도록 기다려야 한다.

각 단계에 따라 훈련을 진행할 때 반려견이 진정되지 않거나 뒤로

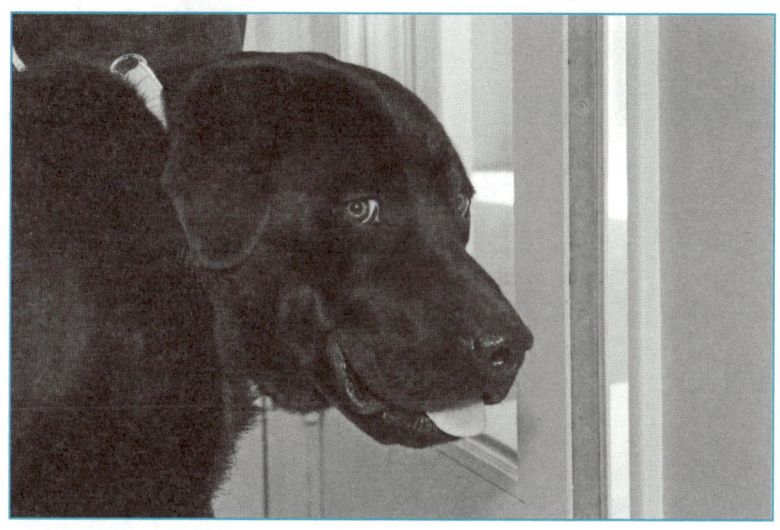

문을 몇 센티미터만 열었다가 재빨리 닫는다.

물러서지 않는다면, 문을 더 많이 열지 않고 기존 단계를 반복해야 한다. 예를 들어 당신이 문을 약 7센티미터 정도 열었는데 반려견이 어떻게든 나가려고 한다면, 반려견이 차분하게 뒤로 물러서기 전에 문을 더 많이 여는 단계로 넘어가서는 안 된다. 대부분의 개는 이 과정을 다섯 번에서 열 번 정도 반복하고 나면 당신이 원하는 바를 이해하기 때문에 문을 30센티미터 정도 여는 단계로 넘어갔을 즈음에는 당신이 문을 여닫을 동안 반려견이 움직이지 않고 가만히 지켜보

반려견이 훈련에 잘 따른다면 문을 조금씩 더 많이 열어 본다.

는 수준이 될 것이다.

반려견이 훈련에 잘 따른다면 문을 열 때 조금씩 더 많이 열어 보자. 결국 당신이 문을 활짝 열어도 반려견은 그 자리에서 가만히 기다리게 될 것이다. 이 정도가 되면 반려견을 칭찬해 줘도 된다. 칭찬은 다정하지만 짧게 해야 한다는 점을 기억하자.

4단계. 현관문이 열린 상태에서도 반려견이 가만히 기다릴 만큼 훈련되었다면 다음 단계로 넘어갈 준비가 되었다. 이제 '가자' 명령을 가르칠 차례다. 반려견이 언제 문지방을 넘어도 되는지 알려 줄 때가 되었다. 이 훈련을 위해서는 문을 열고 약 3초간 기다린다. 반려견이 뛰어나가려고 한다면 다시 3단계로 돌아가 조금 더 연습하자. 문을 열었는데도 몇 초간 잘 기다린다면, 리드줄을 집어 들고 '가자'라고 말하며 반려견을 데리고 문밖으로 나간다.

항상 그렇듯 훈련에서 가장 중요한 것은 길들이기다. 이 방법으로 반복해서 연습하다 보면 활짝 열린 현관문 앞에서도 당신이 리드줄을 집어 들기만을 기다리는 반려견의 애절한 눈빛을 보는 순간이 올 것이다.

반려견의 돌진 습관 고칠 때 꼭 기억할 세 가지

이 훈련에서는 꼭 짚고 넘어가야 할 사항이 몇 가지 있다.

'가자' 명령을 사용해 당신과 함께 문밖으로 나가도 된다는 사실을 알려 준다.

돌진하는 반려견을 멈춰 세울 준비를 하자. 당신의 목표는 현관문이 활짝 열려도 반려견이 밖으로 나가지 않게 하는 것이다. 만일 반려견이 훈련 중에 뛰어나가려 한다면(아마 한 번쯤은 나가려고 시도할 것인데), 당신은 두 가지 중 한 가지 방법을 선택해야 한다. 반려견이 문 가까이 오기 전에 문을 닫거나, 리드줄을 밟아야 한다. 그 정도는 할 수 있어야 한다.

다른 좋은 방법 중 하나는 반려견이 달려나가려고 시도할 때 발을 쿵쿵 구르며 '어, 어!' 하고 강한 어조로 소리를 내는 것이다. 대부분의 개는 달려가다가도 이런 소리를 들으면 멈추어 선다.

'기다려' 명령은 되도록 사용하지 않는다. 많은 사람이 이 기술을 훈련시킬 때 '기다려' 명령을 사용해도 되는지 문의한다. 이 기술은 기본적으로 아무 말도 하지 않는 명령이기 때문에, '기다려' 명령을 굳이 사용할 필요가 없지만 원한다면 사용해도 괜찮다. 나는 이 훈련에서 특정 명령어를 사용하지 않는다. 현관문 훈련에서는 내가 '기다려'라는 말을 하든 하지 않든 마음대로 나가서는 안 된다는 점을 반려견들이 알아야 하는 단계이기 때문이다. 이렇게 훈련시켜야 반려견은 당신의 허락 없이는 절대로 현관문을 나가서는 안 된다는 점을 인지할 것이다. 그리고 누가 문을 열든, 어떤 상황이든, 반려견은 당신이 '가자'라고 하며 함께 나가기 전에는 안전한 실내에 머무를 것이다. 내가 훈련시킨 개들은 한 단계 더 나아가 리드줄을 하지 않고서는 절대 현관을 나서지 않는다는 규칙을 지키게 하고 있다.

차근차근 진도 나가기. 이 훈련을 진행할 때는 현관문을 여는 폭을 아주 조금씩 늘려 가야 한다. 어떤 개들은 문이 20센티미터 정도 열렸을 때는 잘 기다리다가도 2센티미터만 더 열었을 뿐인데도 갑자기 문으로 달려들기도 한다. 만일 이런 경우라면 다시 이전 단계로 돌아가 확실히 연습하는 것이 좋다. 이는 길들이는 과정 중 하나로, 문을 여는 폭은 한 번에 1~2센티미터씩 늘려 가야 한다. 반려견이 고집을 피운다면 훈련의 속도는 늦추되 포기는 하지 말자. 당신이 차분하게 훈련을 밀고 나가겠다는 자세를 보인다면 반려견도 결국 당신의 의지를 받아들이게 될 것이다.

반드시 기억하자. 훈련은 당신의 개를 좋은 반려견으로 만들어 주지만, 길들이기는 훌륭한 반려견으로 만들어 준다. 현관문이 열릴 때마다 마음을 졸이고 싶지 않다면 끝까지 훈련을 마치도록 하자.

지독하게 고집스러운 개를 위한 대안

내 경험에 의하면 사실 대부분의 개가 현관문이 열리면 뛰어나가려고 한다. 하지만 개마다 성격도 품종도 천차만별이기 때문에 한 가지 기술로 모든 개의 습관을 바로잡을 수는 없다. 그래서 나는 지독스럽게 고집 세고 말을 안 듣는 반려견도 자신 있게 훈련할 수 있도록 다양한 변수에 따르는 대안을 알려 주겠다. 이는 대부분 물리적 장벽을 추가로 설치해서 현관문으로 뛰어나가기를 멈추는 것이 최선임을 반려견 스스로 느끼게 하는 방법이다.

자동 멈춤 장치 사용하기. 반려견이 덩치가 크고 힘이 센데 고집도 세다면, 문밖으로 나가는 것이 반려견의 선택 사항 중에 아예 없다는 사실을 확실히 해 두는 것이 가장 효과적이다. 우선 훈련을 시작하기 전에 기다란 리드줄을 반려견에게 채운다. 당신이 문을 열자마자 반려견이 달려온다면, 즉시 리드줄을 밟아서 반려견을 멈춰 세운다. 그 순간에는 반려견이 아주 빠른 속도로는 달리지 않기 때문에 리드줄을 밟아서 멈춰 세운다고 해도 반려견이 다치지 않는다. 하지만 언제든 현관문 밖으로 달려나갈 수 있다는 반려견의 생각을 바로잡을 수는 있다. 10분에서 15분 정도 이 과정을 몇 번 반복하고 나면, 반려견도 당신의 의도를 이해하고 주의를 집중해서 훈련에 임할 것이다. 만일 당신이 감당하기 힘들 정도로 힘이 센 반려견이라면 단단한 가구 등에 리드줄을 묶어서 닻처럼 활용하자. 처음 몇 번은 실패 없이 이 훈련을 진행할 수 있을 것이다.

시각적인 장애물 사용하기. 대부분의 개는 문을 닫는 것만으로도 멈춰 서지만, 훈련에 사용하는 문이 안쪽으로 열리거나, 문으로 달려들면 안 된다는 점을 인지시키기 위해 추가적인 조치가 필요하다면, 넓은 판지나 종이 등을 준비해 문에 갖다 대 보자. 반려견이 현관을 향해 뛰기 시작하면 들고 있던 판지를 문틈에 대고 반려견 앞을 가로막는다. 그러면 반려견은 깜짝 놀라 판지를 마주하고 서서, 계속 문으로 돌진해도 되는지를 곰곰이 생각하게 될 것이다. 이 방법을 활용할 때는 반드시 기다란 리드줄을 단단한 곳에 고정해 두자.

촉감을 활용하기. 훈련받는 개가 어떻게든 문밖으로 나갈 생각만 하고 있을 때, 나는 개가 문으로 돌진하는 과정을 방해하기 위해 또 다른 요소를 훈련에 도입했다. 이 간단한 계략 하나로 나는 정말 다

넓은 판지나 종이 등을 준비해 문에 갖다 대서 문으로 돌진해서는 안 된다는 점을 인지시킨다.

루기 힘들었던 몇 마리 고객님들을 멈추어 세울 수 있었다. 우선 알루미늄 포일을 1미터 정도 준비한 다음, 밟으면 소리가 나도록 조금 구긴다. 그리고 훈련을 시작하기 전에 그것을 현관문 바로 앞에 깔아 둔다. 일부 개들은 바닥에 깔린 포일을 보자마자 조금 미심쩍어하지만, 대부분 직접 밟아 보기 전에는 크게 신경 쓰지 않는다. 개들은 일단 포일에 발을 올리고 나면, 발바닥에 닿는 금속 느낌을 매우 싫어한다. 그렇게 불쾌한 느낌을 느끼게 하면서 문을 닫으면 반려견은 바로 당신에게 주의를 집중할 것이다. 그때 훈련을 다시 시작한다.

차에서 뛰어내리는 반려견을 위한 특별 훈련

자동차 문이 열리자마자 뛰어내리는 반려견의 고약한 습관을 고치기 위해서는 현관으로 돌진하는 습관을 고치는 기술을 응용하면 된다. 이 훈련은 번잡한 길에서 하면 절대로 안 되며, 조금 한적해 보이더라도 차가 다니는 길에서는 하면 안 된다. 훈련은 창고나 빈 주차장, 혹은 차가 지나다니지 않는 진입로 등에서 해야 한다. 그래야만 반려견이 단 한 번이라도 당신을 피해 달아나는 데 성공하더라도 안전할 수 있다. 앞선 경우와 마찬가지로 이 방법을 훈련할 때도 기다란 리드줄을 채워 차량 내부에 묶어 두도록 한다.

먼저 반려견을 평소 앉히는 좌석에 앉힌다. 가까운 창문을 아주 조금 열어 밖에서 당신이 하는 말이 들리도록 하되, 머리를 내밀지 못하도록 주의한다. 당신은 밖에 서서(현관문에서 훈련할 때와 마찬가지로) 차 문을 몇 센티미터만 연다. 반려견이 몸을 움직이려는 순간 재빨리 문을 닫는다. 차 문을 조금 열어도 반려견이 가만히 앉아 있을 때까지 이 과정을 몇 번 더 반복한다.

드디어 반려견이 문이 열려도 뛰어내릴 생각 없이 가만히 앉아 있다면, 다음 단계로 나아갈 차례다. 이제 차 문을 이전보다 몇 센티미터 정도 더 열고 3~4초간 기다렸다가 반려견이 조금 움직이면 바로 문을 닫는다. 이번에도 반려견의 반응이 없어질 때까지 이 과정을 몇 번 더 반복한다.

이제 문을 어느 정도 열어도 반려견이 가만히 앉아 있다면, 이 과정에서 가장 어려운 단계로 나아갈 차례다. 차 문을 활짝 열고 반려견 바로 앞으로 가서 몸으로 반려견을 막아서자. 반려견이 뛰어내리려고 시도한다면 다시 이전 단계로 돌아가 훈련해야 한다. 하지만 반려견이 가만히 있다면, 문을 활짝 열고 당신이 앞에 서 있어도 반려견이 아무 반응 없이 편하게 앉아 있을 때까지 이 과정을 반복한다. 문을 열어도 반려견이 제자리에 가만히 잘 앉아 있다면, 그때마다 매번 짧게 칭찬하고 간식을 주도록 한다.

다음으로 해야 할 일은 문을 활짝 열고 한 발짝 물러서는 것이다. 필요하다면 반려견이 절대 밖으로 뛰어내리지 않는다는 확신이 들 때까지 반복한다. 그 정도 수준에 도달했다면, 이제 한 발짝 더 물러서 본다. 한 걸음씩 뒤로 갈 때마다 반려견이 잘 기다렸다면 반드시 반려견에게 돌아가서 칭찬해 주고 간식을 주는 것을 잊지 말자. 이 기술을 활용해 반려견에게서 점점 멀리 떨어져 서는 연습을 해 보자.

당신이 멀리 떨어져 서 있을 때도 반려견이 잘 기다린다면, 이제는 '가자'라고 말하며 리드줄을 잡고 앞서 설명한 4단계에서처럼 차에서 반려견을 내리게 하면 된다.

럭키 도그의 탄생

롤리타에게는 사랑과 애정이 필요했다. 그리고 내가 마음에 둔 한 가족도 그만큼의 사랑과 애정이 필요했다. 최근 아내와 이혼한 아빠가 어린 세 아들을 키우고 있는 가정이었다. 그 가족은 힘든 일을 겪었지만 이제 마음을 하나로 모으고 어려움을 이겨내기 위해 반려견을 한 마리 더 입양하고자 했다. 어린 세 아이가 직접 반려견을 기르는 보람을 느끼도록 하려고 나는 아이들에게 롤리타와 원래 기르던 사랑스러운 반려견인 라스칼을 훈련시킬 기술 몇 가지를 알려 주었다.

훈련을 마친 개를 입양 보내는 날은 내가 일하며 마주하는 가장 힘든 순간이다. 게다가 나는 훈련하는 동안 롤리타를 진심으로 아꼈다. 롤리타를 보면 룰루가 떠올랐다. 솔직히 나는 유기견 보호소에서 룰루를 데려오기 전까지는 치와와를 그다지 좋아하지 않았지만, 그 이후로는 치와와의 팬이 되고 말았다. 치와와라는 견종을 보면서 누구든 몸집은 작아도 마음은 넓을 수 있다는 사실을 배웠다. 롤리타를 입양 보내던 날, 행복해하며 롤리타를 따뜻하게 맞는 가족들을 보면서 나도 롤리타도 안심했다. 롤리타는 꼭 맞는 시기에 이 가족에게 새로운 활기와 즐거움을 가져다주었고, 롤리타 또한 새로운 가족과 함께 오래도록 행복하게 지낼 것임을 나는 확신할 수 있었다.

반려견 전용 출입구(pet door)를 소개합니다

반려견이 자유롭게 마당에 드나들도록 전용 출입구를 설치했는데 반려견이 출입구 덮개를 밀치고 나가기를 겁낸다고 하면 누구라도 의아하게 생각하겠지만, 우리는 반려견이 그 덮개를 어떻게 인식하고 있는지 알 길이 없다. 앞장에서도 몇 번 설명한 적이 있지만, 대부분 개는 물리적 장벽을 뚫고 지나가려고 하지 않는다.

반려견에게 전용 출입구 사용법을 가르치는 일은 그리 어렵지 않지만, 혼자서 할 때보다는 훈련사가 두 명일 때 더 수월하게 진행할 수 있으니 친구에게 도움을 요청하도록 하자. 하지만 누군가의 도움을 받을 수 없다면 혼자 진행해도 상관은 없다. 필요한 준비물은 다음과 같다.

- 1.8미터 길이의 리드줄
- 반려견이 좋아하는 간식 조금

1단계. 반려견의 목줄에 리드줄을 채운 뒤 리드줄 손잡이 부분은 반려견 전용 출입구 바깥쪽으로 꺼내어 둔다. 당신은 이제 보조 훈련사와 함께 문밖으로 나온다. 보조 훈련사에게 문 옆에 서서 반려견 전용 출입구의 덮개를 활짝 들어올리고 있도록 해서 반려견은 열린 구멍을 통해 당신을 볼 수 있도록 한다. 당신은 문과 조금 거리를 두고 서서 리드줄 손잡이를 쥔다. 그리고 반려견에게 간식을 보여 주며 문 밖으로 나오도록 부른다(혼자서 훈련을 진행한다면 리드줄은 내려놓고 한 손으로는 문의 덮개를 들고, 다른 한 손으로는 간식을 들어 반려견에게 보여 준다). 만일 반려견이 조금 주춤한다면 간식을 반려견 코에 조금 가까이 가져가 밖으로 유인해 보자. 반려견이 일단 밖으로 나오는 데 성공했다면 그다음부터는 더 쉬워질 것이다. 이제는 보조 훈련사가 출입구의 덮개를 계속 든 상태에서 당신은 안과 밖으로 위치를 옮기며 이 훈련을 반복한다. 반려견이 쉽게 출입구를 지나 나올 때까지는 다음 단계로 넘어가서는 안 된다.

반려견이 밖으로 나오도록 간식으로 유인한다.

2단계. 다음으로 출입구 덮개를 중간쯤으로 내린다. 덮개가 열린 틈으로 반려견은 계속해서 당신을 볼 수 있지만, 그 공간이 자신의 몸집보다는 작아서 밖으로 나오려면 약간의 용기가 더 필요하다. 반려견은 이미 출입구를 통해 밖으로 나와 봤기 때문에, 자신이 나갈 수 있다는 사실을 잘 알고 있다. 이번에는 장애물이 조금 더 눈에 많이 보일 뿐이다. 필요하다면 반려견 코 가까이에 간식을 가져가 밖으로 나오도록 유인한다. 이 훈련 또한 당신이 안과 밖으로 위치를 옮기며 여러 번 반복해야 한다. 반려견이 쉽게 출입구를 드나든다면 이제 이 단계에서 약간 심화 과정으로 나아가자. 보조 훈련사에게 부탁해 반려견이 출입구를 통과할 때 덮개가 반려견 등을 스치도록 해야 한다. 이 심화 과정 또한 양방향에서 여러 번 반복한다.

3단계. 보조 훈련사에게 부탁해 반려견 출입구 모퉁이 쪽을 약간

출입구 덮개를 어느 정도 내리고 반려견이 통과하도록 한다.

만 들어 올려서 반려견이 작은 틈으로 당신을 내다보게 하거나, 당신이 직접 모퉁이 부분을 약간만 들어 올리자. 이제 반려견이 직접 출입구의 덮개를 밀고 나오며 덮개가 등을 스치는 느낌을 느낄 차례가 되었다. 덮개를 살짝 들고 있는 보조 훈련사의 손에는 간식을 놓아두도록 하자. 당신은 한 손에 리드줄을 쥐고, 다른 한 손에는 간식을 올려둔 채 반려견을 부른다. 반려견이 직접 출입구의 덮개를 밀어서 작은 틈을 통과해 나오면, 자신의 움직임에 따라 덮개가 부드럽게 움직인다는 사실을 인지하게 된다. 반려견이 출입구의 원리를 확실하게 이해하고 용기를 낼 때까지는 손으로 덮개를 살짝 열어 준 다음 들락거리도록 몇 번 더 연습하자. 대형견들은 이내 출입구를 들락거리는 데 적응할 것이고, 소형견들은 약간의 시간이 더 필요할지도 모른다.

단두종 반려견을 위한 특별 조언. 만일 당신의 반려견이 출입구 덮개를 밀 수 없을 만큼 짧은 코를 가졌다면, 조금 더 창의적인 방법으로 이 훈련을 진행해야 한다. 코가 짧으면 출입구의 덮개가 반려견의 튀

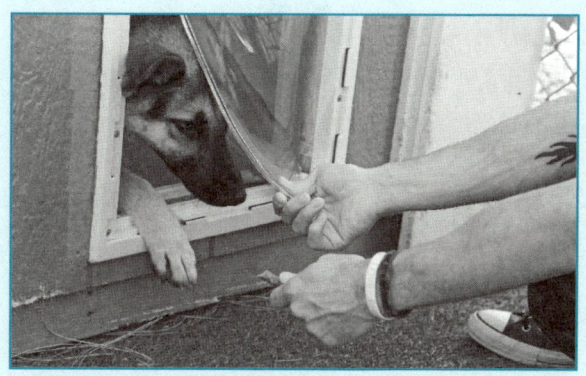

출입구 덮개의 모퉁이 부분만 살짝 들어올리면 반려견이 나오면서 덮개가 등을 스치는 느낌을 느끼게 된다.

어나온 눈에 부딪혀 심각한 해를 입힐 수도 있다. 단두종 반려견을 위해서는 앞서 안내한 단계에 따르되, 보조 훈련사는 반려견과 같은 쪽에 서서 리드줄을 잡고 반려견이 출입구에 얼굴을 빨리 밀어넣지 못하도록 한다. 리드줄을 잡고 있으면 반려견의 속도를 조정해 천천히 덮개를 밀도록 할 수 있고, 덮개의 무게뿐 아니라 덮개가 잘 구부려진다는 사실도 인지하게 된다. 이렇게 하면 반려견은 머리를 더 낮추거나 높여서 눈을 보호하며 덮개를 열 수 있다. 단두종 반려견들은 자신들의 눈이 어딘가에 잘 부딪힌다는 사실을 경험을 통해 알고 있어 안전하게 덮개를 미는 법을 꽤 빨리 습득한다. 리드줄을 채우는 이유는 혹시 모를 상처를 예방하기 위함이다.

우리 개가
물건을 씹어요

어떤 유기견 보호소든 유독 치와와가 많다. 사람들은 특정 견종이 유기견 보호소에 많으면, 그 견종은 좋은 반려견이 아닐 것이라는 선입견을 갖는다. 몸집은 작아도 사랑이 많은 치와와에 대해서 사람들은 너무 잘못 알고 있다. 사실 많은 치와와가 버림받고 보호소로 보내지는 이유는 따로 있다. 그 이유 중 하나는 보호소 관련자들이 '패리스 힐튼 효과'나 '금발이 너무해 효과'라고 부르기도 하는 것으로, 유명인이 작고 귀여운 치와와를 데리고 다니는 모습을 보고 많은 사람이 단순한 모방 심리로 치와와를 키우기 시작하는 데 있다. 하지만 사람들은 새로운 반려견을 집에 들이는 순간에야 반려견이 장신구가 아닌 살아 숨 쉬고 감정을 느끼는 존재임을 알게 된다.

그리고 손이 많이 안 가는 반려견을 키우고 싶은 많은 이가 몸집이 작은 치와와는 키우기 쉬울 것이라 착각하고는 한다. 하지만 아무리 몸집이 작은 강아지라도 제대로 된 동반자라면 먹여 주고, 놀아 주고, 운동과 훈련도 시켜야 한다. 소형견도 대형견만큼이나 손이 많이 가고 신경을 많이 써야 된다는 사실을 깨닫는 순간, 많은 견주가 반려견 기르기를 포기해 버린다.

이러한 이유로, 그리고 성심성의껏 반려견을 기르는 주인에게는 너무나도 좋은 반려견이 될 수 있다는 믿음으로 나는 아주 많은 치와와를 훈련해 왔다. 처음 플래쉬를 본 순간 나는 그가 진흙 속에 감춰진 다이아몬드임을 알아차렸다. 플래쉬는 훈련을 받아 본 적이 없는 생후 6개월밖에 안 된 작은 강아지였지만 자신감이 넘치고 다정했으며 사람을 잘 따랐다. 훈련을 시작하자 뭐든 빠르게 배웠다.

플래쉬는 자유 시간에 다른 개들과 어울려 노는 것을 굉장히 좋아했다. 플래쉬는 개 중에서 가장 작았지만 자신의 입지를 확고히 다졌다. 나는 플래쉬가 훈련을 마치면 여섯 살 난 어린 아들을 키우는 한 부부에게 입양을 보낼 계획이었다. 이 용감한 치와와가 에너지 넘치는 여섯 살 난 아이의 좋은 놀이 친구가 되어 줄 것 같았다. 나는 아이와 플래쉬가 함께 성장해 가는 모습을 상상했다.

하지만 안타깝게도 다시 훈련을 시작한 날 막바지에 플래쉬의 고약한 습관을 알게 되었다. 장난감이 많은 아이를 키우는 집에서는 용납될 수 없는 습관이었다. 플래쉬는 자신의 껌이나 장난감이 아닌 물건까지 마구 물어뜯고 씹는 습관이 있었다. 그는 내 신발을 쩝쩝거리며 씹다가 내게 딱 걸렸고 베개의 모퉁이도 물어뜯었다. 플래쉬를 어느 집으로든 입양 보내기 전에 개껌과 장난감 말고는 입을 대지 못하도록 가르쳐야 했다.

원인 파악이 먼저인 물어뜯는 습관 고치기

반려견이 집안의 가보인 러그 모퉁이를 물어뜯든, 리모컨을 망가뜨리든, 소중한 의자의 다리 하나를 갉아 먹든, 아이들이 아끼는 인형에 상처를 내든 간에 물어뜯는 습관은 절대로 용인해서는 안 되며 그냥 두면 계속 악화될 뿐이다. 반려견의 안전과 당신 물건의 안위를 위해 반려견은 씹는 유혹을 참는 법을 배워야 한다. 개들이 물건을 물어뜯고 씹는 이유에는 여러 가지가 있는데, 당신의 반려견이 어떤 경우인지 파악한다면 이 문제를 해결해 나가는 데 도움이 될 것이다.

강아지. 아기들과 마찬가지로 강아지도 이가 나기 시작하면 아프고 가려워서 뭐든지 물려고 한다. 이것은 모든 강아지가 겪는 과정이다. 많은 수의사에 따르면, 강아지가 이빨이 날 때 개껌을 물면 더 가렵고 제대로 긁지 못해서, 잇몸에 압력을 가하는 방식으로 가려움을 완화한다고 한다. 당신도 갑자기 발이 가려운데 바로 손으로 긁지 못하면 어떻게 하는지 떠올려 보자. 대부분 발로 바닥을 쿵쿵 칠 것이다. 강아지들도 이가 나서 가려울 때 바로 그러한 행동을 한다. 하지만 많은 개는 이가 가렵다고 물어뜯는 데서 멈추지 않는다. 강아지들은 영구치가 다 자라고 나서도 입으로 새로운 세계를 탐색하려 든다. 바로 개들의 그러한 행동이, 재밌어 보이고 냄새가 좋더라도 절대 건드려서는 안 되는 '우리의' 세계에서는 문제 행동이 되는 것이다.

만일 문제 행동을 하는 당신의 반려견이 강아지라면, 혹은 전혀 나아지지 않는 성견이라면, 이제 물어뜯어도 되는 것과 안 되는 것을 가르쳐 줄 때가 되었다. 뒤에 소개할 첫 번째 기술은 우선 반려견에게 무엇은 되고 무엇은 안 되는지를 이해시키는 과정이 될 것이다.

성견. 성견들은 그냥 지루하거나 습관이 되어 물건을 물어뜯고 씹는다. 오래된 습관일수록 고치기 힘들다. 오랫동안 물어뜯는 습관을 가졌던 반려견이라면, 무엇은 되고 무엇은 안 되는지를 가르치는 것 이상의 훈련이 필요하다. 물건을 씹지 못하도록 제지하는 장치 또한 필요하다. 만일 반려견이 위험한 물건을 물어뜯는 습관이 있다면 지금 당장 제지하는 장치를 마련하자.

분리 불안을 겪는 반려견. 분리 불안으로 인한 고통 때문에 뭔가를 물어뜯는 반려견이라면 이것은 완전히 다른 문제다. 당신의 반려견이 이 경우에 속한다면 이 복잡한 문제를 다루고 있는 17장으로 가서 해결책을 모색해 보자.

접근 방식: 씹어도 되는 물건에 흥미 갖게 하기

사실 뭔가를 씹고 싶은 반려견의 본능을 완전히 막을 수는 없다. 대신 물어뜯어서는 안 되는 것 말고 되는 물건에 흥미를 갖도록 도와줄 수는 있다. 즉, 반려견을 바른길로 인도해 주는 것이다. 차량 뒷좌석에 앉아서 운전자에게 조언해 준다고 생각해 보자. 운전자에게 계속해서 조심하라고 일러 주고 속도를 줄이라고 주의를 준다면 결국 운전자의 습관을 고치는 데 도움을 줄 수 있다. 반려견의 씹기 습관을 고치는 여러 방법 중에서 나는 이 첫 번째 접근 방식을 가장 선호한다. 만일 반려견의 습관이 심각한 수준이라면 추가로 소개한 방법들을 더해 이것저것 시도하며 알맞은 방법을 찾도록 하자.

훈련 시작 전 지침 사항

이 책의 대부분은 개를 훈련시키는 방법에 관해 다루고 있지만, 한 번씩은 우리 자신을 훈련하는 데도 관심을 가져야 한다. 이는 반려견의 물건을 씹는 행동을 고치고 싶다면 반드시 새겨 두어야 할 지침인데, 반려견을 가르치기에 앞서 두 가지 사항을 먼저 따라 주기 바란다.

첫째, 재난을 막기 위한 최고의 방법은 언제나 예방이다. 반려견에게 물어뜯지 말라고 가르치기 전에 우선 집 안의 물건들을 물어뜯지 못하도록 치워야 한다. 특히 집에 강아지를 새로 입양했다면 더더욱 신경을 써야 한다. 강아지들은 본능적으로 씹는 것을 조금(혹은 아주 많이) 좋아하기 때문에, 강아지가 집 안 이곳저곳을 탐색하는 중 물건을 씹는 일이 없도록 예방해야 한다. 그리고 반려견의 나이가 몇 살이든 반려견이 물어뜯길 좋아하는 물건이 있다면 바닥에 굴러다니지 않게 치우는 것이 우선이다.

둘째, 강아지가 물어뜯는 시기를 지날 때까지는 집 안에서 자유롭게 돌아다닐 때 항상 주의 깊게 관찰해야 한다. 이유도 없이 지나치게 자유를 허락하면 반려견의 행동은 최악으로 치달을 뿐이다. 집 안의 방문을 모두 열어 둔 채 무심하게 반려견을 내버려 두는 것은 무책임한 행동이다. 어린아이를 당신 눈에 보이지 않는 곳에 혼자 가게 두지 않듯이, 강아지도 항상 지켜봐야 한다. 유아용 안전문 등을 설치해서 반려견이 탐색하며 돌아다닐 수 있는 범위를 제한하자.

단계별 훈련

이번 훈련에서는 다음과 같은 준비물이 필요하다.

- 물어뜯어도 되는 반려견 장난감 중에 소고기 불리스틱이나 말굽 껌과 같이 인위적이지 않은 제품을 준비하면 반려견이 씹어도 되는 물건을 자연스럽게 구분하는 데 도움이 된다. 어떤 이들은 반려견용 봉제 인형이나 물어 당길 수 있는 로프 토이 등을 선호한다. 어떤 종류든 크게 상관은 없다.
- 가정에서 사용하는 물건 몇 개(어떤 종류인지 곧 알려 주겠다).

1단계. 자, 이제 반려견에 관해 이야기해 보자. 일단 당신이 반려견의 행동반경을 제한하고 건드릴 만한 물건들을 제대로 치웠다면, 이제 반려견에게 씹어도 되는 물건과 안 되는 물건을 가르쳐 줄 차례다. 이 방법에서는 물건을 하나씩 하나씩 제거하면서 반려견의 이해를 도울 것이다.

먼저 여섯 가지 물건을 선택하는데, 네 가지는 반려견이 씹어도 되는 물건이고, 나머지 둘은 반려견이 씹어서는 안 되는 물건이다. 반려견이 씹으면 안 되는 물건은 집에서 흔히 볼 수 있는 물건 중 반려견이 건드리기 쉬운 전형적인 물건으로 해야 한다. 예를 들어 반려견용 봉제 인형, 불리 스틱, 로프 토이를 씹어도 되는 물건으로 선택했다면, 리모컨, 책, 신발, 전기 코드 등은 씹으면 안 되는 물건이 되겠다. 만일 그동안 반려견이 조금씩 씹어 놓은 물건이 있다면 그것을 포함해도 좋다.

이제 선택한 여섯 가지 물건을 순서 상관없이 바닥에 흩어 놓고 반려견의 행동을 가까이서 지켜본다. 그리고 가만히 기다린다. 만일 항상 뭔가를 씹고 물어뜯는 습관이 몸에 밴 반려견이라면 얼마 지나지 않아 한 가지 물건에 다가가 물어뜯기 시작할 것이다. 만일 반려견이 씹어도 되는 물건을 택하면 칭찬하고 쓰다듬으며 1~2분간 계속해서 씹도록 기다렸다가 그 물건을 치운다. 씹어도 되는 물건을 물어뜯을 때는 그 행동을 바로 멈추게 할 필요가 없기 때문이다. 만일 씹으면 안 되는 물건을 택하면 짧고 단호하게(하지만 화내지 않으며) '안 돼'라고 말하거나 명료하게 '어, 어!'라는 소리를 내며 주의를 준다. 그리고 반려견의 입에서 그 물건을 뺏어서 다시 바닥에 두고 기다린다. 반려견과 이 게임을 약 20분 동안 진행한 뒤, 씹어도 되는 물건을 선택한 행동에 대해 긍정적으로 칭찬하며 훈련을 마친다. 하루 동안 몇 번 시간을 내어 이 훈련을 하다 보면, 일주일 정도 지나서 반려견이 당신의 의도를 이해하기 시작할 것이다.

2단계. 다시 훈련에 사용할 물건들을 바닥에 펼쳐 두고 기다리되, 이번에는 물건에 변화를 주어 씹어도 되는 물건과 안 되는 물건을 이해하는 데 도움을 주도록 한다. 그리고 이전과는 달리 허락되는 물건과 안 되는 물건의 비율을 3대 3으로 맞춘다. 반려견이 씹어도 되는 물건을 선택했다면 등을 쓰다듬으며 칭찬해 주자. 씹으면 안 되는 물건을 택했을 때는 단호하게 꾸짖은 뒤 바로 물건을 뺏어

씹어도 되는 물건과 안 되는 물건을 함께 두고 기다린다.

야 한다. 이 연습을 매일 몇 번씩 해야 하고, 한 번에 약 15분 정도 하는 것이 좋다. 이렇게 물건을 하나씩 하나씩 치워 가는 단순한 과정을 통해 대부분의 개는 어떤 것을 물었을 때 꾸지람을 듣고, 어떤 것을 물었을 때 칭찬받는지 빨리 이해한다. 이 방법은 반려견이 뭔가를 씹어 놨을 때마다 소리를 지르며 질책하는 것보다 훨씬 더 효과가 좋다. 막무가내로 혼을 내면 반려견은 정확히 무엇을 잘못해서 혼이 나는지 몰라 혼란스러워한다. 하지만 1~2주 정도 이 연습을 반복하면 반려견은 무엇은 씹어도 되고 무엇은 안 되는지 잘 구분하게 된다.

물어뜯는 습관 고칠 때 꼭 기억할 다섯 가지

항상 그렇듯 훈련할 때는 세부사항을 주의해야 하는데, 이번 훈련에서 알아두면 좋을 몇 가지 사항을 알려 주도록 하겠다.

반려견을 유혹하는 물건을 치운다. 강아지든 성견이든 반려견이 당신 집에 처음 왔다면 실수를 저지를 만한 환경부터 정리해 주어야 한다. 반려견이 씹어도 되는 물건과 안 되는 물건을 잘 구분하기 전까지는 그가 감당하지 못할 물건을 주변에 두어서는 안 된다. 신발이나 양말, 아이들 장난감, 강아지가 씹고 싶을 만한 물건은 모두 안 보이게 치우자. 가장 쉬운 방법은 반려견이 안전하게 놀 수 있는 구역을 제한해 두고 그 안에서만 자유시간을 갖도록 하는 것이다. 강아지가 자라면서 집 안의 일부 공간에 대한 규칙을 배우고, 그 구역을 점점 더 집 안 전체로 넓혀 가면 된다. 처음에는 제한된 좁은 공간에서 시작하되, 반려견이 조금씩 물건을 구분할 줄 알게 되면 자유롭게 다닐 수 있는 공간을 넓혀 주도록 하자. 반려견이 문제 행동을 하지 않는다고 믿을 수 있을 때만 자유를 허락해야 한다.

반려견이 배우는 방식을 기억하자. 반려견도 사람처럼 새로운 것을 시도하고 실패하며 배운다. 당신이 옳은 행동과 옳지 못한 행동에 관해 정확한 지침을 주었다면, 반려견도 실수를 통해 배우고 새로운 것을 시도하면서 그 규칙을 이해하게 될 것이다. 당신은 한 걸음 더 나아가 반려견이 물어뜯어도 되는 물건을 한데 모아두고 반려견을 칭찬할 때 그중 하나를 골라서 줘 봐도 될 것이다. 반려견도 아이들과 마찬가지로 자신만의 장난감 상자를 갖는 것을 무척이나 좋아한다.

짧게 차분한 톤으로 혼내자. 반려견의 잘못된 행동을 질책할 때는 적절한 어조와 크기로 말하는 것이 매우 중요하다. 목숨이 좌우되는 문제가 아니라면 절대 소리를 지르지 말자. 약간 높고 단호한 어조로 말하면 충분하다. 너무 오랫동안 혼을 내지도 말자. 1~2초면 반려견을 혼내는 데 충분하며, 차라리 곧바로 문제 행동의 대안을 찾도록 도와주는 것이 좋다. 혹시 어미 개나 나이든 개가 말썽 피우는 강아지를 혼내는 모습을 한 번이라도 본 적이 있다면 내 말을 잘 이해할 것이다. 어미 개는 아주 짧게 앓는 소리를 내거나 으르렁대는 소리만으로 조그마한 강아지의 행동을 바로잡는다. 너무 오랫동안 질책하고 화를 내면 반려견은 혼란스러워질 뿐이고, 결국에는 반려견이 당신에게 마음을 닫게 될 수도 있다.

대부분의 개는 이 방법을 빠르게 이해하지만, 당신의 반려견이 일주일 동안 연습해도 진전이 없다면 다음에 소개하는 대안들을 활용해 보자. 물건을 씹는 습관을 고치는 데는 여러 방법이 있으니 그중 하나는 반드시 효과가 있을 것이다.

특정 물건을 계속해서 물어뜯는 반려견을 위한 대안. 반려견이 한두 가지 물건을 집착적으로 물어뜯는 습관이 있다면 다음의 방법대로 해 보자. 이 기술의 바탕이 되는 원리는 매우 단순하다. 무엇보다, 좋은 것도 너무 많이 하다 보면 뭐든 질리기 마련이다. 좋아하는 음식이 가장 좋은 예가 될 것이다. 당신이 피자를 무척 좋아한다고 가정해 보자(피자를 안 좋아하는 사람이 있을까?). 그리고 한 달 동안 아침, 점심, 저녁으로 매일 피자만 먹어야 한다고 상상해 보자. 한 달 후 당신이 가장 좋아하는 음식은 아마 바뀌어 있을 것이라고 장담한다. 피자에 너무 질려서 다시는 먹고 싶지 않다고 말할지도 모른다.

이제 같은 원리를 반려견에게 적용해 보자. 만일 반려견이 당신의 신발에 집착한다고 가정하면 어떨까? 딱히 상상력이 좋지 않더라도 어렵지 않게 그 장면을 떠올려 볼 수 있다. 나는 주인의 발 냄새가 나는 물건이라면 어떤 것이든 사족을 못 쓰는 반려견을 많이 보았다. 조그만 강아지가 신발 주변에서 꼼지락댄다면 귀여울 수도 있지만, 그냥 두었다간 큰 골칫거리가 될 수 있다. 이 습관을 고치기 위해서는 반려견이 특히 좋아하는 신발을 골라 목줄 아래에 묶어 두면 된다. 반드시 일반형 목줄에 묶어야 하며, 초크 체인이나 핀치 칼라를 채워서는 안 된다. 마틴케일 목줄을 채웠다면, 목줄 둘레를 느슨하게 해서 목이 조이지 않도록 주의한다. 즉 고리를 거는 부분이 아닌 긴 목줄 부분에 신발을 묶어야 한다는 의미다. 이 과정에서는 반려견이 넘어지거나 신발이 어딘가에 걸리지 않도록 항상 지켜봐야 한다.

다음으로 이 기술을 수년간 활용하며 지켜본 내용의 요점만 간단히 정리해 주도록 하겠다.

- **한 시간 후.** 반려견은 자신이 가장 좋아하는 당신의 신발을 목줄에 단단히 묶어 주면 처음 한 시간 동안은 보통 아주 즐거워한다. 반려견이 '내가 제일 좋아하는 물건이 이제 내 것이 되어서 너무 좋다!'라고 생각한다고 보면 된다.
- **두 시간 후.** 이 정도 시간이 지나면 대부분의 개가 목 아래 달린 물건을 조금 번거롭게 느끼고 지루해하기 시작한다.
- **세 시간 후.** 이제 많은 개가 뭔가 다른 것을 하고자 한다. 하지만 할 수가 없다. 그 신발(혹은 다른 물건)이 장애물처럼 계속 목줄에 달려 있기 때문이다.

특정 물건을 집착적으로 물어뜯는 반려견의 습관을 고치려면, 일반형 목줄이나 느슨한 마틴케일 목줄을 사용해서 훈련시키되, 반려견을 계속 지켜봐야 한다.

- **네 시간 후.** (길어도)네 시간이 지나면, 대부분의 개는 신발에 흥미를 완전히 잃는다. 이제 목줄에 달린 신발을 풀어서 당신이 신어도 된다. 아마 반려견은 곧바로 신발 아닌 다른 것으로 달려갈 것이다. 반려견이 씹어도 되는 물건을 준비해 두었다가 이때 바로 건네 주고, 반려견이 그것을 씹으면 칭찬해 준다.

네 시간 동안 일어나는 일은 이게 전부다. 하지만 이 과정에서 반드시 반려견을 지켜보도록 하자. 드물게도 반려견이 그 시간 동안 정말 신발을 다 먹어치워 버리면, 하는 수 없이 다른 훈련 방법을 적용해야 한다.

위험한 물건을 물어뜯는 반려견을 위한 대안. 한두 해 전 나는 흰색과 검은색 털이 매력적인 한 스패니얼 믹스견을 구제해 훈련시킨 적이 있었는데, 그 친구는 훈련이 끝나면 항상 내 무릎에 편하게 앉아 나와 함께 텔레비전을 보고는 했다. 그의 이름은 럭키였고 훈련을 다 마치면 순하고 사랑스러운 반려견을 입양하고자 했던 한 가족에게 보내질 예정이었다. 그때까지는, 내가 럭키의 문제 행동을 발견하기 전까지는 럭키의 미래가 밝아 보였다. 어느 날 럭키가 텔레비전 뒤쪽으로 기어가더니 엉켜 있는 전선들을 갉아 먹었다. 사실 럭키는 굉장히 운이 좋은 경우였다. 전선을 씹으면 자칫 감전될 수도 있는데 다행히 다치지 않고 걸어 나왔다. 어떤 개들은 가죽 신발이나 양말, 봉제 인형 등을 잘 씹는 반면, 또 어떤 개들은 굉장히 위험한 '장난감'을 씹으려고 한다. 이럴 때는 당장 조치를 취해야만 한다. 나는 럭키의 나쁜 습관을 신속히 바로잡기 위해 나쁜 냄새 연상법이라 불리는 기술을 적용하기로 했다.

어떤 이들은 물어뜯기 방지용 스프레이처럼 쓴맛이 나는 훈련 도구를 애견용품점에서 구매하기도 한다. 그런 제품들도 물론 효과가 있지만, 나는 보통 우리 냉장고에 항상 구비되어 있는 것을 활용한다. 그것은 바로 레몬이다. 레몬은 저렴하고, 어디서든 활용 가능하며, 반려견에게 중요한 것을 가르치기 위해 입에 레몬즙을 짜 넣어도 해가 되지 않는다.

집에서 이 기술을 활용하기 위해서는 레몬을 얇게 썰어 두고 반려견이 위험한 물건을 물어뜯을 때마다 바로바로 꺼내어 쓸 수 있도록 보관해 둔다. 이 훈련을 위해서는 우선 반려견을 위험한 물건 근처로 데려와 반려견에게 그 물건을 보여 준다. 반려견이 위험한 물건에 입을 대면 단호하게 '안 돼'라고 말한 뒤 그의 입에다가 레몬즙을 약간 짜 넣는다. 개들은 레몬즙의 맛을 아주 싫어하지만, 건강에는 해롭지 않다. 이제 다시 위험한 물건을 보여 준다. 대부분의 개가 두 번째는 그 물건에 입도 대지 않지만, 만일 당신의 반려견이 또다시 입을 댄다면 곧바로 '안 돼'라고 말한 뒤 입에 레몬즙을 짜 넣는다. 이 과정에서 반려견에게 소리는 지르지 않는다. 잘못된 행동을 못 하도록 하는 과정이지 겁을 주는 시간이 아니기 때문이다.

다음으로, 얇게 썬 레몬을 그 위험한 물건에 문지른다(가능하다면, 그 주변에도 즙을 묻혀 둔다). 이렇게 하면 그 주변에서 레몬즙 냄새가 강하게 풍기게 될 것이고 반려견은 그곳을 지날 때마다 나쁜 기억을 떠올리며 가까이 가려고 하지 않을 것이다. 전선이나 다른 위험한 물건을 보면 레몬즙의 맛과 냄새를 떠올리게 되는 이 나쁜 냄새 연상법은 바로 이런 원리다. 이 방법은 목숨을 구해 주는 전술이기 때문에 조금 심하다 싶어도 된다.

강아지의 깨물기 고치는 단계별 훈련

강아지가 아무리 말썽꾸러기라고 해도 그들을 탓할 수는 없다. 무엇보다도 강아지는 세상의 모든 것이 새롭고 규칙도 모른다. 사람들을 가장 성가시게 하는 강아지의 행동 중 하나가 바로 깨물기다. 물어뜯기와 마찬가지로 이 습관도 이가 자라는 시기에 새로운 세상을 탐색하던 행동에서 발전한다. 처음에 나는 이는 날카로워서, 강아지가 살짝만 깨물어도 상처를 입을 수 있으므로 이 문제는 늦지 않게 손을 보는 것이 좋다. 나는 강아지 때 습관을 고치지 못해 성견이 되어서도 이 문제로 고충을 겪은 반려견을 너무 많이 보았다. 강아지 때 살짝 깨무는 습관을 고치지 못하면, 성견이 되어서는 악의 없이도 심한 상처를 입힐 만큼 세게 물 수도 있다. 그들은 자신의 턱이 얼마나 강하게 발달했는지 잘 인지하지 못한다.

몇 년 전에 한 지인이 래브라도를 기르고 있었는데, 항상 깨무는 문제로 골머리를 앓았다. 두 살이었던 그 래브라도는 몸무게가 40킬로그램에 육박했기에, 살짝 깨물어도 심한 상처를 입혔다. 어느 날 그가 이웃의 아이를 깨물어서 피부에 상처를 냈다. 이후 동물 관리 담당 부처에서 조사에 들어갔다. 그 반려견은 무혐의로 판정받아 가족들과 계속 함께 지낼 수 있었지만, 그 사건으로 견주는 심각성을 느꼈다.

다행히 나는 이 문제를 해결하는 쉽고 빠른 방법을 알고 있으니, 이제 당신은 위와 같은 상황을 맞닥뜨리지 않을 것이다. 그럼 훈련을 시작해 보자.

1단계. 자연 재료로 만든 개껌이나 반려견이 아주 좋아하는 장난감을 고른다. 당신이 직접 들고 있지는 말고 언제든 잡을 수 있도록 가까이 두되, 반려견이 건드리지 못하도록 한다. 대부분 강아지는 함께 놀다 보면 언제 깨물지 예상할 수 있다. 당신의 반려견도 이런 경우라면 우선 함께 놀기 시작한다. 물리기 위해 놀이를 시작하는 방식이 조금 이상해 보일 수도 있지만, 이 기술에서는 타이밍이 굉장히 중요하고, 당신이 즉시 반응할 준비만 되어 있다면 가장 쉬운 방법이니 나를 믿고 따라오길 바란다. 반려견과 함께 놀다가 그의 코 근처로 손을 갖다 대면 아마 반려견은 당신의 손가락을 살짝 깨물 것이다.

2단계. 반려견이 당신의 손가락을 깨물었다면, 당신은 한 손으로 반려견의 목줄을 잡고 다른 한 손의 엄지손가락을 반려견의 입에 넣은 뒤 리모컨 잡기 방법을 적용한다. 손으로 텔레비전 리모컨을 잡듯이 그대로 반려견의 아래턱을 쥐는 것이다. 당신의 엄지손가락은 반려견의 입에 들어가 혓바닥 위에 있어야 하고, 나머지 네 손가락은 턱 아래쪽을 잡고 있어야 한다. 이때 반려견의 아래턱을 쥐어짜지 않도록 주의한다. 목줄을 잡은 손으로는 반려견이 뒤로 못 가도록 붙든다. 이제 당신은 형세를 역전시켜 반려견의 성가신 습관이 반려견 자신을 성가시게 만들었다. 그렇게 턱과 목줄을 쥐고 '안 돼'라고 말하며 계속 잡고 있는다. 많은 강아지가 빠져나가려고 애쓰겠지만, 차분하게 진정할 때까지 붙들고 있어야 한다. 강아지가 몸을 비틀면 턱이 아닌 목줄을 잡아서 통제해야 한다. 이제 반려견이 차분해졌다면, 5초만 더 기다렸다가 놓아 준다. 이때 칭찬은 하지 않는다.

3단계. 반려견을 놓아주고 나서 바로 씹을 것을 준다. 이 과정을 통해 반려견은 어떤 것을 깨물어도 되는지 깨닫게 될 것이다. 당신이 준 것을 반려견이 씹고 있을 때는, 반려견을 쓰다듬으며 그 행동이 용인된다는 인식을 심어 준다. 이렇게 몇 분 동안 칭찬했다면, 씹던 것을 뺏어와 보이지 않는 곳에 두고, 다시 놀이를 시작한다. 반려견이 또다시 손을 깨문다면, 앞서 진행한 과정을 반복한다. 대부분의 개가 두세 번 반복하면 재빨리 보상과 훈육의 차이를 느끼고 당신의 의도를 파악한다. 일부 개는 시간이 조금 더 필요할 수도 있지만, 보상과 훈육 중 하나를 선택할 수 있다는 사실을 깨닫고 나면 대부분 보상을 선택한다.

깨물기 습관 고칠 때 꼭 기억할 네 가지

쥐어짜지 않기. 이 훈련을 할 때는 반려견의 아래턱을 너무 세게 잡거나 쥐어짜듯 잡지 않도록 주의한다. 한 손은 최소한의 압력으로 턱을 쥐고 다른 한 손으로 목줄을 잡고 있어야 한다. 이 방법은 반려견을 불편하게 하는 것이지 아프게 하려는 것이 아니다.

5초를 꽉 채우고 놓아 주기. 리모컨을 잡듯 반려견의 턱을 잡고 나서 반려견이 차분해질 때까지 5초간 기다린 뒤 놓아주자. 이를 통해 차분하게 행동해야 자신이 원하는 것을 얻을 수 있다는 점을 가르치게 된다. 반려견이 몸부림칠 때 놓아주면 반려견은 힘든 상황에서 반항하는 법을 배우게 되는 것이다. 당신은 반려견이 그런 나쁜 습관이 들길 바라지 않을 것이다.

목줄 붙들기. 이 기술을 적용해 훈련할 때는 반려견의 목줄을 단단히 잡고 있어야 한다. 대부분의 개가 몸을 뒤로 빼려고 하는데, 이때 목줄을 단단히 잡고 있어야 반려견을 통제할 수 있다.

사전경고. 이 기술은 일반적으로 중형견이나 대형견을 훈련시킬 때 효과가 좋다. 몸무게가 6킬로그램 이하인 소형견에게는 그다지 효과가 없다.

럭키 도그의 탄생

플래시는 아무거나 함부로 물어뜯어서는 안 된다는 점을 제대로 습득했고, 이제 다음 수업으로 넘어갈 준비가 되었다. 다음 수업에서는 아주 중요한 것을 배워야 했다. 플래시를 새로운 가족으로 맞이할 가정의 어린아이는 강아지를 기른다는 기대로 매우 들떠 있었다. 나는 플래시가 뭐든 잘 배운다는 점을 이용해 아이와 플래쉬가 재미있게 놀며 친해질 방법을 생각해 냈다. 그 집에 한 번 방문한 적이 있는데, 그때 좋은 아이디어가 떠올랐다. 아이가 자전거 타기를 좋아하니 플래시를 입양 보내기 전에 자전거 옆에서 달리는 법을 가르쳐서 아이와 즐거운 시간을 갖도록 하는 것이었다.

플래쉬는 자전거 옆에서 달리는 방법을 바로 이해했고, 아이에게 그 사실을 설명해 주자 아이는 믿을 수 없다는 표정으로 무척 기뻐했다. 단, 자전거를 타고 반려견과 함께 마을을 돌아다닐 때 지켜야 할 안전 수칙들이 있으므로 아이에게 그 내용을 제대로 인지시켰다. 그 둘은 만나자마자 서로에게 호감을 보였고, 아이와 반려견 사이의 우정은 돈독해졌다. 플래쉬에게 이보다 더 좋은 집은 없을 듯했다.

아이러니하게도 가방에 넣고 다니는 장신구가 아닌 '한 마리의 개'로서 자신을 표현했다가 버림받고 난 후 유기견 보호소에도 갔지만, 플래쉬는 결국 좋은 가족을 만났다. 아, 그리고 기록으로 남기기 위해서 덧붙이자면, 플래쉬는 새로운 집에 간 이후로 지금까지 단 한 번도 가족의 물건을 물어뜯지 않았다고 한다!

우리 개가
너무 많이 짖어요

데이지는 생후 10개월 된 테리어 푸들 믹스견으로, 자신을 길러 주던 가족에게 버림받았다. 내가 유기견 보호소에서 데이지를 만났을 때 받은 첫인상은, 이렇게 작고 겁 많은 강아지가 길에서 어떻게 살아남았을까 하는 것이었다. 데이지는 정말 귀여운 강아지였다. 짧게 자른 모히칸 스타일의 머리도 귀여웠고, 천재 과학자처럼 눈썹을 치켜드는 모습도, 내가 개장에 들어가자 '당신은 나의 친구인가요?' 하고 묻는 듯한 표정도 정말 사랑스러웠다.

훈련소로 데려왔을 때 데이지는 다른 개들과 어울려 놀며 행복해 했다. 데이지가 훈련소에 온 세 번째 날 데이지를 훈련 마당으로 데리고 갔는데, 그렇게 조심스러워 하던 강아지가 열정이 넘치는 운동선수처럼 뛰어놀았다.

일곱 가지 기본 명령 훈련을 시작하자, 데이지는 말 그대로 넘치는 에너지를 주체하지 못해 훈련에 집중하는 것을 힘들어했다. 하지만 이중 리드줄 고정 장치와 엄청나게 맛있는 간식의 도움으로 가까스로 데이지를 통제하고 주의를 집중시키는 데 성공했다. 그다음부터는 마치 물 만난 물고기처럼 훈련을 따라왔고, 기본 명령부터 시작해 어려운 과제까지 모두를 거의 이틀 만에 익혔다. 데이지는 유전적으로 타고난 듯했다. 보통 푸들은 매우 영리하고 테리어는 새로운 것을 잘 습득하기 때문이다. 나는 새로운 반려견을 기다리던 가족에게 하루빨리 데이지를 소개해 주고 싶었다.

나는 그 가족을 만나 데이지에 관해 이야기해 주면서 서로에게 좋은 동반자가 될 것이라고 확신했다. 그런데 훈련소로 돌아와 데이지가 잘 있는지 확인하러 가다가, 나의 발걸음을 멈춰 세우는 새로운 사실을 하나 알게 되었다. 훈련소에 도착했을 때부터 데이지가 짖는 소리가 들렸는데, 계속 같은 소리를 내는 망가진 레코드처럼 목소리가 찢어질 듯 왈, 왈, 왈 계속해서 짖어대는 것이었다.

나는 마음속으로 최근 며칠간의 기억을 떠올려 보았다. 그러고는 데이지의 짖는 소리가 일상의 한 부분이었던 것을 깨달았다. 데이지는 집배원이 왔을 때도 짖어댔고, 다람쥐 한 마리가 울타리를 넘어도 짖었으며, 근처 나무에서 나뭇잎이 떨어져도 짖었고, 다른 개들과 놀다가도 계속 짖었다. 그제야 나는 데이지가 너무 많이 짖어서 버려졌고 보호소에서 살고 있었다는 사실을 깨닫게 되었다. 그 순간에도 훈련소에서 나를 기다리며 끊임없이 짖어댔다. 나는 밖에 선 채로 잠시 기다렸다. 혹시나 조금 놀랐거나 다른 이유로 많이 짖다가 스스로 짖기를 멈추고 차분해질 수도 있으니 조금 더 기다렸다.

하지만 데이지는 나의 기대를 저버렸다. 나는 큰 문제에 봉착했다. 그 누구도 계속 짖어대는 개를 좋아하지 않을 뿐더러, 때때로 사람들은 많이 짖는다는 이유로 반려견을 버리기도 한다. 데이지를 입양할 가족은 아파트에 살고 있기 때문에 이웃과 벽을 맞대고 사는 가족에게 많이 짖는 개는 최악의 반려견이었다. 나는 그 가족에게 데이지 이야기를 이미 해 버린 것에 대해 땅을 치며 후회했다. 만일 내가 데이지의 문제 행동을 고치지 못한다면, 그 가족과의 약속을 번복하고 여섯 살 난 여자아이를 실망시켜야 했기 때문이다. 아이에게 그런 말을 해야 하는 상황은 상상하기도 싫었다.

나는 너무 많이 짖어대는 데이지의 행동을 단번에 바로잡아야만 했다.

본능이면서 심각한 문제 행동도 되는 '짖기'

사자들은 포효한다. 새들은 지저귄다. 개들은 짖는다. 매우 자연스러운 현상이다. 아마 과거의 인류는 개들이 짖는 행위 덕분에 불법 침입자를 궁지로 몰아넣을 수 있어서 좋았을 것이다. 하지만 비정상적으로 짖는 행위는 차원이 다른 문제다. 일부 견주들은 그냥 무시해 버리기도 하지만 대부분의 사람은 비정상적으로 짖는 소리를 들으면 바로 알아차릴 수 있다. 우리의 문화는 계속해서 진화해 왔지만 개는 여전히 수천 년 전의 본능을 그대로 가지고 있는 것이 현실이다. 개가 짖는 이유는 다양하다. 지루해서 짖기도 하고 자신이나 주인을 보호하려고, 혹은 주의를 끌려고 짖기도 한다. 유기견 보호소에 있는 개들은 주로 몇 주 동안(혹은 며칠간) 짖는 소리만 듣다 보니 문제 행동을 따라하게 된다. 다른 개들이 계속 짖어대니 평소에 조용하던 개들도 같이 짖고, 결국 짖는 행동이 일상이 되는 것이다.

문제의 원인이 무엇이든, 반려견이 계속 짖는 문제는 처음에는 별 것 아닌 듯 보이다가도 점점 심각한 문제가 된다. 이제 당신 코앞에 닥친 문제가 된 것이다. 때로는 견주들이 반려견에게 짖지 말라고 간식을 주다가 상황을 더 악화시키기도 한다. 물론 처음에는 효과가 있겠지만 어떤 문제가 있을까? 간식을 받으면 개들은 짖는 행동에 대한 보상을 받았다고 여긴다. 그래서 계속해서 더 짖게 된다!

반려견이 지나치게 짖어대는 행동은 심각하게 받아들여야 할 문제 행동이다. 사람들이 동물 문제 담당자나 심지어 경찰에 가장 많이 신고하는 내용 중 하나가 바로 이웃의 개가 짖는 시끄러운 소리이기 때문이다. 견주는 이 문제로 관련 당국이나 집주인에게 경고를 받을 수 있고, 이웃과의 관계가 나빠질 수도 있다. 문제가 계속 악화되면 결국 퇴거 명령을 받게 될지도 모른다. 당신도 예상했겠지만, 퇴거 명령을 받은 가정의 반려견은 결국 유기견 보호소밖에 갈 곳이 없다. 이 문제가 지속될수록 반려견에게는 죽고 사는 문제와 직결되기 때문에, 나는 항상 되도록 빨리 문제를 해결하라고 권한다.

접근 방식

이 문제를 해결하기에 앞서 당신이 기억해야 할 가장 중요한 사항 중 하나는, 짖는 행동이 개에게 본능이자 모든 개의 DNA에 각인된 행동이라는 점이다. 개가 절대로 짖지 않도록 가르칠 방법은 당연히 없으며, 이것은 마치 사람에게 절대로 말하지 말라는 것과 똑같다. 하지만 개가 짖을 때 조용히 하도록 가르칠 수는 있으며, 그 방법으로 이 문제 행동을 통제하는 수밖에 없다.

모든 훈련이 그러하듯 목적을 달성하는 방법에는 여러 가지가 있다. 나는 여기서 두 가지 주요 기술을 알려 주려고 한다. 수백 마리 개를 대상으로 훈련해 본 결과 두 방법 모두 효과가 있었지만, 당신의 반려견에게 어떤 방법이 적합할지는 당신이 찾아내야 한다. 모든 개는 고유한 특성이 있고 나름대로 영리한 동물이기 때문에, 어떤 개에게 적합했던 방법이 다른 개에게는 맞지 않을 수도 있다. 그래서 나는 항상 처음부터 선택 사항을 여러 개 제공하려고 노력한다.

짖을 때 조용히 시키는 두 가지 기술

기술 1. 셰이크 앤 브레이크 활용하기

이 기술은 반려견이 짖을 때 바로 조용히 하도록 가르치는 효과적인 방법으로, 타이밍이 핵심이다. 이 훈련을 위해 당신이 준비해야 할 것은, 이미 예상했겠지만 바로 동전이 든 병이나 셰이크 앤 브레이크다.

1단계. 이 기술의 핵심은 당신이 훈련을 시작할 태세와 준비물을 갖추고 있느냐다. 시끄러운 소리가 나는 병을 반드시 손에 들고 있어야 한다. 다음으로, 반려견이 짖도록 한다. 반려견이 짖게 하는 가장 쉬운 방법은 보통 현관 벨을 누르거나 문에 노크하는 것이다. 한 손에 동전이 든 병을 들고, (누군가의 도움을 받거나) 다른 한 손을 뻗어서 벨을 누른다. 문제가 심한 개들은 아마 곧장 기를 쓰고 짖어 댈 것이다. 바로 그때 단호한 어조로 '조용'이라고 말하며 들고 있던 병을 격렬하게 흔들고, 한 번 더 '조용'이라고 말한다. 반려견은 시끄러운 금속 마찰음을 듣는 순간 놀라서 짖기를 멈추게 될 것이다. 어떤 개들은 너무 놀란 나머지 뒤로 몇 발짝 물러나기도 한다. 짧고도 강력한 마찰음을 들려주는 것이 바로 이 기술의 비법이다.

이 방법은 왜 효과가 있을까? 개가 완전히 흥분한 상태로 짖기 시작하면 다른 모든 감각은 제대로 작동하지 않는다. 개는 자신을 보호하기 위해 본능적으로 짖기부터 한다. 많이 흥분할수록 시야가 좁아져 당신이 아무리 목청 높여 소리쳐도 반려견에게는 들리지 않는다. 당신이 반려견 바로 앞을 가로막지 않는 한 당신이 보이지도 않을 것이다. 다른 상황에 빗대어 설명해 보겠다. 만일 당신이 집에서 텔레비전을 보는데 누가 옆에 앉아 무슨 이야기를 한다고 생각해 보자. 솔직히 말해 우리 모두 그런 경험을 해 봤을 텐데, 재밌는 텔레비전 프로그램에 너무 몰입한 나머지 옆 사람이 뭐라고 떠들든 전혀 듣지 않는다. 우리의 청각은 한 가지에만 집중할 수 있고, 그것은 매우 자연스러운 현상이다. 하지만 만일 당신에게 이야기하던 사람이 당신의 주의를 끄는 데 성공해 당신이 그 사람의 이야기에 귀를 기울이기 시작했다면, 이제 텔레비전 소리가 어쩌고저쩌고 하는 배경음으로 들리게 될 것이다. 바로 이러한 상황이 외부인이 집에 왔을 때, 혹은 다른 이유로 개들이 짖어 댈 때와 똑같다고 할 수 있다. 개들은 짖어대는 순간 당신의 목소리를 들을 수 있을까? 전혀 못 듣거나 아마 희미하게 듣는 정도일 것이다.

당신은 우선 반려견의 주의를 끌어야 한다. 그것이 바로 동전이 든 병이나 셰이크 앤 브레이크다. 이 병들은 매우 시끄러운 금속 마찰음을 내기 때문에 개들이 특히 처음으로(혹은 꽤 오랜만에) 그 소리를 들었다면, 짖던 것을 멈추고 몇 초간 정신을 차리게 된다. 이때가 중요한 타이밍이다. 반려견이 놀랐을 때 재빨리 '조용'이라고 말해야 그 명령을 제대로 가르칠 수 있다. 결국에는 금속 마찰음 없이도 반려견이 '조용'이라는 말을 이해하도록 해야 한다. 순서를 지켜 제대로 훈련해야 반려견에게 명령을 인지시킬 수 있다. 반드시 다음 순서대로 꾸준히 연습시키자. 벨을 누르고 반려견이 짖으면 '조용'이라고 말한 뒤, 손에 든 병을 세게 흔들고, 다시 '조용'이라고 말한다.

첫 번째로 그 말을 했을 때는 반려견의 뇌에 모호하게나마 그 명령을 인식시키게 된다. 당신이 병을 흔들기 전에는 반려견이 당신의 말을 아예 듣지 않을 수도 있지만, 나를 믿고 이 방법을 따라해 보자. 병을 흔들어 시끄러운 소리를 내고 나서 재빨리 '조용'이라고 한 번 더 말해야 한다. 그때는 반려견도 당신의 말을 듣고 '조용'이라는 명령을 금속 마찰음과 함께 기억하게 될 것이다.

2단계. 일주일 동안 하루에 몇 번씩 시간을 내어 이 기술을 연습시키자. 하루하루 지날수록 병을 조금씩 약하게 흔들되, '조용'이라는 명령은 병을 흔들기 전과 후 두 번에 걸쳐 더욱 단호한 목소리로 말해야 한다. 병을 흔드는 강도와 '조용'이라고 말할 때의 어조는 조금씩, 하지만 반드시 반비례로 조정해 나가야 한다. 이렇게 해야 반려견도 병을 흔드는 소리보다는 당신의 목소리에 귀를 기울이게 된다. 계속해서 '조용'이라고 말해야 하는 이유도 여기에 있다. 반려견이 앞으로 병을 흔드는 소리를 듣건 말건 당신의 명령에 반응하도록 길들이는 것이다. 처음에 반려견이 듣는 소리는 아마 어쩌고(쨍그랑, 쨍그랑, 쨍그랑), '조용'이었을 것이다. 하지만 시간이 지나면서 그 '어쩌고'가 '조용'이었음을 명확하게 인지하는 순간이 온다. 당신이 첫 번째로 말하는 '조용'에 반려견이 반응하는 단계가 되었다면, 동전이 든 병과 셰이크 앤 브레이크는 이제 이 기술에서 퇴직할 때가 된 것이다.

이 기술을 사용할 때 꼭 기억할 것

'조용'이라고 말할 때는 단호한 어조로. 이 명령은 반려견을 훈계하려는 의도를 담고 있다. 반려견에게 조용히 해 달라고 부탁하는 것이 아니라 조용히 하라고 명령하는 것이다. 바로 이때 당신이 자애로운 지도자나 부모의 역할을 해야 한다. '엄마 혹은 아빠 말이 옳다'는 확신을 주기 위해 자신감 있고 단호한 어조로 말해야 한다.

타이밍에 집중하자. 반려견이 짖어대기 시작하면 바로 '조용'이라고 말한 뒤 동전이 든 병이나 셰이크 앤 브레이크를 흔들어야 한다. 타이밍이 맞지 않으면 반려견은 어떤 행동에 제지를 당하는지 몰라 혼란스러워한다. 이 기술에서는 타이밍이 핵심이라고 할 수 있다.

수년간 이 기술이 통하지 않는 개는 아주 일부였으니, 타이밍에 집중하고 꾸준히 연습시키며 절대 포기하지 말자. 이 훈련에서는 반드시 반려견의 고집을 꺾어야 한다. 일단 성공하면 당신의 친구, 가족, 이웃들이 모두 고마워할 것이다.

기술 1이 통하지 않는 대다수 개를 위해 다른 훈련 방법을 사용하는 기술을 하나 더 소개하려 한다. 이 기술은 조금 더 복잡하지만, 훈련을 잘 마치고 나면 반려견은 하나가 아닌 두 개의 새로운 기술을 습득하게 될 것이다.

기술 2. '짖어' 가르치기

이번에 소개할 기술은 상당히 수준이 높으므로 마음의 준비를 단단히 한 다음 시작해야 한다! 아이러니하겠지만, 지난 수년간 여러 시도를 해 본 결과 개를 짖지 않도록 하는 가장 좋은 방법은 짖으라고 명령했을 때만 짖도록 가르치는 것이다. 나는 예전에 텔레비전 프로그램이나 광고에 출연할 개를 훈련시키며 이 기술을 배웠다. 감독들이 큐 사인을 보냈을 때만 개가 짖도록 해야 했기 때문이다.

내가 이 방법에 관해 이야기하면 대부분 말도 안 된다고 여기지만, 훈련만 제대로 시키면 기적과 같은 결과를 볼 수 있다.

훈련에는 다음과 같은 준비물이 필요하다.

- 리드줄
- 간식이 든 가방

이 기술을 가르칠 때는 반려견이 반드시 배가 고픈 상태여야 한다. 반려견에게 이 훈련은 굉장한 에너지를 소모해야 하는 일이기 때문이다. 심지어 식사 시간에 훈련시키면서 훈련 중 보상으로 한 끼 식사를 대체해도 될 정도다.

1단계. 반려견의 목줄에 리드줄을 걸고 당신은 리드줄의 손잡이를 잡는다. 리드줄을 잡아야 훈련하는 동안 반려견을 통제할 수 있다. 혹시 누군가의 도움을 받을 수 있다면 보조 훈련사가 리드줄을 잡으면 더 좋다. 이제 반려견에게 '짖어'라는 명령어를 가르칠 차례다. 평소에도 많이 짖어대는 반려견에게 이 명령은 그리 어렵지 않다. 여기서 당신이 알아야 할 것은 무엇이 반려견을 짖게 하느냐는 것으로, 그것만 알면 바로 시작할 수 있다. 보통 개들은 노크하는 소리나 현관 벨 소리에 반응한다. 당신의 반려견을 짖게 하는 큐 사인도 바로 그러한 소리라면, 문을 조금만 열고 손을 뻗어 벨을 누르거나 노크를 하자. 반려견은 바로 짖기 시작할 것이고, 그리 놀랄 만한 일도 아니다. 반려견이 짖어대고 있을 때 현관문과 반려견 사이에 서서 '짖어'라고 말하며 그에 해당하는 손짓을 보여 주자. 집게손가락을 펴서 왼쪽 오른쪽으로 까딱거린다든지, 손으로 입 모양을 흉내 내는 등 알아보기 쉽게 해야 한다. 반려견이 계속 짖으면 간식을 주되, 칭찬은 하지 않는다.

하루 중 몇 번씩 시간을 내어 짧게 짧게 이 과정을 반복한다. 여러 번 반복해야 반려견도 '짖어'라는 명령을 제대로 습득하고 그 의미를 이해하게 될 것이다. 훈련을 마쳤다면 당신은 이제 반려견의 나쁜 습관에 체계를 마련해 준 격이 된다. 그리고 반려견의 게임을 당신의 게임으로 바꿔 놓게 되었다. 이제 (벨이나 노크 소리 없이) 말과 손짓만으로 반려견을 짖게 하도록 연습하자. 반려견이 이 새로운 방식에도 적응했다면 이제 가장 중요한 다음 단계로 넘어갈 차례다.

2단계. 반려견이 '짖어'라는 명령에 제대로 반응한다면 손짓으로 신호를 보낸 후 반려견이 짖을 때까지 기다린다. 반려견이 짖기 시작하면, 이제 새로운 명령을 내린다. 바로 '조용'이다. 이때 단호한 어조로 말하는 것이 중요하다. 소리를 지르는 것이 아니라, 진지하게 말하는 것이다. 그래도 반려견이 계속 짖어댄다면 조금 더 기다려 주자. 아직은 당신이 무슨 말을 하는지 모르는 것이 당연하다. 반려견이 드디어 짖기를 멈추면, 1~2초 정도 기다렸다가 간식을 준다. 이때 1~2초 정도 기다리는 것이 매우 중요한데, 그래야만 반려견은 간식을 받았을 때 짖어서가 아니라 조용히 해서 보상받았다는 사실을 이해하기 때문이다.

매번 연습할 때마다 조용히 기다리는 시간을 1~2초씩 늘려 가며 간식을 주도록 하자. 일주일 정도 연습하고 나면 반려견은 이제 '조용'이라는 명령에 10초에서 15초 정도 짖지 않고 기다릴 것이다. 다음 단계로 넘어가기 전 이 과정을 아주 많이 반복해야 한다. 반려견이 이 과정을 확실히 인지해야 하기 때문이다.

이 기술은 많이 연습할수록 효과가 좋다. 많이 연습하다 보면 반려견은 이 훈련에 너무 익숙해진 나머지 누군가 벨을 울릴 때마다 이 연습을 하는 줄 알게 된다. 당신은 반려견이 짖지 않도록 가르치는 것이 아니라는 사실을 꼭 기억하자. 단지 짖고 있을 때 조용히 시키는 방법을 가르치는 것이다. 일부러 벨을 누르고 '조용' 명령을 가르칠 때는 반려견에게 이것이 매우 힘든 훈련이라는 사실을 염두에 두자. 훈련 시간이 10분에서 15분 사이를 넘지 않도록 주의하고, 중간에 긴 휴식 시간을 통해 반려견이 배운 것을 이해할 기회를 주자.

이 기술에 일관되게 반응하기까지 꽤 오랜 시간이 걸리는 개들도 있지만, 짖는다는 것이 개들에게는 굉장히 본능적이고 자연스러운 행동이니 너무 조바심을 내지는 말자. 훈련을 성공적으로 마치기 위해서는 인내가 필수임을 기억하길 바란다.

이 기술을 사용할 때 꼭 기억할 것

먼저 짚고 넘어가야 할 것들이 있다. 이 기술은 왜 효과적일까? 반려견이 명령에 따라 짖도록 가르치면 반려견의 나쁜 습관이 반려견의 재주가 되어 버린다. 반려견에게 재주를 가르칠 때는 먼저 집중하는 법을 가르친다. 반려견은 집중하고 나서야 보고, 듣고, 배울 수 있다. 반려견이 정신없이 그냥 짖어댈 때는 당신이 무슨 말을 하든 듣지 않았겠지만, '짖어'라는 명령에 따라 짖고 있다면 '조용'이라고 말하는 당신의 명령도 들을 것이다. 일주일 정도 연습하면 반려견은 '조용'의 의미를 이해하고, 그 명령에 제대로 반응하게 될 것이다.

복종할 줄 아는 개가 더 쉽게 배운다. 기본 명령어에 복종할 줄 아는 개가 훨씬 수월하게 이 기술을 익힐 수 있다는 점을 염두에 두자. 이 기술은 초급 수준이 아니므로 아직 일곱 가지 기본 명령을 배우지 않은 개라면 간단한 몇 가지라도 가르친 다음에 이 기술을 연습하도록 한다.

지나친 연습은 금물. 개들에게 '조용'이라는 말은 따르기가 매우 힘든 명령이다. 가장 이상적인 방법은 하루에 몇 번씩 짧게 나누어서 여러 번 연습하는 것이다. 한 번에 지나치게 오래 연습하는 것은 결코 좋은 전략이 아니다.

소리지르지 않기. 당신이 가르치는 내용이 '조용'히 하는 것이므로 크게 소리를 질러서 반려견을 '조용'히 시키는 것은 바람직하지 않다. 일반적으로 반려견에게 무엇을 하도록 가르칠 때 목소리를 높이는 것은 결코 좋은 방법이 못 된다. 사람들은 '조용'이라는 명령에 반려견이 즉시 짖지 않길 바라며 소리지르고는 하는데, 힘들겠지만 자제해야 한다. 대신 처음 몇 번은 반려견이 조용해지기까지 약

20초, 혹은 그 이상 걸릴 것이라고 예상하는 것이 낫다. 처음에만 잘 기다려 주면, 그 20초가 며칠 안에 2초로 줄어 있을 것이다. 여유를 가지고 꾸준히 연습시키는 것이 가장 중요하다.

사용 가능한 도구

나는 기술을 맹신하기 때문에 문제 행동은 훈련을 통해 해결하는 것을 선호한다. 하지만 빠르게 문제 행동을 바로잡고 싶다면 다음에 소개하는 몇 가지 도구를 활용하면 도움이 될 것이다.

시트로넬라 목줄. 개가 짖을 때마다 시트로넬라 목줄에서 시트로넬라(방부, 살균, 탈취 등에 효과가 있는 식물―옮긴이) 액이 분사된다. 이 단순한 목줄의 장점은 대부분의 개에게 사용했을 때 빠르게 효과를 볼 수 있다는 점이다. 단점은 소형견에게는 사실상 액체가 분사되는 양이 너무 많고, 배터리 교체, 시트로넬라 액 채우기 등의 유지 관리를 해야 하며, 설정을 제대로 하지 않으면 문제 행동이 되는 짖기와 (이웃에게 '왈왈' 하고 인사하는) 자연스러운 짖기를 구분하지 못하게 된다는 점이다.

초음파 목줄. 초음파 목줄도 시트로넬라 목줄과 비슷한 원리로 작용하며 비슷한 장단점이 있다. 하지만 그중 몇 가지는 짚고 넘어가야 한다. 초음파 목줄에서는 개들만 들을 수 있는 고음이 나오기 때문에, 개를 여러 마리 키우는 집이나 다른 개와 함께 지내는 시간이 많은 개에게는 사용하길 권장하지 않는다. 주변에 있는 죄 없는 개들도 귀를 찢을 듯한 소리로 고통받는다면 이 방법은 형편없는 것이므로 사용을 권하지 않는다.

초음파 리모컨. 목줄과 달리 리모컨은 당신이 들고 있어야 한다. 대부분의 초음파 리모컨은 적어도 두 가지 설정을 할 수 있다. 듣기 좋은 음과 듣기 싫은 음을 내게 하는 것이다. 듣기 좋은 음은 잘한 행동에 대한 보상으로 사용할 수도 있다. 듣기 싫은 음은 굉장히 높은 음역으로 대부분의 개는 그 소리를 들으면 당황한다. 이 도구의 장점은 개가 짖어 댈 때마다 버튼을 누르면 되므로 당신이 통제권을 많이 갖게 된다는 점이다. 하지만 그것이 단점이 될 수도 있다. 반려견이 짖어 댈 때 일관되게 리모컨을 누르지 않는다면 반려견은 왜 가끔씩 이상한 소리가 들리는지 몰라 고통스러워하게 된다.

어떤 도구를 사용해야 할지 고민된다면 전문 훈련사와 상의해 도움을 받도록 하자.

짖는 개의 DNA, 현실 직시하기

내가 1장에서도 강조했듯이 반려견의 품종을 이해하는 것은 훈련에서 매우 중요한 과정이다. 어떤 견종은 많이 짖기로 유명하지만, 실제로 짖기 위해 사육된 견종들도 있다. 예를 들어 당신의 반려견이 비글이라면, 앞서 소개한 기술을 활용해 훈련하는 데 시간이 오래 걸린다고 해도 너무 실망하지 말자. 그리고 결코 훈련에 성공하지 못할 수도 있다는 사실을 미리 받아들이자. 후각 수렵견들은 원래 많이 짖는다. 어쩔 수 없다. 이미 예전부터 잘 알려진 사실이다. 그들은 DNA 자체가 큰 소리로 많이 짖게 되어 있으니, 후각 수렵견을 기르는 견주라면 이 사실을 알아야 한다. 반려견의 품종에 관하여 공부한다면 반려견이 왜 특정 행동을 하는지 이해할 수 있을 뿐더러, 단기 훈련이 아닌 장기 훈련 계획도 세울 수 있다.

럭키 도그의 탄생

다행히도 데이지는 일곱 가지 기본 명령을 빨리 습득했던 것처럼 짖다가 조용히 하는 훈련도 빠르게 익혔다. 데이지가 시끄럽게 짖어대지 않는지 확인하기 위해서 나는 데이지를 오랫동안 훈련소에 홀로 두고 소형 카메라를 설치해 밖에서 감시했다. 데이지는 이 시험을 훌륭한 성적으로 통과했다.

데이지는 몇 가지 장애물을 더 통과했다. 내가 준비한 민첩성 테스트를 데이지는 거의 다 통과한 것이다. 나는 이러한 추가 훈련을 통해 데이지의 넘치는 에너지가 해소되길 바랐는데, 훈련받는 데이지를 보고 있으면 마치 데이지가 자신의 소명을 발견한 것 같았다. 이 개는 뛰어오르기 위해 태어났으며 장애물을 뛰어넘을 때는 모든 에너지와 흥분이 즐거움으로 변모하는 듯했다.

결국에는 내가 계획했던 대로 데이지를 입양 보낼 수 있었고, 새로운 가족과 데이지가 놀이터에서 함께 노는 모습을 보니 데이지가 드디어 자신의 집을 찾은 듯 보였다. 나는 오늘날까지도 데이지가 얼마나 민첩하고 날렵한지에 대한 이메일을 그 가족들에게 받고는 한다.

우리 개가
마당에 구멍을 파거나,
탈출하려고 해요

<u>**몇 년 전 나는 어니라는 이름을 가진**</u> 세 살짜리 스키퍼키의 훈련을 의뢰받았다. 이 개의 큰 문제는 뒷마당에서만 벌어지는 일로, 나는 이 집의 뒷마당을 보자마자 바로 그것을 알아차렸다. 로스앤젤레스 벨에어에 있는 이 작은 땅은 마치 땅다람쥐의 공격을 받은 것 같았다. 여기저기 구멍이 파인 뒷마당은 어니의 소행으로, 강아지 때부터 마당에 구멍을 파기 시작한 그는 내가 도착한 그날도 어김없이 구멍을 파고 있었다.

여느 문제 행동이 그렇듯 어린 강아지가 하던 귀여운 행동이 큰 문제가 되어 버렸다. 얼마나 심했으면 의뢰인이 내게 연락했을 즈음에는 오직 어니만이 뒷마당을 사용하고 있을 정도였다. 다른 가족들에게 뒷마당은 지뢰밭이나 매한가지였다. 어니는 3년이란 시간 동

안 마당을 파면서 땅파기에 완전히 중독되어 버렸다. 어니가 땅파기에 왜 그리 집착하는지, 혹은 땅을 파면 너무 행복해서 그러는지 알 길은 없었지만, 한 가지 확실한 것은 어니가 땅파기를 그만둘 생각이 없다는 사실이었다.

스키퍼키는 애완견처럼 보일지 몰라도 결코 애완견으로 사육되지 않은 견종 중 하나다. 이 견종은 독립적이고 열심히 일하도록 사육되었다. 어니는 전형적인 스키퍼키로 영리하고, 고집이 세며, 몸집은 작아도 힘이 매우 셌다. 땅 파는 습관이 너무 깊게 배어서 더 이상 땅을 못 파도록 훈련시키는 것이 굉장히 힘들 듯 보였다. 하지만 수년에 걸쳐 내가 찾아낸 방법은 실패가 거의 없는 방법이다. 이 방법은 기술이라기보다는 속임수에 가까웠고, 개의 본능을 활용해 나쁜 습관을 고치도록 하는 데 효과가 있다.

땅 파는 습관을 완전히 고치는 비장의 훈련 기술

어니와 같은 개에게 파괴는 예술 행위다. 뭔가를 씹거나 파는 것은 더 많은 시간과 노동을 투자해야 할 자신만의 프로젝트인 것이다. 당신도 아마 반려견이 이렇게 예술적으로 파괴해 둔 것을 어느 순간 발견한 적이 있을 것이다. 반려견이 계속해서 씹어 대던 쿠션의 솜이 결국 다 흩뿌려져 있을 때, 좋아서 물고 빨던 장난감이 거의 두 동강 나기 직전에, 혹은 반려견이 마당에 파 둔 구덩이가 자꾸만 깊고

넓어질 때 말이다. 개들이 이러한 파괴적 행동을 할 때는 에너지를 분출할 뿐 아니라 눈에 보이는 결과물을 만드는 중이다. 그래서 많은 개가 어떤 프로젝트에 반복해서 매달리는 것이다.

우리는 개들이 마당에 구멍을 팔 때 무슨 생각을 하는지 알 수 없지만, 예상해 볼 수는 있다. 일부 개들은 발바닥 아래에 만져지는 흙의 느낌, 파 놓은 흙이 높이 쌓여 갈 때의 만족감, 땅속에 파묻힌 보물을 발견할지도 모른다는 기대감에 도취했을지 모른다. 물론 또 어떤 개들은 바깥으로 탈출하기 위해 구멍을 파기도 할 것이다. 이 장에서는 땅을 파는 개들과 탈출하려는 개에 관해 모두 다룰 것이다. 이 두 가지 문제 행동 모두 마당 예절에 어긋난다. 다행인 것은 두 가지 행동 모두 훈련을 통해 바로잡고 당신의 마당을 지켜 낼 수 있다는 사실이다.

접근 방식: 위장 폭탄

때때로 그저 장난으로 뒷마당을 파는 강아지도 있다. 하지만 어니의 경우처럼 강아지 때 습관을 고치지 못해 성견이 되어 중대한 문제로 굳어지기도 한다. 이전에도 여러 번 말했지만 작은 문제를 그냥 내버려 두면 큰 문제가 된다. 나는 이 문제를 가진 대형견도 보았고 소형견도 보았다.

소형견인 어니와 같은 견종은 주로 작은 사냥감이나 해충을 잡기 위해 사육되었기에 본능적으로 땅을 파고 싶어서 발바닥이 근질근질하다. 아마 어니도 그러한 이유로 땅을 팠을 수 있고, 아니면 단순히 지루한 시간을 보내기 위해 그랬을 수도 있다. 하지만 그에게는 한 가지 예외적인 부분이 있다. 나는 그동안 이렇게 몸집이 작은 개가 뒷마당 전체를 황량하게 만들어 놓은 것은 한 번도 본 적이 없었다. 뒷마당은 마치 분화구를 한데 모아 놓은 것 같았다. 마당을 그렇게 망가뜨릴 정도면 보통 몸집이 큰 래브라도나 허스키, 사모예드, 차우차우 같은 견종이어야 했다.

땅 파는 습성을 가진 거의 모든 개의 공통점은 땅을 파는 나쁜 습관 말고도 에너지가 넘친다는 점이다. 경험상 온종일 일하도록 사육된 견종들은 할 일이 없으면 일을 만들어 낸다. 개들이 지루하다는 이유로 사고를 치지 않게 하려면 더 많은 장난감으로 자극을 주고, 운동도 시키며, 다른 방법도 찾아야 한다. 이에 관해서는 이 장의 후반부에서 조금 더 이야기해 보겠다.

대부분의 견주가 땅을 파는 반려견의 습관을 고치기 위해 바로 시도할 수 있는 해결책은 아주 간단하다. 반려견이 파 둔 땅을 다시 흙으로 덮고 다시는 파지 않길 바라는 것이다. 하지만 안타깝게도 이 방법으로는 반려견에게 아무것도 가르칠 수가 없다. 자신의 땅파기 계획을 누군가 망쳐 놨다고 느끼면 개들은 더욱 열심히 땅을 파게 될지도 모른다. 내가 더 좋은 방법을 소개하겠다. 이 기술은 이 책에서 소개하는 기술 중 가장 오래된 기술 중 하나로 수십 년 동안 사용되어 왔으며, 개들은 자신이 파던 구멍을 더 이상 파지 않을 뿐 아니라 그동안 계속해 오던 이 나쁜 습관을 완전히 고치게 될 것이다.

단계별 훈련

땅에 구멍을 파는 반려견의 습관을 고치려면 다음의 도구들을 준비하자.

- 삽
- 가위
- 반려견 배변 봉투

또 필요한 다른 '준비물' 하나는 이미 마당에 있다. 무슨 말인가 하면, 반려견의 대변을 활용하면 이 나쁜 습관을 고치는 데 큰 도움이 된다는 뜻이다. 많은 사람이 내가 이 말을 하면 어이가 없다고 하거나 내게 미쳤다고 하지만, 효과를 본 뒤 모두 내게 고맙다고 말한다. 자, 그럼 이제 시작하자.

반려견의 대변이 마당을 지키기 위한 마법의 무기다. 당신은 그 대변 덩어리가 조금 필요하다. 반려견이 대변을 보았을 때 배변 봉투에 담아 미리 시원하고 건조한 곳에 안전하게 보관해 두자. 반려견이 마당에 얼마나 많은, 혹은 얼마나 큰 구멍을 파 놓았냐에 따라 필요한 대변의 양은 달라진다. 이제부터 소개할 단계별 훈련 내용을 확인하고 나면 어느 정도의 대변이 필요할지 감이 올 것이다.

1단계. 반려견이 파 놓은 구멍을 모두 찾아낸다. 앞서 언급했듯이 그 구멍들은 반려견이 작업 중인 예술 프로젝트이기 때문에 대부분의 개는 계속해서 같은 구멍을 더 깊이, 더 넓게, 혹은 더 나은 모습으로 팔 것이다. 일단 당신이 모든 구멍을 다 찾아냈다면, 코를 막고 가위를 꺼내어 배변 봉투의 윗부분을 자른 뒤, 각 구멍에 반려견의 대변을 조금씩 넣어 둔다. 대변은 최대한 밑바닥에 놓아두도록 주의한다.

2단계. 삽으로 흙을 퍼서 각 구멍(그리고 그 안의 깜짝 선물)을 약 3~5센티미터 정도 덮어 준다. 이제 모든 구멍은 건드리면 터지는 위장 폭탄이 되었다. 만일 흙으로 덮어두지 않는다면 반려견은 너무 영리한 나머지 이미 파 둔 구멍 가까이에 다시는 가지 않고 새로운 곳을 파기 시작할 것이다. 그러면 문제를 해결하는 데 전혀 도움이 되지 않는다.

3단계. 반려견을 마당으로 데리고 나가 당신은 레모네이드 한 잔을 마시면서 가만히 앉아 마법이 일어나는 장면을 지켜보자. 조금만 기다리면 대부분의 개는 자신들이 진행 중이던 프로젝트를 찾아가 부드러운 흙 아래에 무엇이 있는지 전혀 알지 못한 채 땅을 파기 시작한다. 반려견은 땅을 파다 말고 곧 발끝으로 자신의 대변을 건드리게 되고, 즉시 땅 파기를 멈춘다. 개들은 자신이 싸 놓은 대변을 보는 것도, 냄새 맡는 것도, 만지는 것도 싫어한다. 일단 반려견이 앞발에 대변을 조금 묻히면 그것을 떼어 내려고 잔디에 문지르고 그 구멍과는 어느 정도 거리를 두게 된다. 그리고 이미 작업 중이던 다른 구멍을 찾아 나서지만 다른 구멍에도 위장 폭탄이 숨어 있긴 마찬가지다.

이렇게 몇 번 위장 폭탄을 발견하고 나면 개들은 곧 자신의 모든 프로젝트에 뭔가 심각한 문제가 생겼다고 직감한다. 다행히도 이 모든 훈련은 대변이 알아서 다 한다. 어떤 개는 몇 번 더 구멍들을 확인해 보기도 한다. 또 다른 개는 너무 영리해서 곧바로 상황을 파악하고 새로운 구멍을 파기 시작한다. 이는 매우 자연스럽고 예상 가능한 상황이므로 당신은 한 번 더 똑같이 대처하면 된다. 반려견이 새로 파 놓은 구멍 아래 반려견의 대변을 넣어 두고, 흙으로 조금 덮은 뒤 그냥 기다리자. 문제 행동을 고치는 다른 방법과 마찬가지로 이 접근 방식은 기본적으로 반려견의 게임을 당신의 게임으로 만들어 버리는 데 있다. 규칙을 만드는 것도 당신이고 앞으로 벌어질 일을 결정하는 것도 당신이다. 하지만 게임 방식의 특성상, 반려견이 스스로 규칙을 깨닫도록 해야 한다. 당신이나 당신이 아는 사람 중에 뭐든지 직접 경험해 봐야 깨닫는 사람이 있을 텐데, 개들도 똑같다.

반려견도 땅에 구멍을 파 놓을 때마다 불쾌한 깜짝 선물이 있는 것을 발견하게 된다면 곧 땅파기를 그만두게 될 것이다. 내가 훈련했던 개 중 약 90퍼센트에 이르는 개는 파 놓은 구멍이 대변으로 오염된 사실을 며칠 동안 계속해서 발견하고는 더 이상 구멍 팔 생각을 하지 않았다. 당신의 반려견이 이 사실을 알아차렸다면 당신은 반려견의 행동을 유심히 지켜보다가 혹시 새로 구멍을 또 파면 바로바로 위장 폭탄을 숨겨 놓도록 하자.

4단계. 정말 중요한 내용을 빠뜨릴 뻔했다. 훈련을 마친 후 집으로 들어갈 때 반려견의 앞발을 깨끗이 씻어 주는 것을 잊지 말자!

대변을 먹는 비정상적인 습관

대부분의 생명체와 마찬가지로 개들도 자신의 배설물에 가까이 가길 꺼린다. 자신의 대변을 싫어하기 때문에 배변 훈련도 가능한 것이다. 하지만 나는 가끔 강아지가 대변에 관심이 많을 뿐 아니라 그것을 먹기까지 한다며 놀란 의뢰인들의 연락을 받는다. 성견에서 흔히 볼 수 있는 일은 아니지만, 어린 강아지들은 일시적으로 그런 행동을 하기도 한다. 이유는 간단하다. 개가 대변을 먹는 것이 아주 자연스럽고 해롭지 않을 때가 있는데, 바로 어미 개가 새끼를 낳았을 때다. 새끼들이 변을 보면 어미 개는 우리를 깨끗하게 유지하고 새끼들을 보호하기 위해 새끼들의 변을 먹는다. 그 순간만큼은 어미 개도 모성 본능을 발휘해 새끼들의 대변을 먹게 되는 것이다. 어미 개는 새끼들이 젖을 먹는 기간까지 새끼들의 대변을 먹고, 새끼들이 사료를 먹을 때가 되면 개집이 아닌 다른 곳에서 볼일을 봐야 할 때가 되었다고 생각한다. 이제 왜 강아지들이 일시적으로 나쁜 습관을 보이는지 두 가지 이유를 알게 되었을 것이다. 우선 강아지들은 어미 개의 행동을 보고 본능적으로 모방한다. 두 번째, 강아지들은 원래 입으로 새로운 세상을 탐색하기 때문에 입을 대지 말아야 할 것에도 입을 대고는 한다.

당신의 강아지도 영양 결핍이 아닌 한 곧 이 습관을 버리게 될 것이다. 반려견이 더 이상 대변을 먹지 않도록 하는 가장 중요한 방법은 강아지가 머무른 공간의 내부와 외부에 대변이 없도록 항상 치워 주는 것이다. 반려견이 대변을 보자마자 바로 치워 버려야 한다. 주변에 치워야 할 대변이나 탐색하고픈 배설물이 없다면 입을 대는 일도 없을 것이다. 그리고 어린 시절 자신의 대변을 먹어치우는 나쁜 버릇이 있었다고 해도 나이가 들어가며 자연스럽게 배설물을 피하게 되고, 이 문제는 반려견 스스로 해결하게 될 것이다.

'탈출의 명수'가 탈출을 포기하게 만드는 훈련

여러 견종 중에 허스키, 말라뮤트, 보더 콜리를 비롯한 여러 테리어와 후각 수렵견은 오랫동안 탈출의 명수로 이름을 알렸다. 주로 에너지가 넘치는 사역견이 이 문제 행동을 많이 하기로 유명하다. 그들 중 일부는 그냥 재미로 땅을 파기 시작했다가 힘든 노동 끝에 담장 밖의 세계로 탈출해 자유의 몸이 된다는 사실을 깨닫기도 했다. 하지만 오로지 탈출하겠다는 일념 하나로 땅을 파는 개들도 있다. 만일 당신의 반려견도 이런 문제를 가지고 있고 앞서 언급한 방법으로 땅 파는 습관을 고칠 수 없었다면, 이제 당신의 마당을 탈출이 불가능한 마당으로 만들어 버려야 한다.

제발 이 문제를 해결하겠답시고 반려견을 묶어 두지는 말자. 어떤 개도 그런 삶을 살아서는 안 된다. 대신 친구 한두 명에게 도움을 청해 마당의 보안을 강화하는 방안을 생각해 보자. 그러면 반려견이 탈출할 염려 없이 자유롭게 풀어 둘 수 있다.

접근 방식: 건설 프로젝트

앞서 소개한 땅 파기에 대한 해결책과 마찬가지로 이 방법 또한 훈련이라기보다는 건설 프로젝트에 가깝다. 하지만 우리는 지금 개의 본능과 싸우고 있고 이 문제에는 개의 안전도 걸려 있으므로 누구나 하기 쉬운 가장 간단한 해결책을 알려 주겠다.

나는 보통 이 문제 행동을 방지하는 해결책을 제시할 때마다 허스키를 떠올린다. 수년간 동물 훈련사로 일하면서 내가 만났던 허스키들은 가장 인상적인 탈출의 명수였다. 사실 허스키는 세상에서 가장 오래된 견종 중 하나로, 수 세기 동안 유전자 개량을 통해 사육된 견종이 아닌 늑대에서 개량된 견종이다. 즉, 많은 허스키가 아직도 강한 야생의 본능을 지니고 있다. 만일 당신의 마당에서 허스키가 탈출하지 못하게 할 수 있다면 거의 모든 개가 탈출하지 못할 것이다.

단계별 훈련

탈출 방지용 마당을 만들기 위해서는 다음과 같은 도구를 준비하자.

- 삽이나 괭이
- 시멘트 블록, 큰 돌, 출입문 주변의 담장을 둘러쌀 만큼의 돌멩이

반려견이 탈출을 시도하는 출입구 주변의 담장 아래를 모두 막을 수 있으려면 시멘트 블록이나 큰 돌, 혹은 돌멩이를 충분히 준비해야 한다. 시멘트 블록보다는 돌멩이가 구하기도 쉽고 저렴하지만, 돌멩이를 활용하려면 각 돌멩이의 크기가 야구공의 크기와 비슷하거나 더 커야 한다. 당신이 기르는 탈출의 명수가 만일 소형견이라면 그렇게 큰 돌이 많이 필요하진 않겠지만, 반려견이 움직일 수 있을 만큼의 작은 돌은 사용하지 않는 게 좋다. 경험상 개의 몸집이 클수록 큰 돌을 활용하는 것이 효과적이다.

1단계. 마당에서 반려견이 탈출을 시도하는 구간을 찾는다. 대부분의 개는 출입구 주변에서 탈출을 시도한다. 당신의 반려견도 같은 경우라면 출입구 주변에서 작업을 시작하자. 반려견은 집 안에 있도록 두고 출입구 담장 아래쪽에 몇 센티미터 정도 작은 도랑을 판다. 도랑의 넓이는 출입구 양쪽으로 약 30센티미터 정도 더 길게 파는 것이 좋다(예를 들어 출입구의 넓이가 1.2미터라면, 총 1.8미터 정도의 길이로 도랑을 판다). 이제 도랑에 시멘트 블록이나 돌을 넣고 흙으로 잘 덮는다.

2단계. 이제 가장 힘든 일은 다 마쳤으니 반려견을 마당으로 나오게 하고 나머지 일은 시멘트 블록이나 돌에게 맡겨 두자. 흙만 있을 때는 반려견이 땅을 파기가 쉬웠겠지만, 시멘트 블록은 결코 파내기가 쉽지 않다. 반려견은 시멘트나 돌을 발견하는 순간 땅 파던 것을 멈추고 다른 곳을 찾을 것이다. 아마 파던 곳에서 약간 왼쪽 또는 오른쪽으로 이동해 다시 구멍을 팔 확률이 높다. 그래서 아까 출입문 아래 양쪽으로 조금씩 더 파서 돌을 넣어 두라고 한 것이다. 많은 개가 하루 이틀 정도만 이런 경험을 하고 나면 더 이상 탈출하려고 하지 않는다. 하지만 고집이 센 개라면 담장 아래 다른 구간으로 가서 구멍을 파기 시작한다. 그러면 당신은 하루 더 날을 잡아 삽과 시멘트 블록으로 건설 작업을 할 수밖에 없다.

비록 이 방법이 시멘트 블록이나 돌을 넣어야만 하는 노동 집약적 기술이지만, 일단 하기만 하면 탈출의 명수가 탈출을 포기하게 하고, 마당 안에서 안전하게 지내도록 하는 마법 같은 방법이다.

문제 행동의 근원 파악하기

이 장에서 소개한 두 가지 훈련 과정에서 유념해야 할 한 가지 중요한 점은, 반려견이 땅을 파지 못하게 하면 그 문제 하나만 해결될 뿐이라는 사실이다. 개가 왜 땅을 파는지 근본적인 문제를 따져 봐야 한다. 대부분의 개가 땅을 파는 행동의 기저에는 딱히 할 것이 없어 지루한 마음이 깔려 있다. 만일 반려견이 남아도는 에너지를 계속 분출하지 못한다면 땅을 파지 않더라도 이제 집 안의 다른 곳을 망가뜨리는 '예술 활동'을 하게 될지도 모른다.

반려견이 다른 문제 행동을 보이기 전에 반려견이 심신의 에너지를 분출할 수 있도록 새로운 활동을 시작하자. 평소와 다른 시간에 다른 장소로 산책하는 것도 좋다. 잡아당기는 장난감이나 던진 물건을 되찾아 오는 새로운 놀이도 함께해 보자. 반려견 전용 공원도 가고 푸드 퍼즐 장난감에 간식을 넣어 시간을 보내도록 해 주자. 어떤 활동이든 반려견이 지능과 에너지를 사용할 수 있도록 해 줘야 당신과 반려견 모두에게 이롭다.

이 모든 방법을 써 봐도 습관이 고쳐지지 않는다면, 유기견 보호소에서 반려견을 한 마리 더 입양하는 방안도 고려해 보자. 때로는 여러 마리의 반려견을 함께 기를수록 문제 행동이 줄기도 한다.

럭키 도그의 탄생

영리했던 어니는 자신이 열심히 파둔 구멍이 모두 배설물로 오염되었다는 사실을 발견하자마자 습관을 바꾸기로 결심했다. 어니의 견주는 어니와 산책을 더 자주 나갔고, 매일매일 운동하는 시간도 늘렸다. 나는 어니와 이 대표적인 기술을 활용한 지 일주일 만에 더 이상 땅에 구멍을 파지 않았다는 사실을 전하게 되어 매우 기쁘다. 그리고 당연히 그 이후로는 마당에 나왔다가 발목을 접질리는 사고를 당한 가족이 아무도 없다고 한다.

우리 개가
사람 음식을 탐내요

트위티는 몰티즈 믹스견으로 급성 호흡기 감염과 심각한 영양실조로 고통받고 있었다. 보호소에서 트위티 문제로 내게 연락했을 때, 그들은 이 작은 개가 생명을 유지할 수나 있을지 걱정이라고 했다. 네 살이었던 트위티의 몸무게는 정상 체중의 반밖에 안 되는 2킬로그램이었다. 트위티를 쓰다듬어 보니 갈비뼈와 엉덩이뼈가 그대로 만져졌고, 지방이나 근육이라고는 찾아볼 수가 없었다.

처음 트위티를 훈련소로 데려왔을 때 사전 훈련 평가는커녕 우선 건강부터 회복시켜야 했다. 수의사는 트위티를 위해 특별히 고칼로리 식단을 짜 주었고 항생제도 처방해 주었다. 하지만 그동안 힘난한 세월을 보냈던 트위티는 모든 것에 너무나 조심스러워 해서 나는 식사 때마다 트위티를 조금씩 달래 가며 먹여야 했다.

트위티는 훈련소에 온 지 2주 정도가 지나 위험한 고비를 넘겼다. 이제 더 이상 트위티는 다 죽어 가던 모습의 개가 아니었다. 자신감에 찬 모습으로 여기저기를 빠르게 돌아다니고, 바보 같은 모습도 보여 주었으며, 훈련장을 마구 뛰어다니며 나를 들이받고 장난도 쳤다. 몸무게도 1킬로그램 정도 늘었다. 이제는 훈련용 빨간 목줄을 차고 훈련소에 있는 다른 개들과 함께 뛰어놀 정도로 건강해졌다는 의미였다.

트위티는 자신감을 되찾자마자 먹을 것과 관련된 문제 행동을 보이기 시작했다. 트위티는 길거리에서 먹을 것에 너무도 굶주린 개였다. 오랜 시간 먹을 것을 구걸했던 트위티는 건강을 되찾자 식탐을 주체하지 못했다. 그리고 자신의 먹이를 탐내는 것을 넘어 내 것까지 넘보기 시작했다. 내가 트위티를 입양 보내려고 염두에 둔 견주는 어린아이들을 키우는 부모였는데, 트위티가 그들의 식사 시간에 선을 넘어서 평화를 깨뜨리게 해서는 안 될 일이었다.

식사 시간에 들이대는 반려견 훈련하기

사람들이 식사할 때 옆에서 먹을 것을 달라고 애원하고 심지어 접시에 입을 대기도 하는 개들의 행동은 식사 예절에 대해 전혀 배운 적이 없는 반려견들이 보이는 가장 흔한 문제 행동 중 하나다. 특히 유기견이었던 개들은 사회성이 덜 발달했고 제대로 훈련받은 적도 없을 뿐더러, 배고픔의 느낌이 어떤 것인지 잘 알기에 뭐든지 먹을 수 있을 때 배를 더 채우려고 한다.

때로는 내가 부엌에 들어오게 하거나 소파에 올라앉도록 허락만 하면 개들은 내 음식까지 먹어도 되는 줄 아는 듯하다. 이 문제는 당신이 조금만 인내하고 꾸준히 훈련시키면 바로잡고 고칠 수 있다. 나는 수년 동안 이 문제를 아주 많이 다루어 봤으니 나를 믿어도 좋다.

이제부터 애원하기, 훔쳐 먹기, 조리대 탐색하기, 오래전부터 개들이 저질러 온 범죄인 쓰레기통 뒤지기 등 문제 행동에 대한 실패 없는 해결책을 알려 주겠다. 물론 이 해결책은 구체적인 행동에 초점을 두고 있긴 하지만, 만약 반려견과 이미 '안 돼'와 '내려가' 훈련을 한 상태라면 당신은 식사 예절 교육을 하는 데 꽤 효과적인 도구를 가지고 있는 셈이 될 것이다.

애원하는 반려견

절대 주지 않기. 일단 먹을 것을 달라고 애원하거나 몰래 접시에 입을 대는 개를 다루는 첫 번째 규칙은 절대로 먹을 것을 주지 않는 것이다. 반려견의 이 문제 행동을 고치고 싶다면 배가 고파 죽겠다는 듯한 반려견의 글썽거리는 눈빛에 절대 속아서는 안 된다. 만일 당신이 식사하다 말고 못 이긴 척 반려견에게 먹을 것을 허락하면, 다음 식사 때도 반려견의 글썽거리는 눈빛 공세를 받게 될 것이고, 한 번 더 주고 나면 이제 영원히 보게 될 것이다. 그러니 반려견에게 '안 돼'라고 말한 뒤 절대로 당신의 접시나 식탁에 손대지 못하게 하고 계속해서 식사에 집중하자. 건강을 되찾기 전에 굶주려 왔던 트위티의 간절한 애원을 내가 거절할 수 있었듯이, 당신 또한 반려견의 애원을 거절할 수 있다고 믿는다.

거리 두기. 이 문제 행동을 바로잡기 위한 다음 단계는 당신의 접시와 반려견 사이에 조금 더 거리를 두는 것이다. 식사 시간만 되면 반려견들은 주인과 너무 가까이 있으려고 한다. 하지만 그럴수록 우리의 식사는 방해받을 뿐이다. 이때 사용할 기술에는 동전이 든 병이나 셰이크 앤 브레이크만 있으면 되고, 꾸준히 사용하면 된다.

식사 시간에 반려견이 넘지 말아야 할 가상의 선을 지정하자. 어떤 이들은 반려견이 식탁에서 몇 미터 떨어진 위치에 있길 원할 것이고, 어떤 이들은 식사하는 동안 자신의 의자에 올라오지 않기만 바랄 것이며, 또 다른 이들은 자신의 입에 음식을 넣을 때마다 반려견이 바로 옆에서 애처로운 눈빛으로 낑낑대지만 않았으면 할 것이다. 식사할 때 어느 정도의 공간이 필요한지는 개인에게 달려 있지만, 일관된 자세로 가르친다면 반려견도 당신만의 영역을 빨리 이해하고 존중할 것이다. 만일 당신이 무언가를 먹을 때는 반려견이 절대 소파에 올라올 수 없다는 규칙을 가르치고 싶다면, 항상 그 규칙에 따르도록 훈련시키자. 먹을 때 애원하지 않도록 하려면 그 또한 훈련이 필요하다.

훈련 시작. 이제 당신이 해야 할 일은 우선 식사를 준비하고, 평소

식사하는 자리에 앉아서 기다리는 것이다. 시끄러운 소리가 나는 병을 준비해 식탁 위나 옆쪽에 둔다. 반려견이 너무 가까이 다가오거나 낑낑거리기 시작하면 '안 돼'라고 말한 뒤, 병을 흔들고, 다시 '안 돼'라고 말한다. 당신은 이 과정에서 차분하게 앉아 있어야 한다. 만일 반려견이 가까이 올 때마다 일어서서 반려견을 밀어내거나 거실로 데리고 나간다면, 반려견은 당신의 식사 시간이 어떤 모습이어야 하는지 제대로 배우지 못할 것이다.

필요한 것은 이게 전부다. 같은 과정을 식사 시간마다 몇 번 더 반복하고 항상 일관된 자세로 대응하자. 반려견이 아무리 애원하거나 식탁을 침범하려고 하더라도, 당신이 음식을 조금도 주지 않고 며칠을 버티면 반려견은 애원해도 소용이 없다는 사실을 이해하게 될 것이다.

동전이 든 병이나 셰이크 앤 브레이크를 준비한다. 반려견이 너무 가까이 오거나 낑낑거리기 시작하면 '안 돼'라고 말한 뒤, 병을 흔들고, 다시 '안 돼'라고 말한다.

조리대를 탐색하는 반려견 훈련하기

우리는 큰 키를 이용하거나 머리를 써서 부엌 조리대 위에 놓인 음식을 몰래 먹어 치우는 개를 적어도 한 번쯤은 봤을 것이다. 아주 많은 의뢰인이 이 문제로 내게 연락해 온다. 이 문제는 바로잡기가 꽤 까다롭다. 개들은 대부분 주인이 근처에 있을 때는 조리대에 아무런 관심도 없는 듯 태연하게 굴다가, 주인이 눈에서 사라지면 갑자기 돌변해 음식에 입을 대기 때문이다! 이 문제의 해결책은 일반 부모들이 흔히 사용하는 속임수에서 시작한다. 바로 당신의 뒤통수에도 눈을 다는 것이다. 이 문제를 해결하기 위해서는 반려견을 몰래 감시해야 하는데, 반려견들은 당신이 감시 카메라를 설치해 두었는지, 아니면 어디서든 훤히 지켜보는 능력이 있는지 잘 구분하지 못한다.

이제부터 차근차근 시작하자. 이 기술에는 몇 가지 준비물이 필요하다.

- 동전이 든 병이나 셰이크 앤 브레이크
- 소형 카메라나 감시용 비디오
- 미끼로 사용할 음식

반려견이 부엌에서 뭘 하는지 몰래 지켜볼 수 있도록 해 주는 도구면 충분하다. 꼭 새것이 아니라도 제대로 기능하는 저렴한 중고 카메라 등을 준비하자. 핸드폰이나 태블릿, 혹은 노트북에 달린 카메라를 설치해 두고 옆방에서 몰래 감시할 수 있으면 된다.

미끼로 사용할 음식은 반려견을 쉽게 유혹할 수 있으면서 먹어도 안전한 얇은 소고기구이나 닭고기다. 반려견이 그것을 먹기 위해서라면 위험도 감수할 만큼 맛있는 미끼여야 한다.

1단계. 부엌의 조리대가 찍히도록 소형 카메라를 설치한다. 음식만 가까이 보이게 찍기보다는 넓게 보이도록 찍는 것을 권한다. 그래야 반려견이 조리대에 가까이 오는지 미리 알고 당신이 범죄 현장에 즉시 나타날 수 있다.

다음으로, 미끼를 조리대 위에 둔다. 조리대 앞쪽 끝부분이 아닌 가능한 한 안쪽에 두어 반려견이 음식을 먹으려면 시간이 조금 걸리도록 한다. 당신은 반려견을 (조리대에 두 앞발을 올리고 섰을 때) 현행범으로 체포하고 싶을 것이다. 몰래 음식에 손을 대려고 하는 그 순간에 걸려야 개들도 잘못을 더 빨리 이해할 것이다.

이제 덫을 놓았다면 감시 모니터와 동전이 든 병 또는 셰이크 앤 브레이크를 들고 다른 방으로 가자. 반려견이 조리대에 앞발을 올리는 순간 바로 달려올 수 있도록 너무 멀리 가지는 말되, 반려견이 눈치챌 만큼 가까이 있어서도 안 된다. 개들은 너무 뻔한 덫에 걸릴 만큼 멍청하지 않다. 이제 모니터를 보면서 때를 기다리자. 습관적으로 조리대에 손을 대던 녀석들은 1~2분 만에 조리대로 다가갈 것이고, 시간이 조금 지나고 나서 행동을 개시하는 개들도 있을 것이다. 어떤 경우든 일단 반려견이 행동을 개시하길 기다린다.

덫을 설치했다면 시끄러운 소리가 나는 병을 들고 몰래 감시하며 기다린다. 반려견이 조리대에 앞발을 올리는 순간 빨리 움직이도록 준비하자.

2단계. 반려견이 조리대로 다가가면 당신도 움직일 준비를 한다. 반려견이 두 앞발을 들어 조리대에 올리는 순간 재빨리 부엌으로 달려가 병을 세게 흔들고 나서 '안 돼'라고 말한다. 반려견이 조리대에 올렸던 앞발을 내리면 바로 부엌에서 나와 다시 대기 상태에 들어간다. 반려견이 다시 조리대에 발을 올리면 이 과정을 다시 한 번 반복한다. 대부분의 개는 이렇게 한두 번만 놀라는 경험을 하면 더 이상 조리대에 오르지 않지만, 그렇다고 해서 문제가 해결된 것은 아니다. 당신은 단지 첫 번째 라운드에서 이겼을 뿐이다. 오늘은 오늘이고 내일은 또 다른 날이다.

개들도 경험을 통해 배우는 동물이어서, 일단 확신이 없으면 뭐든 시도해 본다. 오늘 조리대 위에 놓인 맛있는 음식을 먹지 못했다고 해서 당장 내일부터 조리대 탐색을 포기하지 않는다. 그동안 꽤 쉽게 조리대 위에 놓인 맛있는 음식을 먹은 경험이 있기 때문이다. 이 훈련의 핵심은 조리대를 건드리면 귀를 찢을 듯한 소음이 들려온다는 사실을 반려견에게 인식시키는 것이며, 그러기 위해서는 몇 주간 하루에도 몇 번씩 이 기술을 활용해야 한다. 매번 10분 정도만 할애해서 조리대를 탐색하려는 반려견을 깜짝 놀라게 하는 데 초점을 맞추자. 이렇게 며칠간 길들이면 반려견은 더 이상 조리대에 발을 올리려고 하지 않을 것이고, 부엌에 있지도 않던 당신이 도대체 어떻게 알고 매번 나타나는지 의아해할 것이다.

이 훈련을 할 때 꼭 기억할 것

감시하는 것을 들키지 않기 위해 여러 방법 조합하기. 어떤 개들은 주인 없이 혼자 남았다는 확신이 들어야 이 덫에 걸려든다. 특히 조리대를 탐색하다 주인에게 한두 번 걸린 적이 있다면 더더욱 조심스러워진다. 우선 옆방에 몰래 숨어 반려견을 감시할 때는 쥐죽은 듯 조용히 해야 한다는 점을 명심하자. 다음으로 당신이 계속 같은 방에 들어가거나 같은 의자에 앉으면 의심을 살 수 있으니, 장소를 옮겨서 감시하도록 하자. 마지막으로, 며칠에 걸쳐 이 기술을 활용하려면 조금 창의적인 방안을 마련해 보자. 반려견에게 잠깐 어디 다녀온다고 말한 뒤, 신발을 신고 현관문을 닫는다. 나는 습관을 고치기 힘든 개들을 훈련할 때 차 열쇠를 들고 밖으로 나가는 시늉을 하고는 했다. 심지어 누군가에게 부탁해 내 트럭의 시동을 켜고 밖으로 나가는 소리를 내게도 했다. 그러면 아주 영리한 개들도 주인이 없다고 확신하고 조리대에 올라 배를 채우려고 했다.

당신에게 유리한 게임을 설정해서 이기기. 훈련하는 도중 반려견이 실제로 조리대 위에 놓인 음식을 먹어 버렸다면, 그것은 당신이 화낼 이유가 되지 못한다. 당신에게 유리하도록 게임을 설정하고 다음번에 이기면 된다. 첫 라운드에서 반려견이 당신을 이겼다면 다음 라운드에서는 당신이 이기도록 설정해 보자. 조리대 안쪽에 음식을 올려 두면 반려견이 앞발을 올리고 나서도 그 음식을 먹기 위해 한참을 고군분투해야 한다. 그 순간에 당신이 급습하면 반려견은 현행범이 된다. 만일 반려견이 너무 재빠르다면 기다란 리드줄을 채워서 잘못된 행동을 바로잡을 수도 있다.

음식을 아무 데나 올려두지 않기. 이 기술을 훈련시키지 않으려면 조리대 위에 음식을 남겨 두지 않도록 하자. 조리대에 먹다 남은 음식을 남겨 두면 반려견의 문제 행동에 원초가 될 뿐더러, 잠재적으로 위험한 음식을 제공하는 격이 된다. 이 문제는 아무리 강조해도 지나치지 않다. 조리대 위에 맛있는 음식을 올려놓고는 반려견이 이를 매일매일 무시하길 바라는 것은 당신의 욕심이다. 개들은 본능적으로 먹을 것을 무시할 수 없다. 이 기술은 가끔 조리대에 음식이 남아 있더라도 건드리면 안 된다는 점을 반려견에게 가르쳐 주는 데 유용할 뿐이다. 당신이 만일 남은 스테이크나 햄을 항상 조리대에 올려 둔다면 길에다가 100달러짜리 지폐를 흘리고는 사람들에게 가져가지 말라고 하는 것과 같다. 이는 숨 쉬고 먹는 것이 전부인 보통 개가 이겨내기에는 너무나 큰 유혹이다. 합리적이고 현실적으로 판단하길 바란다.

부엌에도 개껌이나 장난감 비치하기. 부엌에도 씹고 물어뜯을 수 있는 개껌이나 장난감을 항상 두어서 반려견이 즐겁게 가지고 놀 수 있도록 하자. 조리대 탐색을 대체할 만한 장난감을 제공하면, 반려견도 언젠가는 조리대가 아닌 다른 데로 흥미를 돌리게 될 것이다.

쓰레기통을 뒤지는 반려견 훈련하기

소이어는 유기견 보호소에서 데려온 어린 래브라도로, 언젠가는 한 가족의 훌륭한 반려견이 될 녀석이었다. 하지만 래브라도는 아무거나 먹어 치우는 견종으로 악명이 높은데, 나는 지난 수년 동안 래브라도가 배터리부터 기저귀, 전구, 돌, 양말까지 먹어 치웠다는 이야기를 많은 의뢰인에게 들어왔다. 래브라도들은 오감이 덜 발달한 건지는 몰라도 부엌 쓰레기통을 잘 뒤지기로 유명하다. 소이어도 예외는 아니었다.

어느 날 내가 소파에 앉아 책을 읽고 있었는데 소이어가 바나나 껍질을 가져와 먹고 있었다. 물론 부엌 쓰레기통에서 가져온 껍질이었다. 과일 껍질 정도야 큰 문제가 되지는 않는데, 그다음에는 쓰레기통에서 또 어떤 것을 집어먹을지 알 수가 없었다. 다음번에는 쓰레기통에서 독성이 있거나 날카롭고 위험한 뭔가를 집어먹을 수도 있기 때문이었다.

나는 항상 이 문제에 관해 의뢰인들에게 말한다. 삶이 당신에게 레몬을 주거든, 그 레몬으로 반려견이 쓰레기통을 뒤지지 못하도록 가르치라고 말이다. 이 기술에 필요한 것은 당신의 인내심과 얇게 자른 신선한 레몬 몇 조각뿐이다.

1단계. 반려견이 쓰레기통을 뒤진 것을 알아차렸다면 곧바로 범죄의 현장으로 반려견을 데려간다. 방금 반려견이 보물을 찾아냈고 앞으로 또 다른 보물을 찾아 뒤지게 될 그 쓰레기통을 반려견에게 보여 준다. 훈련을 조금 더 빠르게 진행하고 싶다면, 쓰레기통 안에서 반려견이 좋아할 만한 것을 찾아서 보여 주자. 함정 수사를 하는 것처럼 보이겠지만 방식이 어떻든 이 훈련은 빨리 진행하는 것이 모두에게 좋다. 소이어를 훈련할 때 나는 그를 쓰레기통으로 데려가 소이어가 먹던 바나나 껍질을 쓰레기통에 다시 집어넣었다. 당연히 소이어는 그 바나나 껍질을 찾으려고 바로 쓰레기통에 머리를 집어넣었다.

반려견이 쓰레기통에서 무엇을 꺼내 먹었건 그것이 5분, 15분, 혹은 55분 전의 일이라면 절대로 질책해서는 안 된다. 반려견에게 그 일은 선사 시대 역사일 뿐이다. 질책은 반드시 반려견이 쓰레기통을 뒤지고 있을 때, 혹은 쓰레기통을 뒤진 지 이제 막 1~2분이 지났을 때 해야 한다.

2단계. 반려견이 미끼를 물었다면 바로 그 순간에 문제 행동을 바로잡아야 한다. 얇게 자른 레몬을 준비하고 '안 돼'라고 말한 뒤, 반려견의 입에 레몬즙을 약간 짜 넣는다. 소이어를 훈련할 때는 그가 바나나 껍질을 다시 찾으려고 쓰레기통에 코를 박은 순간이 이 기술을 활용할 완벽한 기회였다. 반려견이 쓰레기통에 넣은 것을 찾으려고 다시 시도할 때 한 번 더 입에다가 레몬즙을 짜 넣으면 대부분의 개는 레몬즙을 또 다시 맛보고 싶지 않아 할 것이다.

당신이 반려견을 쓰레기통 앞으로 데려갔는데 반려견이 미끼에 관심이 없다면, 이 과정을 시작하기 위해 기다릴 수밖에 없다. 반려견 가까이 따라다니며 기회를 노려도 되지만, 조리대 탐색을 감시했을 때처럼 감시 카메라를 설치해도 좋다.

반려견이 일단 한 번 쓰레기통을 뒤지다가 걸려서 레몬즙을 맛보았다면, 나머지 레몬으로 쓰레기통 주변을 문질러 놓자. 나는 주로 레몬 껍질을 쓰레기통에 문질러 놓는데, 덜 찐득거릴 뿐 아니라 냄새는 더 자극적이다. 반려견은 그 냄새를 맡으면 레몬즙을 맛보았던 상황을 떠올리게 될 것이고 쓰레기통을 뒤지지 않을 공산이 크다. 개들은 코로 냄새를 맡으며 세상을 탐색하기 때문에 쓰레기통이나 가구에서 강력한 레몬 냄새를 맡을 때마다 이 훈련을 기억하게 될 것이다.

럭키 도그의 탄생

트위티가 재활과 훈련을 모두 마쳤을 때쯤 몸무게는 2킬로그램 정도 늘었고 일곱 가지 기본 명령도 모두 습득했다. 이제 트위티는 영원히 함께할 가족의 집으로 갈 준비가 된 것이다. 트위티는 몇 주 동안 나와 함께 지내면서 친밀한 유대 관계를 형성해 왔다. 나는 트위티를 간호했고, 훈련시켰으며, 삶에서 아주 중요한 순간에 가족이 되어 주었다. 나는 훈련시킨 개와 그렇게 친밀한 관계가 될 때마다 새로운 가족에게 보내는 순간이 조금 걱정스러웠다.

트위티의 새로운 가족은 사랑스러운 반려견을 기를 자격이 충분한 사람들이었다. 사랑하던 반려견 한 마리를 떠나보낸 후, 아픔을 극복하고 다시 일상으로 돌아오고자 노력하고 있었다. 그들은 트위티가 가족에 새로운 활력과 기쁨을 가져다 주길 바랐으며, 아이들의 책임감을 길러 주길 원했다.

내가 트위티를 데리고 그 집에 갔을 때 가족들은 팔을 활짝 벌리고 트위티를 반겨 주었다. 나는 트위티도 그들의 아픔을 안아 줄 수

있길 바랐다. 나는 그 집의 첫째 딸인 레일라니에게 동물 조련사가 되는 방법을 가르치고 있었기 때문에, 트위티에게 일곱 가지 기본 명령을 가르치는 것은 그녀에게 맡겼다. 그 둘은 훈련을 잘 해냈다. 그런 다음 나는 트위티에게 가르칠 명령 하나를 더 알려 주었다. 새로운 가정에서 애완견으로 지낼 트위티에게 '올라가'라는 명령을 가르쳐 누군가의 무릎에 올라가 앉아도 될 때를 알려 주는 것이었다.

그날 가족들이 모두 거실에 둘러앉았을 때 레일라니가 트위티를 데리고 다니며 한 명 한 명의 무릎에 올라가 앉도록 '올라가'라고 말했다. 트위티는 가족 모두의 무릎에 차례로 올라가 새로운 가족들과 인사를 나누었다. 나는 트위티가 가족들의 무릎에 올라가 환영 행사를 치르는 것을 보고 안심할 수 있었다. 처음 만났을 때는 거의 죽어 가던 개 한 마리가 이제 영원히 머무를 집을 찾아 사랑받는 반려견이 된 것이다.

우리 개가
분리 불안 증세를 보여요
(최소 7일이 걸리는 훈련)

내가 처음 그로버를 만나 그로버가 지금까지 지내 온 이야기를 전해 들었을 때, 조금 의아하긴 했지만 어쨌든 문제가 있는 것은 분명했다. 불과 두 살밖에 안 된 그로버는 벌써 두 번이나 유기견 보호소로 왔다. 그로버가 머무는 보호소는 도시의 전형적인 보호소 시설로 시멘트 바닥과 벽으로 둘러싸여 차갑고 삭막했고, 창살로 된 문으로 닫혀 있었으며 냉방이나 온풍 시설이 전혀 없었다. 보호소를 관리하는 자원봉사자들은 나름대로 할 수 있는 것을 다 했지만, 보호소의 동물은 넘쳐 나는데 자원이 부족해 유기견이 그나마 바랄 수 있는 것은 하루에 몇 분이라도 개장 밖으로 나가는 것이었다.

나는 귀가 먹먹해질 만큼 개들이 짖고 울부짖고 그르렁거리는 시설 안으로 들어갔다. 그 소리는 몇 천 번을 들어도 들을 때마다 나를 불안하게 만들었다. 나는 복도를 따라 수십 마리의 개를 지나쳐 갔다. 그들은 길거리에서 홀로 버티다 살아남은 듯한 인상을 주었는데, 내 눈에 들어온 개는 쭈그리고 앉아 땅바닥에 코를 박고 있는 그로버였다. 조그마한 몸집의 푸들 믹스견인 그로버는 작고, 약하고, 겁에 질린 약자의 모습이었다.

나는 왜 사람들이 그로버를 데려갔다가 마음을 바꾼 것인지 알아야만 했다. 유기견 보호소에 되돌아오는 횟수가 많아질수록, 영원한 안식처를 찾게 될 가능성은 희박해지기 때문이다. 모르긴 몰라도 그로버의 구조 기록에서 아마 내가 마지막 기회가 될 터였다.

그로버를 훈련소로 데려와 평가해 보니 기본 명령도 잘 익히고 있었다. '앉아', '엎드려', '나란히', '이리 와'까지 처음 시도할 때부터 잘 따라서 꽤 인상적이었다. 하지만 '기다려'는 또 다른 이야기였다. 그로버는 나와 1.5미터 이상 떨어지면 견디질 못했고 그나마 잘 버틸 때도 눈빛이 흐리멍덩해졌다.

내가 트럭에 리드줄을 가지러 잠깐 나갔을 때, 그로버는 비명을 질렀다. 정말 누군가에게 공격이라도 당한 것처럼 비명을 질렀다. 나는 혹시 그로버가 다친 것이 아닐까 싶어서 빨리 집으로 들어가 보았다. 그로버는 문에서 나를 보자마자 100년 만에 돌아온 주인을 만난 것처럼 꼬리를 흔들었다. 나는 그로버를 안아 들고, 혹시 무슨 상처가 있나 보려고 소파에 앉았다. 다리를 살피고 몸 구석구석도 살펴봤지만 그로버는 멀쩡했다.

나는 다시 리드줄을 가지러 밖에 나갔고, 문을 닫자마자 그 비명을 다시 들었다. 그때부터 나는 실험 상태에 돌입했다. 무슨 문제인지 대충 감을 잡긴 했지만, 확신이 필요했다. 나는 밖으로 나가 그냥 문 앞에 서 있었다. 문 반대편에 선 그로버는 분통을 터뜨리고 있었다. 내가 문을 열고 살짝 얼굴을 들이밀자 그로버는 다시 조용히 꼬리를 흔들었다. 나는 몇 번 더 이 과정을 반복해 보았지만 결과는 항상 같았다.

그러고 나서 나는 그동안 그로버에게 무슨 일이 있었던 것인지 대충 이해할 수 있었다. 그로버는 살아온 환경의 영향으로 성격이 심각하게 변한 전형적인 경우였다. 유기견 보호소를 들락거리면서 본능적으로 누군가의 애정을 강렬히 갈구하게 된 그로버는 버려지는 것을 너무나도 두려워하게 되었다. 혼자 몇 초만 있어도 내면의 깊은 공포심이 올라와 주체할 수 없는 패닉 상태가 되는 것이다. 이렇게 그로버의 운명은 잔인한 딜레마에 빠지게 되었다. 버려지는 것에 대한 공포 때문에 계속해서 또다시 홀로 남겨지게 되었다. 그로버가 보호소로 돌아올 때마다 분리 불안 증상은 더욱 심해졌고, 다시 누군가의 가족이 되어 사랑받게 될 가능성은 점점 더 줄어들었다.

만일 그로버가 이대로 지낸다면 누군가의 반려견이 영영 되지 못할 것이었다. 그로버는 이제 절대로 버림받아서는 안 되는 개였다. 내가 리드줄을 가지러 밖에 나가려고 하자, 그로버는 다시 패닉 상태에 돌입할 태세를 갖추고, 낑낑거리고 숨을 헐떡거리다가 온몸을 바들바들 떨었다.

이 개와 나는 앞으로 해야 할 일이 많아 보였다.

극심한 공포와 슬픔의 패닉 상태, 분리 불안

당신이 일을 마치고 집에 왔는데 반려견이 소파를 물어뜯어 놓고 화분을 넘어뜨려 흙 때문에 집 안이 엉망이 되었다면, 그리고 당신의 집에서 들려오는 시끄러운 소리 때문에 이웃들이 자꾸만 찾아온다면, 그럴 때 당신이 분리 불안 증세를 일으킨 반려견의 트라우마부터 진지하게 생각해 보기란 쉽지 않다. 그 순간에는 당신이 이 상황의 피해자라고 느끼기 쉬우며, 심지어 당신이 '몹쓸' 개를 키우고 있다고 느낄지도 모른다. 만일 당신의 반려견이 분리 불안을 겪고 있다면, 내가 지금 무슨 말을 하는 것인지 정확히 알 것이다.

하지만 사실 분리 불안을 겪는 개들은 혼자 있을 때 시간을 때우려고 집을 망가뜨리거나 짖어대는 것이 아니다. 그들은 극심한 공포와 슬픔으로 패닉 상태에 빠지고 그것을 행동으로 표출하는 것이다. 무리 생활을 하는 일부 동물들은 원래 혼자 남겨지는 것을 잘 견디지 못하며, 과거에 버림받은 경험이 있는 동물도 혼자 있으면 과거를 떠올리며 괴로워한다. 그런 개들은 주인이 나가면 다시는 돌아오지 않을까 두려운 것이다. 이게 바로 분리 불안이다.

어떤 개들은 이런 상황을 마주하면 매우 취약해지는데, 그로버는 정말이지 최악의 경우였고 평생토록 방치되면 얼마나 예민한 성격이 되는지 잘 드러냈다. 그로버는 충성스러운 반려견이었다. 변화도 싫어했다. 원래는 활동적인 개였는데 주인에게 버림받았다. 이 모든 경험 및 성격적 요소들이 혼자 남겨지는 것에 대한 두려움과 합쳐져 지금의 그로버가 되었다. 이제 그로버는 문이 닫히고 혼자 남겨지는 순간마다 가슴이 찢어질 듯한 공포에 압도되어 엄청난 고통을 받게 된 것이었다. 그로버의 사례를 보면 분리 불안 증세를 완화하기 위한 훈련이 왜 까다로운지도 알 수 있다. 바로 선천적인 특성뿐 아니라 후천적인 특성과도 싸워야 하기 때문이다.

추측해 보면, 과거에 그로버를 길렀던 사람들은 그를 문밖에 홀로 방치했을 공산이 크다. 독립적이고 야외 활동을 하도록 사육된 개들은 적어도 일정 기간은 이런 환경을 감당할 수 있었을 것이다. 하지만 푸들은 전혀 그렇지 않다. 푸들은 예민한 견종으로 항상 애정과 관심을 원하고, 관심받지 못하면 관심받으려고 고군분투한다. 푸들은 천성적으로 인간과의 접촉을 갈망하고 자신을 길러 주는 가족과 친밀한 관계를 유지하려 한다. 그로버는 아마 어린 시절에 그 어떤 애정과 관심도 받지 못하다가 아예 버림받은 듯했다. 그렇게 좋지 않은 상황에 놓이자 그로버는 머리를 써서 다시는 버림받지 않을 방법을 나름대로 생각해 낸 것이었다. 바로 새 주인이 눈에서 멀어지지 않도록, 주인이 문만 열고 나가면 죽을 듯이 비명을 질러대는 방법이었다.

이 문제는 측정이 불가할 정도로 심각하다. 분리 불안 증세가 심한 개들은 수의사의 치료가 필요할 정도로 자신의 신체에 상처를 내기도 한다. 어떤 테리어는 발톱이 부러지고 발바닥에 피가 날 정도로 문을 긁어 댔다. 그렇게 문을 긁다 보면 밖으로 나가 주인을 만나거나 주인이 다시 돌아올 것이라고 믿고 계속해서 문을 긁는다. 어떤 셰퍼드 믹스견은 주인이 올 때까지 개장 모퉁이를 씹어대다가 금속 파편 때문에 입과 이빨에 상처를 입었다.

개들은 무엇 때문에 자신을, 혹은 집 안의 물건을 이토록 망가뜨리고 몇 시간씩 짖어대며 낑낑거리는 것일까? 이렇게 한번 생각해보자. 분리 불안을 겪는 개들에게 당신이 문을 나서는 순간은 바로 당신이 자신을 떠나는 순간이다. 그들은 당신이 나가는 순간 당신이 떠났다고 믿는다. 한 시간, 혹은 오후 반나절이 아닌 영원히 말이다. 개들은 이제 무엇을 할 수 있을지 생각한다. 그들이 가진 것이 무엇이 있겠는가? 그때부터 짖고 낑낑거리며 커튼, 문, 당신의 신발을 물어뜯기 시작하는 것이다. 동물들은 자제력을 잃거나 혼란스러울 때면 파괴적으로 행동하기도 한다. 마음의 응어리가 커지다 못해 결국 평정심을 잃고 변덕스럽고 괴상한 행동으로 표출하는 것이다.

분리 불안 증세를 겪는 개들은 당신이 집을 비우는 순간부터 감정의 롤러코스터를 타고 요동치며 자신을 망가뜨린다.

이 문제로 수많은 반려견과 견주가 고통받고 있으며 결국 심각한 결과를 초래하기도 한다. 집 안 여기저기를 망가뜨리는 것도 문제지만, 집에 홀로 남았을 때마다 끊임없이 짖어대는 반려견 때문에 이웃 주민들도 고통받고, 심지어 경찰이 나서기도 한다. 결국 견주들이 반려견을 포기할 수밖에 없는 상황이 되는 것이다. 이렇게 해서 유기견 보호소에 보내지는 개들은 자신이 가장 두려워하던 최악의 현실을 마주해 불안증이 더욱 악화되며, 다시 입양되어도 이 문제를 극복하기가 매우 힘들어진다.

분리 불안의 원인과 결과

개들이 분리 불안을 겪는 뚜렷한 이유는 찾기 어렵다. 이 문제는 전 견종에 걸친 다양한 연령대의 개들이 개인적으로 어떤 경험을 한 이후에 겪게 된다. 어떤 개들은 선천적으로 분리 불안 심리를 타고나 강아지 때부터 주인과 떨어지는 것을 두려워하고 항상 붙어 있으려고 한다. 보통 다른 개들은 여러 집으로 옮겨 다녔거나, 버림받았거나, 너무 오랫동안 혼자 남겨졌거나, 혼자 있을 때 좋지 않은 경험을 하고 난 뒤 분리 불안 증세를 보인다. 그러므로 반려견이 분리 불안 증세를 보인다면 누군가의 무책임한 행동으로 반려견이 받았을 고통 혹은 방치된 상황 등을 떠올려 볼 수 있다.

이제부터 당신은 선천적으로 타고난 성격적 특성이나 과거에 심한 충격을 받고 깊이 뿌리 박힌 불안이나 두려움과 싸워야 한다. 즉, 분리 불안 증세를 완화하는 훈련은 가장 까다롭고 어려운 싸움 중 하나다.

레이어드 접근 방식

분리 불안과 같이 독특하고 복잡한 문제를 다루기 위해서 나는 '레이어드(layered) 접근 방식'이라는 전략을 고안해 냈다. 서로 다른 전술과 방법을 조합해 특정 문제 행동을 바로잡는다는 의미에서 지어낸 이름이다. 이 방식은 기본 복종 명령을 가르칠 때와는 완전히 다르다. 복종 명령을 가르칠 때는 항상 계획 1, 계획 2, 계획 3과 같이 다양한 방법을 마련해 둔다. 특정 개를 어떤 방식을 적용해 훈련시킬지 알고 있고, 특성 시점에서 개가 저항하면 어떻게 대응할지도 모두 알고 있다.

하지만 분리 불안 문제를 다루는 방식은 시행착오를 겪으며 해결책을 찾아가는 과정으로, 때로는 계획 1과 계획 2가 모두 효과가 없고, 계획 1, 2, 3을 모두 조합한 뒤 또 다른 방식까지 더해야만 효과를 보기도 한다. 분리 불안 증세를 해결하는 비법은 우선 여러 층으로 된 해결책 중 어떤 것을 조합해야 당신 반려견의 고유한 증세에 도움이 될 것인지를 이해하는 것이다.

훈련 방안을 구체적으로 고안해 내기 전에 우선 당신이 당면한 과제의 심각성을 생각해 보자. 분리 불안을 겪는 반려견이 더 이상 그 증상을 겪지 않도록 훈련시키는 유일한 방법은 일단 당신이 차분하게 인내하고 확신을 심어 주는 것이다. 그동안 여러 번 말했지만, 반려견이 짓고 있는 표정은 바로 당신의 표정이다. 이 훈련을 효과적으로 이끌기 위해서는 당신이 일관된 태도로 신뢰를 주어야 한다.

나는 분리 불안 증세를 보인다는 이유로 너무나도 빨리 반려견을 포기해 버리는 견주들을 아주 많이 보았다. 사실 반려견이 집에 혼자 있는 동안 당신의 신발을 물어뜯고 화분을 넘어뜨려 놓았다고 해서 지나치게 나무라거나, 혹은 많이 짖어댔다고 해서 '조용히' 하라고 소리 치는 것은 아무런 효과가 없다. 반려견은 이미 충분히 고통받고 있다는 내 말을 믿어 주길 바란다. 반려견이 분리 불안을 겪기 시작하면, 그나마 기분이 나아지는 순간은 당신이 집에 돌아왔을 때뿐이다. 그런 상황에서 당신이 화를 내고 질책한다면 반려견은 홀로 남겨졌을 때뿐만 아니라 당신과 함께 있을 때마저 불안감을 안고 사는 것이다.

분리 불안 반려견을 위한 다섯 가지 훈련 기술

'레이어드 접근 방식'으로 이 문제를 해결하려면, 모든 단계를 훈련에 적용할 필요는 없다. 하나의 기술만으로 해결될 수도 있고 여러 기술을 조합해야 효과가 있을 수도 있다. 그리고 이런 종류의 훈련은 꽤 시간이 걸린다는 점을 애초에 각오하는 것이 좋다. 훈련이 순조롭게 진행되어 7일 만에 효과를 볼 수도 있지만, 반려견의 행동을 잘 감시하고 적절하게 반응해야만 그게 가능하다. 하지만 시간이 더 오래 걸린다고 해도 놀라거나 실망하지 말자.

기술 1. 눈앞에 보이지 않아도 없어지는 게 아니라는 것 가르치기

이제부터 당신은 외출했다가 항상 다시 돌아온다는 점을 반려견에게 가르칠 것이다. 이 훈련을 효과적으로 진행하려면, (저렴한 중고라도 무관한)소형 카메라와 반려견이 좋아하는 간식을 준비해야 한다. 소형 카메라는 반려견의 행동을 관찰하기에 유리한 위치에 설치한다. 반려견의 동선을 항상 지켜보려면 화면에 넓은 공간이 들어오도록 카메라를 설치하되, 카메라가 못 찍는 공간은 문을 닫아 두거나 다른 방법으로 막아 두어야 한다. 반려견의 침대도 촬영 가능한 공간에 두도록 하자.

다음으로 주머니에는 간식을, 손에는 모니터를, 마음에는 인내심을 챙기고 집 밖으로 나간다. 반려견이 당신을 볼 수 없도록 충분히 멀리 나가되, 집으로 재빨리 돌아올 수 있는 정도는 되어야 한다. 이제 외부에서 잠복근무를 시작한다. 모니터로 반려견의 행동을 지켜보며 적절한 타이밍을 기다려야 한다.

그로버와 같이 심각한 분리 불안을 겪는 대부분의 개는 주인이 나가자마자 바로 패닉 상태에 빠져 울면서 집 안 여기저기를 서성거리고, 문을 긁어 대고, 어떤 문제 행동이든 하기 시작할 것이다. 하지만 당신은 계속해서 기다려야 한다. 1분이 걸리든 15분이 걸리든 혹은 그 이상이 걸리든 말이다. 어떤 경우든 반려견을 지켜보면서 잠깐 안정을 되찾길 기다려야 한다. 분리 불안 증세가 아무리 심한 개라도 잠깐씩은 초조한 마음을 가다듬고 참는 시간이 있으니 기다려 보도록 하자.

드디어 당신이 기다리던 순간이 왔다면 10초를 세면서 주머니에 있던 간식을 꺼내자. 10초를 다 세었다면, 얼른 집 안으로 들어가 차분하게 반려견을 칭찬하며 간식을 건넨다. 이 모든 상호 작용은 15분에서 30분 정도로 짧게 끝내야 한다. 당신은 지금 훈련을 진행 중이고 다시 잠복근무 태세에 돌입해야 한다. 이 기술의 모든 것이 차분하게 기다리도록 가르치고 차분한 행동을 보상하는 데 달려 있음을 기억하자.

이제부터 똑같은 과정을 다시 반복한다. 문밖으로 나가 반려견의 시야에서 사라지고, 모니터를 감시하며 반려견이 조용해질 때를 기다리다가 조용해지면 10초를 세고 집으로 돌아갈 준비를 하자. 당신은 이 과정을 계속해서 반복하되, 할 때마다 기다리는 시간을 조금씩 늘려가야 한다. 처음에는 반려견이 10초만 잘 기다려도 바로 달려가 칭찬해 준다. 하지만 조용히 기다리면 보상받는다는 사실을 반려견이 이해하고 나면 몇 초가 아닌 몇 분, 혹은 그 이상도 기다리도록 도와줘야 한다.

이런 종류의 연습을 기억 연상법 훈련이라고 하는데, 이 훈련의 목표는 홀로 남겨지는 것을 부정적으로 느끼는 반려견의 기억을 새롭고 긍정적인 기억으로 바꿔 주는 것이다. 그로버를 훈련할 때는 내가 밖으로 나갈 때마다 그로버가 행복한 재회를 기대하며 기다리는 법을 가르쳐야 했다. 주인이 아주 떠나는 것이 아니라 다시 돌아올 것이라는 사실을 기억하는 데 초점을 맞춰야만 했기 때문이다.

기나긴 싸움이었지만, 그럴 만한 가치가 있는 싸움이었다.

그로버는 극도의 분리 불안 증세를 보였지만 영리한 친구였다. 그로버는 자신이 조용히 기다리면 내가 다시 돌아온다는 사실을 10분 만에 이해했다. 처음 훈련할 때는 몇 초, 혹은 최대 2분 정도 조용히 기다리는 데 성공했다. 하지만 우리는 정체기에 들어섰다.

누구에게 무엇을 가르치든 정체기에 들어서는 것은 너무나 자연스러운 일이다. 당신은 지금 감정을 가진 존재를 다루고 있고, 감정을 가진 존재는 인내심과 개인적 성격에 따라 얼마든지 한계에 부딪힐 수 있다. 훈련 중에 일정 기간 순조롭게 진행되다가도 난관에 부딪히는 일은 흔하다. 그 시점에 이르렀다면 훈련을 중단하고 당신의 계획을 재평가해서 다음 단계로 나아갈 준비를 해야 한다.

나의 경우도 그로버의 훈련에 적용한 레이어드 접근 방식에 또 다른 방식을 조합해야만 했다.

기술 2. 반려견의 뛰어난 후각에 호소하기

이번 단계에서는 당신이 적어도 하루 동안 입던 티셔츠가 필요하다. 하루 정도는 입어야 티셔츠에 당신의 냄새가 배기 때문이다. 이것은 내가 10대 때 야생 동물을 훈련시키며 배운 오래된 기술이다. 많은 동물이 냄새를 맡으며 세상을 탐색한다. 비교적 후각이 약한 우리로서는 잘 이해하기가 힘들 것이다. 동물이 어떤 냄새까지 맡을 수 있는지 그 복합적인 후각 기능을 다 파악하지는 못했지만, 나는 동물들에게 냄새가 얼마나 중요하게 작용하는지 오랫동안 직접 지켜보았다.

예전에 우리 부모님 훈련소에서 '브루투스'라는 이름의 회색곰을 길렀는데, 그 곰은 낯선 사람들을 보면 조금 과격하게 행동하기도 해서 촬영을 나갈 때 안전 문제로 걱정이 많았다. 가능한 한 모든 기술을 동원해 보았지만 놀라우리만큼 일관되게 효과가 있었던 기술은 딱 하나였다. 브루투스가 영화나 광고 촬영을 하는 일정이 잡히면, 우리는 세트장에 올 모든 사람에게 미리 티셔츠를 빌려 주고 하루 동안 입고 나서 달라고 했다. 그리고 촬영이 있기 전날까지 그 티셔츠들을 모두 브루투스의 우리에 걸어 두어 그 냄새에 익숙해지도록 했다. 티셔츠들이 널린 빨랫줄이 있는 환경에서 브루투스에게 먹이를 주고 놀아 주며 긍정적인 경험을 하도록 해 준 것이다. 촬영하는 날이 되면 그 과격한 곰도 안심하고 촬영장에 데려갈 수 있었다. 브루투스에게 촬영장의 사람들은 낯선 이들이 아니었기 때문이다. 그는 이미 그곳에 있는 모든 사람의 냄새에 익숙했기에, 안심하고 촬영을 시작할 수 있었다.

당신이 집을 비운 사이 반려견이 당신의 빨랫감 위에서 자고 있고 당신의 속옷이나 신발을 씹고 있는 이유가 궁금했다면, 이제 이해가 되었을 것이다. 비록 당신은 집을 비웠지만 반려견은 당신과 가까이 머물고 싶어 자신의 강력한 후각을 이용한 것이다. 냄새를 향한 이런 강력한 본능을 활용하기 위해 나는 긍정적인 냄새 연상법이라는 기술을 훈련에 적용했다. 나는 많은 유기견을 훈련시킬 때도 이 기술을 적용했는데, 특히 새로운 가족을 만나기 전, 그 집에 발을 들이기 전부터 냄새에 적응하도록 하는 데 유용했다.

친근한 냄새와 같이 아주 단순한 것으로도 반려견의 불안감을 상당히 완화할 수 있고, 반려견이 혼자 있을 때는 안정감을 줄 수도 있다. 그러니 이제 훈련의 다음 국면으로 넘어가기 전 당신의 티셔츠를 준비하도록 하자. 반려견이 소형견이라면 카메라가 비추고 있는 그의 방석에 당신의 티셔츠를 깔아 주자. 대형견을 기르고 있다면 그의 잠자리에 티셔츠를 깔거나, 혹은 반려견이 가만히 있다면 아예 입혀 주자. 이것이 바로 당신의 불안감 방지 프로그램에 추가된 다른 레이어다.

당신의 냄새가 주는 안정이라는 레이어드를 추가했다면 이제 다시 기술 1을 시도해 반려견의 반응을 살펴보자.

기술 3. 당신의 목소리 들려주기

반려견이 혼자 있을 때 긍정적인 냄새 연상법을 도입함과 동시에 청각으로 안정감을 주는 것도 좋다. 어떤 이들은 시끄러운 환경을 조성하기 위해 텔레비전이나 라디오를 틀어놓고 나가기도 하지만, 뭐든 다 시도해 보기로 했으니 한 단계 더 나아가 보자. 차분하고 긍정적인 어조로 반려견에게 들려주고 싶은 이야기를 녹음해 보자. 나는 그로버에게 들려주기 위해 엄청나게 영리한 푸들에 관한 에세이를 써서 내 목소리로 녹음을 했다. 컴퓨터나 USB 플레이어, 아이팟, 녹음기 등을 활용해 당신의 목소리를 녹음하고 계속해서 재생되도록 설정하자. 그렇게 하면 당신의 냄새와 더불어 목소리까지 반려견에게 안정감을 선사해 줄 것이다.

다시 기술 1을 반복한다. 꾸준한 진전을 보일 때까지 연습을 반복하되, 너무 무리해서 밀어붙이지는 말고 반려견이 퇴행 현상을 보이기 시작하면(혹은 그 전에) 중단해야 한다. 이 훈련은 반려견의 내면에 깊이 뿌리내린 두려움과의 싸움이라 굉장한 노력을 요구한다. 그러니 엄청난 기적을 바라기보다는 조금씩 개선되는 것을 목표로 삼자.

기술 4. 도구 활용하기

이번 단계는 당신이 집에 없을 때도 반려견에게 안정적인 느낌을 주는 데 중점을 둔다. 이러한 목적으로 제작된 제품들이 몇 가지 있는데, 그중 사용을 고려해 볼 만한 두 가지는 불안감 방지용 조끼(혹은 몸을 압박하도록 디자인된 옷)와 마치 다른 강아지와 함께 있는 것처럼 느끼게 해 줄 봉제 인형이다.

불안감 방지용 조끼나 셔츠는 반려견의 몸을 단단히 감싸 준다는 전제하에 사용해야 한다. 갓난아기를 감싸는 속싸개처럼 말이다. 반려견의 몸을 편안하고 안정감 있게 감싼 다음 찍찍이 등을 사용해 고정해야 한다. 모든 개에게 효과가 있는 것은 아니지만 이 방법으로 안정감을 찾는 개들도 충분히 많이 봤기 때문에 시도해 볼 가치는 있다고 본다.

강아지 봉제 인형은 강아지를 처음 입양할 때 함께 집에 들이도록

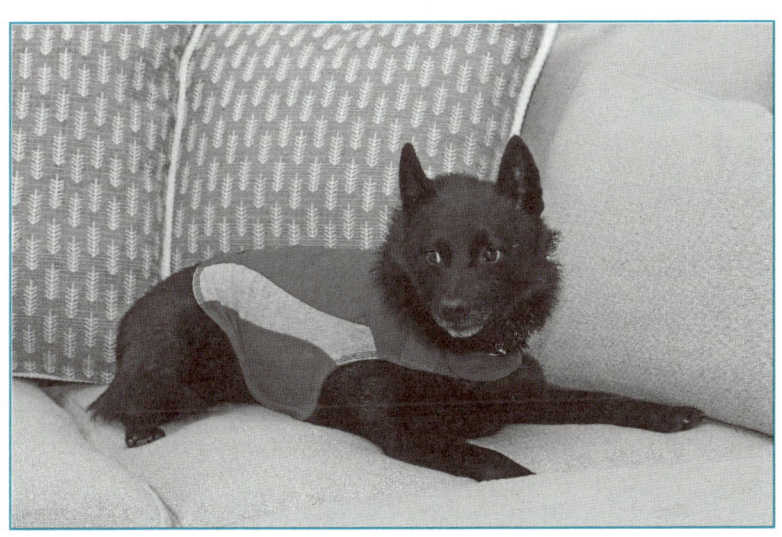

불안감 방지용 조끼는 반려견이 안정감을 찾는 데 도움을 준다.

고안된 제품으로, 겉모습은 강아지 인형처럼 생겼지만, 안쪽에 온기를 내는 팩이 내장되어 있고 심장 뛰는 소리를 낸다.

이러한 도구들이 반려견에게 도움이 될 확률을 높이려면, 하룻밤 정도 당신의 베개 아래 두어 당신의 냄새가 배게 한 다음 사용해 보자. 그리고 당신이 진행 중인 프로그램에 이렇듯 한 가지 방법을 더 추가했다면, 반려견이 당신을 기다리게 하는 시간도 몇 분씩 더 늘려 가자.

기술 5. 시험 날 새로운 간식과 장난감 주기

반려견이 차분하게 기다리는 데 점진적인 성과가 있었다면, 이제 한두 시간 정도 당신이 집을 비웠을 때 반려견이 어떻게 반응하는지 확인해 볼 차례다. 결전의 날에는 반려견이 더 바쁘게 시간을 보내며 혼자 남은 상황에 대응할 수 있도록 또 다른 한 겹의 방법을 추가해야 한다. 퍼즐이나 (장난감을 삼키는 습관이 없는 경우에만) 씹을 수 있는 장난감을 주거나, 가지고 놀다 보면 작은 간식이 나오는 장난감도 반려견의 주의를 뺏는 좋은 도구가 될 수 있다. 소고기 불리스틱은 몇 시간 동안 씹을 수 있어 매우 훌륭한 도구다. 이 시간을 무엇으로 채우든 간에, 당신이 밖으로 나가는 순간까지는 반려견에게 절대 보여 주지 말자. 그래야만 당신이 집을 비우자마자 반려견은 그 새로운 물건에 흥미를 갖게 될 것이다.

훈련만으로 되지 않을 경우 특별한 대안

꾸준한 노력에도 진전이 없다면, 훈련을 기반으로 한 접근 방식과 더불어 분리 불안 증세를 완화하기 위한 다른 가능성도 고려해 봐야 한다. 이제부터 알려 주는 내용은 신중하게 접근해야 할 방식이지만, 훈련만으로는 해결되지 않는 또 다른 해결책을 제공해 준다. 이 선택 사항들은 당신이 기존에 적용하던 기술에 추가해서 적용 가능한 또 다른 레이어드가 될 수 있다는 점을 기억하자.

또 다른 반려견 기르기. 반려견이 당신의 애정에 극도로 목말라하는 상태에서 반려견을 한 마리 더 키우라는 말이 의아하게 들릴지도 모르겠다. 하지만 혼자 있는 것을 너무나도 싫어해 분리 불안을 겪는 개에게 동료가 있으면 의외로 도움이 되기도 한다. 지역 유기견 보호소에 문의해 반려견을 임시로 집에 데려와 봐도 되는지 알아보고, 반려견 두 마리가 서로 잘 지낼 수 있을지 지켜보자. 어쩔 수 없지만 서로 너무 안 맞으면 입양하지 않아야 한다.

약물 치료. 불안감 완화를 위해 내가 약물을 권하는 개는 아주 드물다. 약물 치료는 일시적으로 증상을 완화할 뿐이지, 문제를 해결하지는 못하기 때문이다. 하지만 반려견의 상태가 너무나도 심각해 스스로 해를 입히는 지경에 이르렀다면 마지막으로 약물 치료도 고려해 봐야 한다. 그런 경우 훈련이 가능할 만큼만 반려견을 안정시킬 약이 있는지 먼저 수의사에게 문의해 보자. 불안감을 완화하기 위한 약물 치료는 반드시 훈련과 병행해야 한다. 이 문제를 제대로 해결할 유일한 방법은 반려견과 함께 훈련하고 연습하는 것뿐이다.

약물 치료를 원하지 않는다면 약물 대신 반려견을 안정시키는 보충제 등을 활용할 수 있다. 수의사에게 문의해 반려견을 안정시키는 스프레이 등을 알아보자. 그런 보충제의 도움을 받아 훈련에 집중해 보는 방법도 좋다.

전문가의 도움 받기. 반려견의 문제 행동을 바로잡기 위해 내가 전문 훈련사의 도움을 받으라고 권하는 것을 본 적은 거의 없을 것이다. 하지만 분리 불안은 매우 복합적인 문제이기 때문에 전문가의 손을 빌리는 것이 큰 도움이 될 때가 있다. 내가 제안한 여러 레이어드 접근 방식의 선택 사항들을 살펴보면서 그중 몇 가지를 시도하든, 아니면 모든 방식을 조합해서 문제에 접근하든, 이 문제는 개 훈련 중에서도 굉장히 어려운 사안이라는 점을 기억하고 전문가의 도움을 받는 것도 염두에 두는 것이 좋다.

분리 불안은 복잡한 문제고 아무리 훈련을 거듭해도 반려견은 혼자 남았을 때 평정심을 찾지 못할지도 모른다. 하지만 전문가의 도움으로 더 차분하면서 덜 파괴적이게 변화시킬 수는 있다.

럭키 도그의 탄생

그로버는 결국 분리 불안 증세를 극복했고 캘리포니아에서 골동품 거래상을 운영하는 로리의 집으로 가게 되었다. 최근까지 분리 불안 증세를 극복하도록 가르치던 개를 새로운 집에 보내는 것 자체가 새로운 과제였다. 그로버가 절대로 다시 느끼지 않길 바라는 것이 바로 버림받는 느낌이었기 때문이다. 물론 새로운 가족과 끈끈한 유대 관계를 맺고 잘 지낼 것이라는 확신이 있었지만, 내가 떠나기 전에 새로운 가족이 있다는 사실을 알게 해야만 했다. 그로버를 입양 보내던 날, 나는 그와 함께 새로운 가족을 만나러 갔고 며칠간은 매일 그 집에 찾아갔다. 그로버가 새로운 가족과 완전히 적응해 잘 지내는 모습을 볼 때까지는 머무는 시간을 조금씩 줄여 가며 그와 함께 있어 준 것이다.

이제 그로버와 그의 새 주인인 로리는 집에서도, 고객과의 미팅에서도, 산책할 때도, 대부분 시간을 함께 보낸다. 로리의 생활 방식이 그로버와 완벽하게 맞아 떨어졌다. 하지만 집에 혼자 남아 있어

야 할 때는 차분하게 기다리기만 하면 사랑하는 주인이 반드시 돌아온다는 사실을 잘 알고 기다리게 되었다. 내가 문밖으로 나가기만 해도 구슬프게 울고 초조해하던 과거의 모습이 아니었다. 요즘도 로리는 내게 이메일을 보내어 그로버가 오고 난 후 자신의 삶이 어떻게 바뀌었는지 알려 주고는 한다. 그로버는 새집에 완벽하게 적응했고, 자신이 의지할 수 있는 가족 안에서 마침내 안정감을 찾았다.

우리 개가
공격성을 드러내요
(7일 이상 걸리는 프로젝트)

개의 공격성에 관해 구체적으로 파헤치기 전에 공격성을 대하는 나의 태도에 획기적인 변화를 일으킨 개 이야기 하나를 소개하고자 한다. 몇 년 전, 개를 훈련시킨 경험이 지금보다 현저히 적었던 젊은 시절에, 몸무게가 55킬로그램에 이르는 한 셰퍼드 차우 믹스견을 훈련시켜 달라는 의뢰를 받았다.

그 개의 이름은 오딘이었다. 의뢰인 가족은 한두 명의 낯선 사람들이 집에 들락거린 후로 오딘이 공격적인 성향을 드러내기 시작했다고 알려 주었다. 그렇게 몸집이 크고 힘센 반려견이 공격적이라면 굉장히 위험할 수 있는 상황이었다. 오딘을 훈련시키려면 우선 내가 직접 그의 반응을 시험해 보아야 했다.

나는 오딘에게 목줄과 하네스를 채우고 두 개의 리드줄을 달아서

만약의 사태에 대비해 달라고 의뢰인에게 부탁했다. 나는 훈련사들이 공격적인 개들을 훈련시킬 때 팔에 착용하는 보호용 소매를 꼈다. 그리고 의뢰인의 집에 도착했을 때 보호용 소매를 앞세운 채 문을 열고 개가 있는 곳으로 몇 발짝 다가갔다.

몇 초가 채 지나지 않아 의뢰인이 오딘의 공격성을 과소평가했음을 알아차릴 수 있었다. 사실 많은 견주가 반려견의 공격성을 아주 많이 과소평가하는 경향이 있다. 오딘은 순식간에 내게 달려들어 보호용 소매가 찢어질 만한 세기로 팔을 물었다. 리드줄은 아무런 소용이 없었고, 만일 내가 보호 소매를 차고 가지 않았다면 그때의 그 빠르고 강력한 공격으로 내 팔은 지금 불구가 되었을지도 모른다. 오딘은 작정한 듯 달려들었다. 두 사람이 리드줄을 잡고 있었지만, 오딘이 달려들 때의 힘을 당해내지 못했다. 보호 장치를 하고 있었던 내 팔은 한 달 동안이나 시퍼런 멍이 들어 있었다.

그렇게 첫 번째 만남에서 오딘이 강력한 경고장을 날렸지만 그 당시 나는 젊고 낙관적인 훈련사였기 때문에 훈련으로 뭐든지 바로잡을 수 있다는 믿음을 붙들고 있었다. 어떤 개든, 어떤 문제든, 그것이 DNA에서 비롯된 문제라도 말이다. 나는 오딘을 의뢰인 가족이 바라는 착하고 믿을 만한 개로 바꿔 놓기로 결심했다. 그후 2주 동안 오딘을 데리고 있으면서 사회성을 기를 수 있도록 다양한 상황에 노출시켜 주고, 그의 영역에 사람들이 들어와도 인내하는 법을 가르치며, 차분하게 기다렸을 때는 항상 보상해 주었다. 드디어 오딘을 변화시켰다는 확신이 들었을 때 이제 오딘이 다음 시험을 치를 준비가 되었다고 가족들에게 당당하게 알렸다.

나는 모자와 안경을 쓰고, (혹시 모르니) 보호용 소매를 착용한 뒤 외투로 그것을 가리고 집 안으로 들어가 오딘의 침대 앞으로 갔다. 오딘은 꼼짝도 하지 않았다. 내가 바닥에 앉아 오딘의 옆에 있었지만 오딘은 쳐다보지도 않았다. 나는 그제야 의뢰인에게 가서 오딘의 문제가 해결되었다고 이야기하기 시작했다. 그때는 가족들과 대화하는 데 집중하느라 오딘의 행동을 전혀 신경 쓰지 않고 있었다. 오딘이 갑자기 맹렬한 속도로 내게 달려들어 물었을 때 나는 속수무책으로 당할 수밖에 없었다. 다행히 그 순간 보호 장치를 착용했던 팔을 내밀어 훨씬 더 취약한 부분을 물리는 것은 막을 수 있었다.

그동안 오딘보다 더 큰 동물들을 훈련시키며 위기일발의 순간을 많이 겪었지만, 이 순간만큼은 정말 엄청난 사고를 당할 뻔했다. 그 사건으로 나는 공격적인 개들을 멀리할 수도 있었으나 사실 그 일이 진짜 바꿔 놓은 것은 나의 안일한 생각이었다. 그동안 얼마나 많은 개를 훈련시키며 '문제가 해결됐다'라고 당당히 말했던가. 하지만 그 문제는 해결된 것이 아니었다.

이후 나는 수백 마리의 공격적인 개를 더 훈련시키며, 오랜 질문에 답하는 데 집착해 왔다. 개의 공격성을 없애는 것이 과연 가능한 일일까, 하는 질문이었다. 간단히 답하자면 '불가능'이다.

하지만 이 문제에서는 더욱 중요한 사실을 알아야 한다. 아마도 나는 개의 공격성을 없애고 좋은 동반자로 만들 수 있다는 믿음을 가장 마지막까지 붙들고 있었던 훈련사 중 하나일 것이다. 오딘의 경우를 통해, 그리고 내가 계속 지켜봐 온 사례를 통해 배운 점은, 견주들이 개의 공격성 문제를 없애는 데 중점을 두기보다는 그것을 잘 관리하는 데 초점을 맞춰야 한다는 점이다. 많은 경우 이 문제를 통제하는 것은 가능하지만, 개의 DNA에서 공격성이라는 요소를 완전히 제거할 수는 없다. 공격성은 결코 치료할 수 없고 단지 차도가 있을 뿐이다.

그렇다면 공격적인 성향을 보이는 당신의 반려견에게는 더 이상의 희망이 없다는 뜻일까? 전혀 그렇지 않다. 단지 견주들은 자신의 반려견이 특정한 상황에서 일시적으로 공격성을 드러내는지, 아니면 공격성을 타고나서 그러한 유전적인 특성을 뿌리 뽑을 수 없는지를 알아내야 한다.

나는 당신이 반려견을 어떻게 기르느냐에 따라 반려견의 성향도 달라진다는 말을 지금까지 계속해 왔다. 하지만 그 성향이 개의 생물학적 구성에 의한 것이라면 그 말은 전혀 사실이 아니다. DNA는 환경만큼이나 중요한 요인이다. 당신이 좋은 견주라면, 공격적인 성향을 품은 반려견이 그것을 드러내려고 하는 조짐을 잘 인지하고 있다가 자칫 잘못하면 생명을 위협할지도 모를 상황이 닥치기 전에 반려견을 미리 진정시켜야 한다. 이 장에서는 그 두 가지 방법에 관해 설명해 보도록 하겠다.

공격적인 성향이 있는 개라도 잘만 관리하면 좋은 반려견이 될 수 있지만, 공격성을 드러내는 모든 개가 누군가의 반려견으로 적합한 것은 아니다. 룰루가 나의 반려견이 될 운명이라는 사실을 깨닫기 전 룰루를 어떤 집으로 입양을 보낼지 고민할 때, 나는 아이들이 있거나 다른 반려견을 이미 키우고 있는 집들을 모두 제외해야만 했다. 룰루는 아이들이나 다른 강아지들과 지내기에는 너무나 공격적이었기 때문이다.

사실 룰루는 오늘날까지도 공격적인 성향을 가끔 보이고는 한다. 예상치 못한 상황에서 쉽게 흥분하는 룰루는 어린아이나 덩치가 큰 개, 혹은 아직 세상 물정을 모르는 조그마한 강아지들이 자신에게 달려들면 바로 위협을 느끼고 싸울 태세에 돌입한다. 룰루는 과거에 상처받은 경험이 있고 다시는 같은 상처를 입고 싶어 하지 않는다. 그것은 두려움으로 인한 공격성으로, 곧이어 더 자세히 다루게 될 것이다.

하지만 나는 룰루를 화나게 하는 요인과 공격성을 드러내는 징후를 잘 알고 있다. 그래서 룰루를 자극하는 요인을 발견하는 즉시 나에게로 주의를 돌려 상황이 손쓸 수 없이 악화되는 것을 막는다. 말 그대로 불길이 크게 번지기 전에 물을 끼얹어 주는 것이다.

간단히 말해, 공격적인 성향을 지닌 반려견의 견주가 할 수 있는 일은 이것뿐이다.

개의 운명을 좌우하는 문제 행동, 공격성

개 훈련사에게나 견주에게나 공격성 문제는 굉장히 애매한 영역이다. 두 마리의 개가 공격적인 성향을 갖고 있다 하더라도 그 둘을 화나게 하는 요인은 완전히 다를 수 있다. 공격성이 발동되고 공격성을 드러내는 방식은 저마다 다르다. 이러한 이유로 나는 인터넷이나 텔레비전에서 개의 공격성에 관해 함부로 조언하지 않지만, 여기서는 더 이상 요령을 피우지 않고 공격성에 관해 다루어 보겠다. 즉, 개의 운명을 좌우하는 문제 행동에 대한 것이 아니라면 개 훈련에 관한 책을 쓰는 것은 옳지 않다고 생각한다는 말이다.

이 주제에 관해 깊이 들어가기에 앞서, 공격성은 가볍게 여길 문제 행동이 아니라는 사실을 명확하게 해 두고 싶다. 기본 명령을 가르치고 다른 문제 행동을 다루는 데 있어서는 대부분의 견주가 긍정적이고 인내하는 태도로 이 책에서 알려 주는 대로만 한다면 아무런 어려움이 없을 것이라고 믿는다. 하지만 반려견의 공격성에 관한 것이라면 우선 당신의 직관을 믿으라고 권하고 싶다. 당신이 다룰 수 있는 수준의 문제인지 아닌지는 느낌이 올 것이다. 때로는 전문 훈련사와의 상담이 필요할 때가 있는데, 이번 경우가 바로 그중 하나다. 이 장에서 알려 주는 여러 정보가 당신에게 유용하길 바라지만, 결코 이 정보들이 경험 많은 전문 훈련사를 만나는 것의 대안이 될 수는 없다.

개의 어두운 면

나는 지금까지도 내가 모든 정답을 알고 있다고 말하는 부류의 훈련사가 아니며, 개의 공격성에 관한 분야라면 더더욱 이보다 적합한 대답은 없을 것이다. 나는 의뢰인을 만날 때마다 개의 공격성을 없앨 수 없다는 점을 솔직하게 짚고 넘어간다. 내가 할 수 있는 일이라고는 반려견이 공격적인 성향을 드러내는 신호를 견주가 잘 알아차리고 더 늦기 전에 상황이 악화되지 않도록 진정시키는 방법을 가르치는 것뿐이다. 누구나 공격적인 반려견을 키우게 될 수 있지만, 좋은 견주가 되는 방법은 반려견의 잠재적인 공격성이 폭발하지 않게 다루는 법을 제대로 아는 데 있다.

개의 공격성에 관해 구체적으로 파헤치고 그 징후를 어떻게 알아차리고 대응할지 알아보기 전에, 우선 어떤 개든 최악의 상황에서는 어두운 면을 드러낼 수 있다는 사실부터 인정하자. 개들은 위협을 느끼거나 난감한 상황에 몰렸을 때 본능적으로 투쟁 도주 반응(갑작스러운 자극에 대하여 투쟁할 것인지 도주할 것인지를 정하는 행위 — 옮긴이)을 보인다. 개의 모든 감각은 생존할 방법에만 집중하게 되고 다른 어떤 것도 눈에 들어오지 않게 된다. 개들이 싸움 태세에 돌입했을 때 우리가 무슨 말을 해도 듣지 않는 이유가 바로 그것이다. 그들은 눈앞에 맞닥뜨린 그 투쟁에 관해서만 보고, 듣고, 느끼고, 냄새 맡고, 맛보는 것이다. 그 순간만큼은 다른 어떤 것도 중요하지 않다.

우리는 사람 무릎 위에 앉은 작고 복슬복슬한 애완견을 보면서 얼마 전까지만 해도 그들의 조상이 매일매일 생존을 위해 투쟁하던 사냥꾼이었음을 잊고는 한다. 당신의 반려견이 많은 부분에서 여전히 그들의 조상들이 가졌던 기질을 가지고 있다는 나의 말을 믿길 바란다. 단지 그들에게는 투쟁해야 할 이유가 사라졌을 뿐이다.

반려견이 궁지에 몰리거나, 밟히거나, 공격을 당했을 때 공격적으로 반응했다면, 그것은 당신의 반려견이 공격적인 개라는 것을 의미하지 않는다. 당신의 반려견은 단지 자신을 보호하려는 본능을 지닌, 살아 숨 쉬는 생명체일 뿐이다. 문제가 되는 공격성은 차원이 다른 것이다. 문제가 되는 개들은 그러한 자기 보호 본능을 반복적으로 드러내고, 용인할 수 없는 방식으로 공격성을 내비친다.

공격성의 두 가지 부류

보통 개의 공격성은 크게 두 가지 부류로 나뉜다. 방어적인 공격성과 자발적인 공격성이다. 다른 개들에게 따돌림을 당하거나 놀이 중에 심한 괴롭힘을 받아서 그 상황에서 벗어나고자 하는 개는 방어적인 공격성을 드러낸다. 하지만 반려견 전용 공원에 갔는데 갑자기 다른 개에게 달려들어 으르렁거리고 물려고 한다면, 그것은 자발적인 공격성을 드러내는 것이다. 그리고 각 공격성에는 하위 부류도 있다.

방어적이든 자발적이든 공격적인 성향은 하루아침에 드러났다가 곧바로 없어지는 것이 아니라는 점을 확실히 기억하라. 수십 년 전부터 전문가들은 개의 공격성 정도를 색깔로 나타내는 기준을 정해 사용하고 있다. 노란색, 주황색, 빨간색이다. 노란색에 해당하는 공격성은 아직은 안전한 수준이지만 주의가 필요한 단계다. 주황색에 해당하는 공격성은 위험한 단계로 나아가고 있다는 뜻이다. 공격성이 빨간색에 해당하는 수준으로 악화되면, 싸움을 말리는 것 말고는 다른 방법이 없게 된다. 당신은 반려견의 공격성이 절대로 노란색 단계를 넘지 않도록 주의해야 한다.

어떻게 하면 공격성이 악화되는 것을 막을 수 있을까?

자신을 보호하려는 방어적 공격성

자신을 보호해야 할 필요성을 느껴서 사납게 행동하는 개는 방어적인 공격성을 드러내는 것이다. 이런 종류의 공격성은 주로 위험한 외부 자극이나 위협으로 느끼는 것에 개가 반응하는 것이다. 내가 자주 봐 온 방어적인 공격성에는 다음과 같은 종류가 있다.

두려움으로 인한 공격성. 이런 종류의 공격성은 주로 소심한 개들이 궁지에 몰렸다고 느낄 때 자주 드러내고는 한다. 나의 반려견인 룰루와 같은 소형견이 두려움으로 인한 공격성을 많이 드러낸다. 왜 그런 공격성을 갖게 된 것인지 뚜렷한 이유는 알 수 없다. 타고난 성품일 수도 있고, 사회성이 덜 발달해 그럴 수도 있으며, 과거에 학대를 당한 경험 때문에 공격적으로 반응하게 된 것일 수도 있다. 이유가 무엇이든 방어적인 공격성은 주로 낯선 사람이나 낯선 개를 향하기 마련이다.

대부분의 경우 두려움으로 인한 공격성을 지닌 개들은 누군가를 한 번 물기 전에 당신이 이 문제를 예방할 수 있는 충분한 시간을 준다. 보통 두려움에 공격적으로 반응하는 개들은 일단 공격하기 전에 위협을 피하려고 한 걸음 물러서고 뒷걸음질치는 행동부터 보이기 때문이다. 어떤 개들은 꽤 빨리 노란색 단계로 진입하기도 하지만, 보통의 두려움을 가진 개들은 위협을 많이 느껴야만 공격한다. 한 발짝 뒤로 물러서 이빨을 내보이며 위협하는 개들은 '저리 가, 안 그러면 물어 버린다'라고 경고하는 것이다. 이때까지는 개의 공격성이 노란색 단계에 머물러 있지만, 긴장감은 점점 더 고조된다.

하지만 개가 최대한 뒤로 물러서서 으르렁대며 물려고 하는 태세에 돌입했다면, 이제 주황색 단계에 진입한 것이다. 이때는 위협 요소를 제거하든지 당신이 개를 통제하고 상황을 진정시키는 수밖에 없다. 반려견이 그만큼 명확하게 경고 메시지를 내보내고 있다면 절대로 빨간색 단계까지 넘어가지 않도록 손을 써야 한다. 반려견이 보내는 신호에 당신이 주의를 기울였다면 문제가 악화되기 전에 충분한 시간이 있었을 것이다.

만일 반려견이 두려움으로 인한 공격성을 타고났다면, 반려견의 공격성이 노란색이나 주황색 단계에 접어들었을 때 그 신호를 잘 파악하고 대응하는 것 말고는 달리 방법이 없다. 반려견이 무엇을 위협적인 요소로 느끼는지 알아내 그것을 제거하면 더 좋다.

하지만 사회성이 덜 발달해 방어적인 공격성을 드러내는 개라면 반려견을 다양한 상황에 조심스럽게 노출시켜 사회성을 길러 주고, 외부의 자극들이 위협적인 요소가 아님을 알려 줄 필요가 있다. 이런 종류의 공격성을 가진 개들은 낯선 사람이나 다른 개들에게 꾸준히 노출되다 보면 조금씩 나아진다. 만일 당신이 아는 다른 개 중에 차분하게 행동하고 당신의 반려견을 궁지에 몰아넣지 않을 개가 있다면, 그 개와 함께 지내며 사회성을 기르도록 도와주는 것도 좋다. 사회성을 기르면서 공격적인 성향이 조금씩 완화되는 조짐이 보인다면 계속해서 그런 환경을 조성해 주도록 하자.

하지만 다른 개들과 있을 때 계속 두려워하고 공격성을 드러낸다면 억지로 밀어붙일 필요는 없다. 대신 반려견의 몸짓을 잘 살피고 위협적인 자극을 제거하도록 신경 쓰자. 공격성의 수준이 계속해서 주황색이나 빨간색 수준에 이르지 않게 조절해 주다 보면 실제로 공격성이 완화되기도 한다. 반려견이 두려워하던 위협적 요소가 실현되지 않았기 때문이다.

중요한 것은 두려움으로 인한 공격성을 지닌 반려견을 절대로 궁지에 몰아넣지 않아야 한다는 사실이다. 궁지에 몰린 동물들은 자신의 생명을 지키기 위해 싸워야 한다고 느낀다. 당신이 이러한 상황만 잘 통제한다면 반려견이 또다시 싸우거나 누군가를 무는 것을 예방할 수 있을 것이다.

소유욕으로 인한 공격성. 많은 개가 소유욕을 지니고 있다. 심지어 강아지도 소유욕을 잘 드러낸다. 한배에서 난 강아지들이 함께 놀다 보면 장난감을 독차지하려는 강아지 한 마리 때문에 자주 싸움이 일어나고는 한다. 이렇듯 소유욕이 강한 강아지는 자라면서 더 욕심이 강해지기도 하고, 싸움을 통해 원하는 것을 차지할 수 있다는 사실을 학습한다. 강아지가 장난감을 뺏으려고 하면 마냥 귀엽지만, 성견이 그런 행동을 하면 결코 귀엽게 볼 일이 아니다.

강아지가 소유욕 때문에 공격성을 드러내는 경우는 보통 훈련으로 바로잡을 수 있다. 물론 공격성 문제는 해결 가능성을 백 퍼센트 장담할 수 없지만 말이다. 강아지들이 뭔가를 독점하려는 이유는 원하는 것을 얻기 위한 기다림을 경험한 적이 없어 그러한 감정에 익숙하지 않기 때문이다. 강아지의 소유욕으로 인한 공격성을 누그러뜨리려면 우선 어떤 물건을(먹을 것이든, 밥그릇이든, 장난감이든) 독차지하려고 할 때 몇 초간 뺏었다가 돌려 준다. 이 과정을 계속 반복하되, 할 때마다 물건을 뺏는 시간을 조금씩 늘려 가자. 결국에는 반려견이 몇 분에서 몇 시간까지도 기다리게 될 것이다.

반려견이 계속해서 공격성을 드러내더라도 이 과정을 반복하며 차분하게 기다리는 수밖에 없다. 당신이 꾸준히 연습시켜 주면 반려견은 자신이 원하는 물건이 결국 다시 돌아온다는 사실을 배우기 때문에, 그 물건을 독점하지 못해도 화낼 필요가 없다는 사실을 알게 된다. 이 방법을 통해 미숙한 강아지를 잘 길들이면, 반려견이 공격적인 개로 성장하는 것을 미리 막을 수 있다.

성견이 소유욕으로 인한 공격성을 드러내면 훨씬 다루기가 힘들다. 이미 성숙해진 반려견의 뇌는 공격성이 완전히 폭발했을 때의 느낌을 잘 알고 있고, 이미 습관이 되어 버렸을 수도 있기 때문이다. 수년간 소유욕 때문에 다른 개나 사람을 공격한 경험이 있는 개들은 그 싸움에서 몇 번을 이겼고 몇 번을 졌는지 아주 잘 인지하고 있다.

보통 공격적인 행동으로 원하는 것을 차지한 경험이 많을수록 계속해서 공격적으로 행동하는 경향이 있다.

당신의 반려견이 바로 이런 경우라면 물건을 뺏었다가 돌려주는 훈련에 조심스럽게 접근해야 한다. 소유욕으로 인한 공격성이 아직 완전히 몸에 배지 않은 개라면 훈련을 통해 효과를 볼 수도 있다. 하지만 생각보다 문제가 심각하다면 반려견이 독점하려고 하는 그 물건을 제거하는 것이 더 나은 치료법이다.

우리 할아버지는 두통을 느낄 때 절대 약을 먹어서는 안 된다고 항상 내게 말씀하셨다. 대신 두통의 원인을 제거하라고 일러주셨다. 성견이 된 반려견의 소유욕을 자극하는 물건이 있다면, 그 물건을 없애야 두통이 사라진다. 많은 개가 다른 장난감은 다른 개들과 잘 가지고 놀면서 공에는 심하게 집착하는 경우가 많다. 문제가 공이라면, 공을 없애라. 먹을 것이나 밥그릇처럼 없애는 것이 불가능한 물건이라면, 반려견이 매일매일 다른 장소에서 다른 형태로 식사하도록 환경을 바꾸자. 그러면 반려견은 더 이상 이 게임에 목숨을 걸지 않고 소유욕도 가라앉히게 될 것이다.

이 문제를 해결하기 위해 동전이 든 병이나 셰이크 앤 브레이크를 활용해도 좋다. 반려견이 특정 물건을 독점하려 한다면 동전이 든 병을 시끄럽게 흔들고 나서 그것을 뺏도록 하자. 그렇게 하면 공격적인 성향을 드러내려던 반려견이 잠깐 정신을 뺏기게 된다. 그 순간에 반려견이 독점하려던 물건을 당신이 차지해야 한다.

중요한 것은 소유욕으로 인한 공격성을 다룰 때는 신중해야 한다는 점이다. 반려견과 대치하는 것은 결코 답이 될 수 없다. 괜히 상황을 심각하게 몰아가다가 반려견이 누군가를 한 번 물기라도 하면, 반려견은 그 길로 유기견 보호소 신세를 지거나 심하면 안락사를 당할 처지에 놓일 수도 있다. 도움이 필요하다면 주저하지 말고 이 분야의 전문가에게 상담을 요청하기 바란다.

이웃 개들과의 담장 싸움. 담장을 사이에 두고 이웃 개들끼리 으르렁거리고 심하게 짖는 일은 너무나도 흔한 나머지, 이것을 공격성을 드러내는 행위라고 생각하지 않는 사람들이 많다. 이것은 개들이 자신의 영역을 표시하려는 행동으로, 담장에 가까이 갈수록 더욱 심하게 공격성을 드러낸다. 개들이 담장 하나를 사이에 두고 아주 가까이에 있으면, 공격성은 순식간에 빨간색 수준까지 올라간다. 담장 싸움을 하는 개들의 견주들은, 개들이 한창 흥분한 상태일 때 주의를 돌리고 싸움을 멈추게 하기가 너무 어렵다고 말한다.

개들이 담장 싸움을 하는 것은 자신의 영역을 지키려는 개의 본능 때문이다. 야생에 살던 개들은 다른 동물이 침범하지 못하도록 자신의 영역을 표시하고는 했다. 어떤 생물체든 자신의 영역에 무단 침입하지 말라고 경고 표시를 하는 것이다. 당신의 반려견도 고대부터 이어져 온 그 본능을 활용해 자신의 영역을 표시하고 있었을 것이다. 담장 너머로 다른 개가 가까이 다가오면 많은 개가 위협을 느끼고 자신의 영역을 보호하기 위해 공격적으로 반응한다.

담장 싸움은 그나마 가장 덜 위험한 공격성 중 하나다. 담장이 있어서 개들끼리 직접적인 접촉이 불가능하고 서로 해를 입힐 수도 없기 때문이다. 하지만 그렇다고 해서 안심할 수는 없다. 어떤 개도 계속해서 공격적인 행동을 연습할 필요는 없다.

이 행동을 방지할 만한 도구가 있긴 하다. 반려견이 공격적으로 짖어대는 것을 제지하는 도구 중 하나는 바로 시트로넬라 목줄이다. 빠르고 효과적이며 인간적이기까지 한 이 도구는 개가 짖을 때마다 얼굴 쪽으로 시트로넬라 액을 분사한다. 나는 수년 동안 많은 개가 이 도구의 도움을 받는 것을 확인했지만, 당연히 모든 개에게 효과가 있지는 않았다.

이 목줄의 대안으로 사용할 수 있는 도구는 바로 초음파 목줄이다. 이 목줄은 시트로넬라 목줄과 원리는 비슷하지만, 액체를 분사하는 대신 개가 싫어하는 고음을 낸다. 초음파 소리에 예민한 개들은 이 목줄을 찼을 때는 짖지 않는 것이 좋다는 사실을 재빨리 알아차린다. 이런 종류의 목줄은 개가 짖는 소리에 따라 다양한 설정이 가능하다. 가장 높은 단계로 설정해 두면 '왈왈' 하고 가볍게 짖는 소리에는 반응하지 않다가, 맹렬히 짖을 때만 확실히 반응하기 시작한다.

이 두 종류의 훈련용 목줄은 당신이 집에 없을 때도 반려견의 행동을 바로잡는 데 도움을 주긴 하지만, 훈련 자체를 대체할 수는 없다. 당신이 직접 반려견의 행동을 바로잡고 싶다면 이 문제를 그나마 쉽게 해결할 수 있는 간단한 도구와 기술 하나를 알려 주겠다. 그것은 바로 동전이 든 병이다. 반려견이 담장을 향해 짖어대기 시작하면 가까이 다가가 '안 돼' 또는 '조용'이라고 단호하게 말한 뒤 몇 초간 동전이 든 병을 아주 세차게 흔들어 보자. 그리고 한 번 더 '조용'이라고 말한다. 이 방법은 웬만해서는 효과가 있다. 굉장히 흥분했던 개라도 시끄러운 소리에 놀라 주의를 집중하기 때문이다.

상태가 더욱 심각하다면 동전이 든 병보다는 셰이크 앤 브레이크를 사용하는 것을 추천한다. 동전이 든 병보다 훨씬 더 시끄러운 소리를 낼 수 있다. 타이밍을 잘 맞춘다면 일주일 정도만 이 기술을 사용해도 담장 싸움을 하던 개들의 습관을 고쳐 놓을 수 있을 것이다. 중요한 것은 당신의 적극적인 시도와 꾸준한 실천이다.

중요한 점은 개들의 담장 싸움이 본능적인 행동이기 때문에, 문제 행동을 제지했더라도 여전히 그 본능은 개의 내면에 도사리고 있다는 사실을 인지하는 것이다. 여러 도구와 기술의 도움으로 반려견의 문제가 완화되었더라도, 그것은 담장 싸움을 하는 공격성의 정도에 차도가 있는 것일 뿐이다. 항상 주의 깊게 반려견을 살펴서, 공격성이 악화되지 않도록 신경써야 한다.

통증으로 인한 공격성. 반려견이 통증 때문에 공격성을 드러낸 것인지 진단하기 힘들 뿐더러 치료도 까다롭다. 주로 노견이나 출산을 앞둔 개, 다친 적이 있는 개들은 통증 때문에 공격성을 잘 드러내고는 한다. 통증으로 인한 공격성은 개가 다치거나 자신을 보호하기 위해 공격적으로 행동할 때 잘 드러난다.

이런 종류의 공격성은 평소에 온순한 기질을 가진 개에게서 불쑥 나타나기도 한다. 당신이 어딘가를 다쳤을 때를 생각해 보면 개들의 이런 반응을 이해하기가 쉽다. 만일 당신의 뼈가 부러졌거나 살을 베어서 몇 바늘 꿰맸다면, 누군가 누르거나 건들지 못하도록 본능적으로 멀리 떨어져 있을 것이다. 그래도 누군가가 건드렸다면? 당신은 흠칫 놀라며 소리를 지르거나 화를 낼 것이다. 누군가 당신의 상처를 세게 눌렀다면, 그것이 실수라 할지라도 당신은 공격적으로 반응할 수도 있다.

우리와 마찬가지로 개들도 자기 자신을 통증에서 보호하려는 본능이 있다. 하지만 우리와는 달리 개들은 어디가 어떻게 아픈지 자세히 설명하거나 멀리 떨어지라고 말하지 못한다. 개들의 또 다른 본능 하나는 약해 보이기 싫어한다는 점이다. 만일 나이든 반려견이나 다친 반려견이 평소에 온화하다가 갑작스레 공격적으로 행동한다면, 그 문제를 해결하기 위한 훈련을 시작하기 전에 하루 날을 잡아 수의사에게 데려가 보길 바란다.

통증으로 인한 공격성이 말 그대로 자기 보호를 위한 수단이기는 하지만, 반려견이 그런 공격성을 내비치면 조심스럽게 접근해야 한다. 방어적인 자세를 취한 개들은 아직 공격성을 드러내지 않았더라도 위협을 감지하면 금세 노란색과 주황색 단계를 지나 빨간색 단계로 진입한 공격성을 드러낼 수 있기 때문이다. 보통은 이 문제를 바로잡을 수 있다. 특정 기술을 적용해서 통증으로 인한 공격성 문제를 해결할 수는 없지만, 반려견이 안정감을 느끼고 통증을 느끼지 않도록 어떤 조치를 할 수는 있다.

만일 반려견이 다쳤거나 수술을 했다가 회복 중이라면, 거의 다

나을 때까지 격리하는 것이 좋다. 그렇게 하면 당신이 가족이나 이웃을 안전하게 지킬 수 있을 뿐 아니라, 반려견도 안전한 환경에서 빨리 회복할 수 있다. 상처를 입었거나 수술한 직후는 개들이 가장 흔히 공격성을 드러내는 시기여서 짧은 기간만 격리해도 심각한 사고를 막을 수 있다.

나이든 반려견이 신체가 쇠약해질수록 점점 더 고약하게 행동한다면 이것은 또 다른 문제다. 이런 경우는 조금 더 장기적으로 계획을 세워 반려견의 생활 방식에 전반적인 변화를 주어야 한다. 삶의 막바지에 다다른 개들은 사랑과 안정을 충분히 느낄 자격이 있고, 우리는 그들을 보호하기 위해 최선을 다해 주어야 한다. 어떤 부분에 변화를 주느냐는 개마다 다르다. 어떤 견주는 낯선 사람이나 다른 개가 반려견에 접근하지 못하도록 주의를 기울여야 한다. 또 다른 경우 반려견만을 위한 안전한 공간을 마련해 주고, 가족들이 그 공간을 존중해 함부로 침범하지 않아야 한다.

이 국면에 접어들면 반려견을 비롯한 주위의 모든 개와 사람들을 안전하게 보호할 것인지를 결정하는 것은 당신에게 달려 있다. 누구든 당신의 반려견에게 가까이 다가가려고 하면 반려견이 현재 나이가 들어 굉장히 예민한 상태임을 주저하지 말고 알려야 한다. 반려견은 자신과 주변의 모든 사람을 안전하게 지키는 데 당신이 앞장서 주길 바랄 것이다.

중요한 점은 이러한 종류의 공격성은 통증에 대한 반응으로 드러나는 것이므로, 통증의 원인을 확인한다면 공격적인 행동을 막을 수 있다. 통증의 원인을 확인하지 못했다면, 반려견이 언제 공격적으로 행동할지 예상하기 어렵다. 몸을 다친 개와는 불필요한 접촉을 피하고, 몸이 아픈 노견이 원하지 않는 싸움을 피할 수 있도록 더욱 세심하게 신경 쓰는 수밖에 없다.

다양한 형태를 띠는 자발적 공격성

공격을 선동하는 개가 있다면 그 개는 자발적인 공격성을 드러내는 것이다. 만일 당신의 반려견이 다른 개나 사람을 아무 이유도 없이 뒤쫓는다면, 혹은 가끔 그냥 싸우고 싶어 하는 것처럼 보인다면, 당신은 이제 반려견의 자발적인 공격성과 싸워야 한다. 방어적인 공격성과 마찬가지로 이 경우도 다양한 형태를 띤다.

리드줄을 채우면 드러내는 공격성. 개들이 공격성을 드러내는 상황 중에서는 리드줄을 채우면 공격성을 드러내는 경우가 가장 흔하다. 리드줄을 채우지 않았을 때는 전혀 공격적이지 않다가도 리드줄만 채우면 공격적으로 돌변하는 경우가 이에 해당한다. 마치 지킬 박사와 하이드 씨 같은 이 문제 행동은 견주를 혼란스럽게 한다.

사실 그동안 많은 견주가 자신의 반려견이 너무 공격적이라며 내게 도움을 요청했지만, 대부분의 개가 리드줄을 채우지 않으면 전혀 공격적이지 않았다. 밖에 나갈 때는 항상 리드줄을 착용하기 때문에 견주들도 문제의 원인을 알아차리지 못한 것이다. 리드줄을 찼을 때 공격성을 드러내는 개들 중 어떤 개들은 리드줄을 채우지 않고 반려견 전용 공원에 가니 차분할 뿐만 아니라 다른 개들에게 다정하게 접근했고, 만나는 개들과 즐겁게 잘 어울렸다.

왜 이런 문제가 생기는 것일까? 답은 간단하다. 많은 개가 이렇게 행동하도록 길이 든다. 보통 견주들이 리드줄을 채운 강아지를 데리고 밖으로 나가면, 다른 개가 가까이 올 때마다 좋은 의도로 리드줄을 당기고는 한다. 강아지의 사회성을 발달시키는 가장 좋은 방법은 길에서 만난 모든 개에게(사나운 개를 제외하고) 다가갈 수 있도록 해주는 것이다. 이렇게 하면 강아지들은 다른 개를 만날 때마다 자신을 보호하거나 화를 내지 않아도 된다는 사실을 배우게 된다. 하지만 강아지를 데리고 다니다가 다른 개가 나타날 때마다 리드줄을 당기면, 강아지들은 주인이 리드줄을 당기는 데는 분명 이유가 있으며, 다른 개로부터 자신과 주인을 보호해야만 한다고 생각한다. 심지어 당신의 반려견은 낯선 개와 싸움을 시작하면 항상 이길 수 있다고 믿는다. 그동안 공격을 시도할 때마다 당신이 리드줄을 당겨서 반려견을 보호해 주었기 때문이다.

기본적으로 개들의 이런 심리는 학교에서 친구를 따돌리는 학생의 심리와 비슷하다. 많은 친구가 자기편이라고 믿고 약한 친구 앞에서 힘을 과시하는 아이는, 그 많던 친구들이 모두 사라지고 혼자 남으면 찍소리도 하지 못한다. 리드줄만 차면 공격적으로 변하는 개도 마찬가지다. 리드줄을 잡은 당신을 믿고 반려견은 다른 개들만 보면 자신의 힘을 과시하는 것이다. 리드줄이 주인과 연결되어 있다는 사실을 잘 아는 반려견은 가까이 다가오는 다른 개에게 달려들 때마다 당신이 리드줄을 당겨서 보호해 주었으므로 이제 당신을 믿고 겁 없이 행동하게 된 것이다.

이 문제는 해결할 수 있다. 한 가지 방법은 반려견이 싸움 태세에 돌입하기 전에 당신에게로 주의를 돌려 간식이나 장난감을 주는 것이다. 반려견의 공격성이 노란색 단계에서 완화되길 원한다면 주황색으로 악화되기 전에 미리 감지하고 재빨리 행동해야 한다. 이 방법은 먹을 것을 굉장히 좋아하는 개에게만 효과가 있어 모든 개를 위한 해결책은 아니다.

이 문제를 해결하는 데 있어 내가 가장 선호하는 기술에서는 동전이 든 병이라는 놀라운 도구를 또 한 번 사용하게 된다. 더 큰 소리로 주의를 끌고 싶다면 셰이크 앤 브레이크를 추천한다. 길 가던 반려견이 낯선 개를 겨냥하고 짖어대며 리드줄을 끌기 시작한다면, 단호하게 '안 돼'라고 말한 뒤, 병을 세게 한 번 흔들고, 또다시 '안 돼'라고 말하자. 연습을 충분히 하다 보면 '안 돼'라는 명령만으로도 리드줄을 찬 반려견의 행동을 제지할 수 있다. 이 방법은 대부분 효과가 있다. 시끄러운 소리로 개의 주의를 끌어 싸움 태세에 돌입하려던 개의 관심을 당신에게 돌리기 때문이다.

중요한 점은 당신의 반려견을 얌전하게 산책하는 다른 개들처럼 만들 수는 없겠지만, 그 상황에서 반려견을 통제할 수는 있다는 사실이다. 반려견의 공격적인 행동을 잘 관리하면 당신이 좋은 견주가 될 수 있을 뿐만 아니라 리드줄을 당겨도 말릴 수 없을 만큼 개의 싸움이 격화되는 것을 막을 수 있다.

사회성 부족으로 인한 공격성. 공격성의 가장 흔한 유형으로, 반려견이 산책 도중 지나가던 개를 공격하려 한다면 사회성 부족이 주요 원인일 수 있다. 자신이 사는 세상이 안전하고 위협적이지 않다는 사실을 제대로 배우지 못한 개들은 많은 시간을 싸울 생각에 할애하며 공격적인 성향을 키우기 쉽다. 이렇듯 사회성이 덜 발달해 공격성을 내비치는 개들은 매우 위험할 수 있지만, 사회성 부족에 그 원인이 있다면 사회성을 길러 줌으로써 이 문제를 해결할 수도 있다.

그렇다면 반려견의 공격성이 사회성 부족에서 온다는 사실은 어떻게 하면 알 수 있을까? 반려견이 공격성을 드러내는 상황을 살펴보자. 평소에는 온순하던 반려견이 낯선 상황과 마주했을 때 공격성을 내비친다면 경험이 없거나 상황에 대한 이해가 부족해서 그럴 수도 있다.

좋은 소식은 반려견의 공격적인 성향이 선천적인 기질이기보다는 사회성과 연관되어 있을 때는 그 행동을 통제하는 방법이 비교적 쉽다는 점이다. 안 좋은 소식은, 반려견의 공격성이 선천적인 것인지 사회성 부족 때문인지 제대로 확인하기 위해서는 경험과 지식이 풍부한 전문 훈련사의 도움을 받아야 한다는 점이다. 공격적인 반려견의 사회성을 기른답시고 전문 훈련사의 도움도 없이 다른 개나 사람들 혹은 어린아이들과 함께 두는 일은 절대로 없어야 한다. 그것은 위험 부담이 너무나도 큰 일이다.

선천적인 공격성. 안타깝게도 반려견이 어릴 때부터 사회성을 길러 주면 자연스럽게 안정적이고 다정한 성견으로 자라난다고 믿는 사람이 많다. 나도 물론 그렇게 믿고 싶지만, 실상은 그렇지 않다. 강아지가 성견으로 자라는 과정에서 당신이 미치는 영향에는 명확한 한계가 있다. 많은 견종이 태어날 때부터 어느 정도의 공격성을 갖고 태어난다. 나는 1장에서부터 품종이 개의 기질과 행동에 얼마나 큰 영향을 미치는지 매우 강조했지만, 많은 견주가 개의 유전적 요소 중에서도 특히 공격성을 가장 받아들이기 힘들어한다.

만일 반려견의 견종이 싸움을 위해 사육된 투견에 오랜 뿌리를 두고 있다면, 공격적인 성향을 내보일 공산이 크다. 나는 의뢰인들에게 품종을 탓하지 말라고 자주 말하고는 한다. 차라리 사육자를 탓하는 것이 낫다. 유전적 요인으로 특정 행동을 하는 것은 개의 잘못이 아니다. 그들은 단지 DNA에 입력된 대로 행동할 뿐이다. 본래부터 개싸움을 위해 개량된 견종들이 있다. 오늘날에는 개싸움이 금지되었지만, 싸움개로 사육된 개들의 성격적 특성은 수백 년이 지나도록 계속해서 남아 있다.

당신의 반려견이 낯선 상황이건 친숙한 상황이건 당신이 아는 한 모든 상황에서 자발적인 공격성을 자주 내비친다면, 사회성을 길러 준다 해도 그 문제는 치료되지 않을 것이다. 이 경우는 반려견이 공격적인 성향을 내보이는 순간마다 그를 통제할 줄 아는 강한 견주가 되는 것이 가장 좋은 방법이다. 본능적으로 짖어대는 개를 명령으로 통제했던 것처럼, 반려견이 공격성을 드러내는 초반에 당신이 개입해서 상황을 진정시킬 수 있다. 하지만 싸우려고 하는 성향 자체를 없애기란 불가능하다.

다음에 소개할 내용은 단지 제안 사항일 뿐이며, 개의 공격성 문제를 해결할 수 있다고는 결코 장담할 수 없다.

반려견이 보내는 경고 신호를 알아차리기. 반려견의 공격성을 제대로 통제하기 위해서는 우선 반려견이 공격적인 모습을 내보일 때 그 신호를 잘 알아차리고, 상황이 악화되기 전에 사태를 진정시켜 잠재적으로 위험한 상황을 예방해야 한다.

개는 거짓말을 하지 않는다. 내가 개를 사랑하는 이유 중 하나다. 그들의 몸짓 언어를 통해 우리는 그들이 무슨 말을 하는지 정확히 알아차릴 수 있다. 반려견에게서 다음의 몸짓 언어 중 하나라도 눈치챈다면, 가능한 한 반려견의 주의를 돌리고 사태를 진정시키도록 해야 한다. 공격성에서 노란색 단계를 의미하는 아래의 몸짓들은 순식간에 주황색이나 빨간색 단계로 올라갈 수 있다.

- 반려견이 등 털을 세울 때: 목부터 꼬리까지 척추를 따라 이어진 등 부분의 털을 세운다면 사람들은 모히칸 스타일이라고 농담을 하겠지만, 사실 그것은 심각하게 받아들여야 할 경고 신호다.

- 반려견의 몸이 경직될 때
- 낮은 소리로 으르렁댈 때
- 입술을 삐죽거릴 때
- 반려견의 몸집이 커질 때: 가슴을 내밀고 머리를 곧게 세워 몸집이 커 보이게 하기도 한다.
- 반려견이 꼬리를 곧게 세우고 있을 때: 사람들이 자주 오해하는 행동 중 하나다. 꼬리를 위로 곧게 세우면 경고 신호를 보내는 것이다. 즐거워서 꼬리를 흔드는 것과는 다르다.

반려견이 위 항목 중 어느 하나의 행동을 하고 있다면, 더 늦기 전에 당신이 개입하여 상황을 진정시켜 달라는 신호를 보내는 것이다. 그때부터는 몸짓 신호가 더욱 명확해지지만 통제는 점점 어려워진다. 반려견이 이빨을 드러내 보이기 시작하면 이제 공격성 수준이 주황색으로 변하고 있다는 의미다. 이미 싸움을 시작했다면, 공격성 수준이 빨간색으로 격상되었다는 의미로, 당신이 손 쓸 방법은 거의 없다고 보면 된다.

거리 두기. 선천적으로 공격성을 타고난 개들은 길을 가다가 다른 개를 보기만 해도 위협을 느낀다. 잠재적으로 위험한 상황이라도 반려견의 눈에 다른 개가 안 보이도록 할 수는 없으니 당신의 반려견을 상황에서 빼내는 수밖에 없다.

그 상황에서 완전히 벗어날 수 없다면 처음부터 다른 개와 어느 정도 거리를 두자. 다른 개와 멀리 떨어질수록 공격성의 정도도 낮아지기 마련이다. 여기에 일정한 규칙을 적용해 보자. 반려견이 다른 개에게(혹은 공격성을 자극하는 다른 위협적 요소에) 가까이 갈수록 위험성은 증가한다. 리드줄 길이보다 가까운 곳에 위협 요소가 있으면 상황이 악화될 수 있으니 모든 위험 요소와 일정 거리를 유지하자.

중요한 것은 개의 공격성을 전문적으로 다루는 훈련사와 상담해 보면 도움이 된다는 점이다. 경험이 많은 전문가라면 당신의 반려견을 훈련하는 데 안전한 기술과 필요한 기간에 관해 조언해 줄 것이다. 당신 또한 반려견의 공격성이 드러나는 신호를 제대로 알아차리고 위급한 순간에 올바른 결정을 내려 반려견을 통제할 수 있어야 한다. 하지만 우선 반려견과 주위 모든 이의 안전을 위해 전문가의 도움부터 받도록 하자.

마지막 조언

무엇보다도 공격적인 성향을 띠는 반려견에게 좋은 견주가 되려면 항상 조심스러운 자세와 상황에 대응할 준비 태세를 갖추어야 한다. 평소에는 사랑스러운 반려견이라도 최악의 상황에서 제대로 대응하지 못하면 그 반려견은 위험한 존재가 될 수 있고, 당신에게도 책임이 따른다.

많은 견주가 저지르는 가장 큰 실수는 자신의 반려견에게 감정을 너무 많이 이입한 나머지 반려견의 공격성을 합리화한다는 점이다. 결국 반려견에게 공격성을 허락하는 셈이 된다. 이런 경우, 견주는 판단력이 흐려져 자신의 반려견이 다른 개나 누군가에게 심각한 해를 입힐 수도 있다는 사실을 간과하기도 한다.

사람과 마찬가지로 개도 기분이 안 좋은 날이 있기 마련이다. 기분이 안 좋을 때면 반려견도 구석에 웅크리고 앉아 당신을 고약한 눈초리로 노려본다. 어떤 개들은 주인에게 으르렁거리기도 한다. 공격적인 성향을 지닌 반려견이 기분이 안 좋으면 고약하게 행동하고 심지어 당신을 물 수도 있다는 점은 항상 심각하게 받아들이고 있어야 한다. 훈련시켰다고 해도 평생 고치지 못할 수도 있다.

나오는 글
마지막으로 전하는 일곱 가지 교훈

어릴 적 우리 집에는 항상 여러 종류의 동물이 있었다. 그 당시 우리 어머니 팔에 안겨서 찍은 사진이 한 장 있는데, 사진 속 어머니의 다른 한쪽 팔에는 새끼 호랑이가 안겨 있었다. 그게 바로 우리 가족이 사는 모습이었다. 심지어 우리가 키우던 반려견인 저먼 셰퍼드 지크도 호랑이를 기르는 데 한몫을 했다. 지크는 호랑이들이 새끼였을 때부터 우리와 함께 호랑이를 돌보았기 때문에 호랑이들은 자라서도 지크를 큰형쯤으로 보고 잘 따랐다(물론 호랑이들의 덩치가 훨씬 커졌지만 말이다). 지크 덕분에 호랑이들은 받침대 위에 올라앉는 것도 쉽게 배웠고, 세계 최고의 호랑이 훈련사였던 나의 아버지의 말에 복종하는 훈련에도 잘 따랐다.

여기서 내가 말하고 싶은 것은, 나는 걷고 말하기 시작하면서부터 동물 훈련사였다는 사실이다. 나는 사실 여섯 살인가 일곱 살 때 처음으로 돈을 받고 개를 훈련시킨 적이 있다. 나는 용돈을 조금 벌어볼까 하고 동네 공중전화 박스에 전단지를 붙였다. 사람들의 관심을 끌만 한 문구를 생각하다가 (맞춤법도 몰랐던 시절에) "개 훈련시켜 드립미다"라고 써 두고 아래에는 우리 집 전화번호를 삐뚤삐뚤 써 놓았다. 처음 전화를 받고 나서, 나는 곧장 자전거에 올라타 의뢰인이 알려 준 주소로 찾아갔다.

　그가 문을 열었을 때 키가 허리춤까지밖에 안 오는 아이가 리드줄을 들고 있는 모습을 발견했을 때의 표정을 당신도 봤어야 했다. 처음 의뢰인을 만났을 때 딱히 할 말이 생각이 안 나서, 나는 "안녕하세요, 아저씨"라고 인사한 뒤 불쑥 현관으로 들어가 문을 향해 달려오는 골든리트리버와 마주 섰다. 나는 곧바로 그 친구의 목줄에 리드줄을 채운 뒤 '엎드려'와 '기다려'를 가르쳤고, 그 아저씨는 웃어야 할지, 박수를 쳐야 할지, 내쫓아야 할지 모르고 어안이 벙벙한 채로 가만히 보고만 있었다.

　골든리트리버가 명령의 기본 개념을 익힌 후 나는 의뢰인에게 가서 앞으로 어떻게 훈련시키면 되는지 간단히 설명했고, 매일매일 반복해야 효과가 있다는 점도 일러 주었다. 그러고 나서 작지만 당당한 목소리로 말했다. "훈련비로 5달러 주시면 되고요, 제가 또 필요하면 연락 주세요." 그 아저씨는 재빨리 5달러를 건넸다. 그는 조금 혼란스러워하다가 나의 서비스 비용이 5달러밖에 안 된다는 사실을 알고 기뻐하는 듯 보였다.

　최소한으로 잡아도 나는 그때부터 약 8,000마리에서 1만 마리 정도의 개를 훈련시킨 것 같다. 나는 그동안 만난 다른 훈련사들에게서 이 땅 위에 존재하는 모든 훈련 철학과 방법을 배웠다. 어떤 이들은 내가 무엇을 해야 하는지 알게 해 주었고, 또 어떤 이들은 내가 무엇을 하지 말아야 하는지를 알게 해 주었다. 최고의 훈련사에게서도 배울 것이 있었지만 최악의 훈련사에게서도 배울 점이 있었다. 중요한 점은 내가 언제나 배움의 자세로 임했다는 것이다. 그것이 아직도 사용하는 기술이든, 따라야 할 규칙이든, 아니면 피해야 할 방법이든 말이다. 나의 목표는 언제나 배움의 자세로 더 나은 훈련사가 되는 것이었다.

나는 개 훈련에 관해서라면 1,000페이지에 이르는 책도 쓸 수 있고 지금도 할 말이 더 많지만, 이 책이 당신을 위한 좋은 입문서가 되었으면 한다. 집필을 마무리하며 마지막으로 반려견 훈련의 일곱 가지 교훈을 정리해 보겠다. 반려견을 훈련시킬 때, 항상 이 교훈들을 기억하길 바란다.

1. 훈련을 시작하면 최소한 7일은 필요하다

반려견 훈련법 집필을 시작하고 나서 항상 듣는 질문이 하나 있다. 반려견 훈련을 7일 만에 끝내는 것이 정말 가능하냐는 것이다.

그렇다. 가능하다. 내가 이렇게 긍정할 수 있는 이유는 내가 그동안 일주일에 다섯 마리에서 일곱 마리 정도를 훈련시켜 봤기 때문이다. 대부분의 유기견이 기본 명령 훈련을 마치고 럭키 도그가 되기 위해서 7일 동안 나와 함께 지냈고, 우리는 거의 항상 7일 만에 해냈다.

하지만 여기서 중요한 것은 '거의'라는 단어다. 많은 개가 다양한 이유로 더 긴 훈련 시간을 요구하기도 한다. 당신의 반려견이 너무 어리거나, 너무 나이가 들었거나, 사회성이 덜 발달했거나, 트라우마가 있거나, 습득 능력이 조금 떨어지거나, 혹은 너무 영리해서 꾀를 부린다면, 일곱 가지 기본 명령을 배우거나 문제 행동을 바로잡는 데 시간이 조금 더 걸릴 수 있다. 하지만 반드시 기억해야 할 점은 되긴 된다는 점이다. 장기적으로 봤을 때, 2주 혹은 3주 정도의 시간을 투자해 반려견에게 기본 명령을 제대로 가르쳐 두면, 앞으로 수년간 평화로운 동반자 관계를 유지하게 될 것이다. 즉, 시간을 투자할 가치가 충분하다.

2. 품종의 영향력은 매우 크다

나는 아주 어린 시절부터 품종이 훈련에 미치는 영향력이 얼마나 큰지 배웠다. 우리가 기르던 저먼 셰퍼드종인 지크는(그 후로도 두 마리의 지크를 더 키웠지만) 훌륭한 목축견의 기질을 타고난 반려견이었다. 닥스훈트나 블러드하운드가 1년 정도 훈련받아도 지크의 타고난 능력을 따라가지 못했다.

닥스훈트나 블러드하운드의 능력을 폄하하는 것이 아니다. 견종마다 타고난 재능이 있다는 사실을 말하고자 하는 것이다. 모든 견종은 각자의 능력이 다르다. 반려견을 조금이라도 훈련시키기 전에 반려견의 품종에 대해 알아보고 그의 재능과 부족한 점을 먼저 확인하자. 그래야만 반려견에게 꼭 맞는 현실적인 훈련 목표를 세우고 반려견의 능력을 길러 줄 수 있다.

3. 훈련의 목적은 반려견을 지배하려는 것이 아니다

내가 이 교훈을 처음 배운 것은, 마음만 먹으면 나를 잡아먹을 수도 있는 야생 동물을 훈련시키기 시작하면서부터다. 예를 들면 몸무게가 200킬로그램이 넘는 야생 호랑이가 당신의 말 한마디에 억지로 눕지는 않는다. 호랑이 또한 눕고 싶어야 눕는다. 나는 수년 동안 다양한 동물을 훈련시키면서 이 철학을 마음에 새겼다. 가장 효과적인 훈련 결과는 훈련받는 동물이 나의 명령을 기꺼이 따를 때 얻어지기 때문이다.

반려견의 의지를 꺾고 당신 뜻에 억지로 따르게 하는 것은 훈련이 아니다. 한 가정 내에서 가장의 역할을 생각해 보자. 어떤 기술과 묘책을 써서라도 당신이 원하는 것을 반려견이 직접 '선택'하도록 해야 한다.

4. 당신은 선생님이다. 선생님의 역할을 다하자

어떤 개를 훈련시키든 기복이 있기 마련이다. 훈련이 당신 뜻대로 잘 진행되는 날도 있지만, 두 발짝 정도 퇴보한 듯한 느낌이 들 때도 있다. 사람도 기복이 있듯 개들도 기분이 좋을 때가 있고 나쁠 때가 있다. 내가 그동안 여러 경험과 실수를 통해 배운 점들이 이 책을 통해 제대로 전달되었길 바란다. 때때로 럭키 도그 프로그램 제작진들은 내가 굉장히 다루기 힘든 개에게 일곱 가지 기본 명령을 가르칠 때면, 장난으로 양쪽의 점수를 매기기도 했다. 프로그램을 본 독자라면 '로버 5점, 브랜든 0점'과 같은 점수판을 본 적이 있을 것이다. 중요한 점은 초반에 나를 쩔쩔매게 했던 개들도 결국 모든 기본 명령을 완벽하게 습득했다는 사실이다.

훈련은 단거리 시합이 아닌 마라톤 경주다. 그러니 초반에 힘에 부친다면 잠깐 멈춰 서서 당신이 그토록 사랑하는 반려견을 떠올린 후 다시 훈련을 시작해 보자. 훈련 과정을 즐기며 반려견과의 유대 관계를 돈독히 하고, 가끔 실패해도 즐거운 추억이 될 것이라고 믿어 보자. 반려견이 짓고 있는 표정은 바로 당신의 표정임을 다시 한 번 기억하길 바란다. 확신에 찬 자세로 상황을 즐기며 다정하게 반려견을 이끌자. 때로는 단호하거나 엄격하게 대할 필요가 있다. 그리고 무엇보다 중요한 것은 꾸준히 하는 것이다. 인내하며 끝까지 하다 보면 훈련의 효과를 보게 될 것이다.

5. 반려견 스스로 지금 무엇을 하는지 알도록 해 주자

훈련 중에는 당신이 원하는 바를 반려견이 제대로 이해하도록 도와주어야 한다. 그 방법은 알맞은 타이밍에 제대로 된 보상을 줄 수 있도록 준비해 놓는 것이다. 당신이 원하는 행동을 반려견이 했을 때는 그 순간에 바로 보상해 주어야 한다. 정확한 타이밍을 맞추기가 힘들다면 훈련용 클리커를 활용해 보자. 아니면 많은 의뢰인이 효과를 봤다고 알려 준 방법 하나를 알려 주겠다.

나는 개를 훈련시키다가 개가 나의 명령을 제대로 이해하면 "좋아, 좋아, 좋아"를 외치며 그 행동을 굳히려고 했는데, 많은 이가 이 방법으로 효과를 보았다고 한다. 어릴적 수수께끼를 풀 때 힌트를 얻으며 정답에 가까워졌듯이 당신의 응원이 반려견에게 좋은 힌트가 될 수 있다. 친구가 수수께끼의 정답에 가까워지려고 할 때 당신은 "따뜻한 거, 더 따뜻한 거, 아니 뜨거운 거!"라는 식의 힌트를 주었을 것이다. 반려견을 훈련시킬 때도 마찬가지다. 당신의 응원하는 목소리는 반려견이 새로운 것을 배우고 이해하는 데 힘이 될 것이고, 훈련 중 그 어떤 도구보다도 훌륭한 도구가 되어 줄 것이다.

6. 훈련은 일일 식단표와 같다

훈련은 매일 꾸준히 시켜야 한다고 지금까지도 여러 번 말했지만, 꾸준함은 모든 것의 핵심이다. 한 번 훈련시켰다고 해서 끝이 아니다. 첫 일주일간 아무리 열심히 훈련을 시켰다 해도 꾸준히 길들이지 않는다면 반려견은 결국 퇴보한다. 이렇게 생각해 보자. 반려견에게 뭔가를 가르치는 것은 씨를 심는 것과 같다. 하지만 씨를 심어둔다고 해서 저절로 뿌리를 내리지 못한다. 매일매일 돌보며 물을 주어야 한다. 하루에 10분씩 세 번만 시간을 내어 일주일간 꾸준히 기본 명령을 가르치거나 문제 행동을 바로잡도록 하자. 초반에 집중적으로 훈련을 마치면 그 이후로는 일주일에 한 번, 그리고 한 달에 한 번만 반복해도 훈련의 효과는 계속 이어진다. 그리고 또 한 가지를 기억하자. 뭐든 사용하지 않으면 잊기 마련이다. 반려견에게 가르친 명령을 계속해서 사용하지 않으면 시간이 흐르면서 다시 원점으로 돌아갈 수밖에 없다.

7. 어떤 개든 럭키 도그가 될 수 있다

한 유명 인사가 내게 처음으로 반려견 훈련을 의뢰한 곳은 뮤직비디오 촬영장이었다. 나는 비디오에 출연할 도베르만과 로트와일러를 데리고 온종일 촬영장에 머물렀다. 그 두 친구는 사납게 생겼지만 굉장히 귀여운 개였다. 촬영이 마무리되어 갈 무렵, 뮤직비디오에 등장했던 한 래퍼가 내게 급히 다가왔다. 내게 연락처를 알려달라고 했다. 사나운 인상의 그는 자신보다 더 사나운 반려견 두 마리를 기르고 있었는데, 갈수록 통제가 힘들어진다는 것이었다. 그는 자신의 집에 와서 반려견 두 마리를 오늘 본 도베르만과 로트와일러처럼 되도록 훈련시켜 달라고 내게 부탁했다.

나는 그가 원하는 대로 해냈다. 그리고 수년 동안 실패작처럼 보였던 개들이 잘 훈련된 반려견으로 다시 태어나는 모습을 수도 없이 지켜봤다. 당신의 반려견이 예민하든, 난청이든, 고집이 세든, 어떤 어려움이 있다 하더라도 훈련을 시킬 수 있다. 당신이 노력을 쏟는 만큼 효과를 볼 수 있다고 장담한다. 얼마나 효과를 보느냐는 오롯이 당신에게 달렸다.

럭키 도그 프로그램에 출연했을 때도 말한 적이 있지만, 이 이야기는 반복해서 말할 가치가 있다고 생각한다. 나의 사명은 놀라우리만치 사랑스러운 동물들이 삶의 목적을 찾고, 가족을 찾고, 집이라고 부를 만한 장소를 찾게 해 주는 것이다.

우리가 모두 한 팀이 되어 이 사명을 위해 노력한다면, 수천 마리가 넘는 개의 생명을 구해낼 수 있다. 올해만 해도 거의 400만 마리의 개가 유기견 보호소로 보내졌으며, 그중 4분의 1 이상이 다시는 보호소에서 나오지 못했다. 그 개들 모두는 감정과 지능이 있고 살아 숨 쉬는 생명체로, 더 나은 삶을 살 자격이 있다. 그들은 춤추는 테리어 믹스견 브루노, 위엄 있고 세심한 흰색 셰퍼드 스카이, 약간의 자기 통제가 필요했던 말리노이즈 아리, 굶어죽기 직전에 내게로 왔던 몰티즈 믹스견 트위티, 어느 누가 가까이 다가와도 두려워했던 치와와 룰루와 다를 바 없다. 이 개들은 모두 누군가에게 버림받았지만, 다시 누군가에게 구제받고 훈련도 잘 받아 한 가족에게 사랑스럽고 소중한 반려견이 되었다.

그동안 내가 사람들에 관해 배운 점이 한 가지 있다면, 개를 사랑하는 사람들은 잘 뭉친다는 사실이다. 우리는 공통 관심사를 가지고 유대감을 형성한다. 내가 처음 유기견들을 구제해 재활 훈련을 시키기 시작했을 때, 동물을 사랑하는 많은 이가 개들을 좋은 가정에 입양 보내는 데 도움을 주었다. 홍보 같은 것을 거의 하지 않았음에도 소셜 네트워크 서비스를 통해 모인 많은 이가 유기견 구제 활동을 돕고, 새로운 가정과 반려견의 만남을 응원했다. 그때부터 주요 네트워크가 형성되기 시작했다. 하던 사업이 완전히 망하고 친구네 집 소파에 얹혀살 때, 삶에 새로운 기회가 오길 바라며 생각해 낸 작은 아이디어에서 이 모든 것이 시작되었다. 어떨 때는 구제받은 유기견들과 내가 공통점이 많다고 느낀다.

우리가 한 마리의 유기견을 구제하고, 반려견을 잘 기르고, 개 훈련을 돕는 자원 활동을 하고, 혹은 유기견을 먹이고 보호하는 데 기부하는 등 각자 조금씩만 힘을 모은다면, 또 다른 브루노와 스카이, 룰루를 지켜낼 수 있다.

한 번에 한 마리씩 말이다.

―당신의 따뜻한 손길을 기다리는 유기견들의 마음을 담아

브랜든 맥밀란

나의 반려견 내가 가르친다

1판 1쇄 2020년 3월 30일 발행
1판 3쇄 2024년 3월 25일 발행

지은이 · 브랜든 맥밀란
옮긴이 · 이윤정
펴낸이 · 김정주
펴낸곳 · ㈜대성 Korea.com
본부장 · 김은경
기획편집 · 이향숙, 김현경
디자인 · 문 용
영업마케팅 · 조남웅
경영지원 · 공유정, 임유진

등록 · 제300-2003-82호
주소 · 서울시 용산구 후암로 57길 57 (동자동) ㈜대성
대표전화 · (02) 6959-3140 | 팩스 · (02) 6959-3144
홈페이지 · www.daesungbook.com | 전자우편 · daesungbooks@korea.com

ISBN 979-11-90488-09-9 (13490)
이 책의 가격은 뒤표지에 있습니다.

Korea.com은 ㈜대성에서 펴내는 종합출판브랜드입니다.
잘못 만들어진 책은 구입하신 곳에서 바꾸어 드립니다.

이 도서의 국립중앙도서관 출판예정도서목록(CIP)은 서지정보유통지원시스템 홈페이지
(http://seoji.nl.go.kr)와 국가자료공동목록시스템(http://www.nl.go.kr/kolisnet)에서
이용하실 수 있습니다. (CIP제어번호: CIP 2020011445)